主　　编　孙晓勇　国家法官学院院长
最高人民法院司法案例研究院院长
副 主 编　胡田野　国家法官学院副院长
刘　畅　最高人民法院司法案例研究院规划部主任
主编助理　赵文轩　最高人民法院司法案例研究院规划部编辑
刘丽媛　最高人民法院司法案例研究院规划部编辑

《中国法院年度案例》编辑人员（按姓氏笔画）

王　锐　刘　畅　朱建伟　朱　琳　吴光荣　李晓果
李　谦　杨小利　胡　岩　赵文轩　唐世银　徐一楠
贾　停　曹海荣　梁　欣　程诗翰　程　瑛

本书编审人员　曹海荣

中国法院2022年度案例

国家法官学院　最高人民法院司法案例研究院 / 编

房屋买卖合同纠纷

中国法制出版社
CHINA LEGAL PUBLISHING HOUSE

《中国法院2022年度案例》通讯编辑名单

凌　巍	北京市高级人民法院
刘晓虹	北京市高级人民法院
董　扬	天津市高级人民法院
王　佳	河北省高级人民法院
刘冬梅	山西省高级人民法院
杨智勇	内蒙古自治区高级人民法院
周文政	辽宁省高级人民法院
张功岩	吉林省高级人民法院
孙学诗	黑龙江省高级人民法院
牛晨光	上海市高级人民法院
戴鲁霖	江苏省高级人民法院
缪　芳	江苏省高级人民法院
符东杰	江苏省南通市中级人民法院
周耀明	江苏省无锡市中级人民法院
杨　治	浙江省高级人民法院
蒋　莹	浙江省高级人民法院
吴　婧	安徽省高级人民法院
林文君	福建省高级人民法院
章光园	江西省高级人民法院
王露爽	山东省高级人民法院
郭宇凌	河南省高级人民法院
宋淼军	湖北省高级人民法院
杨晓彤	湖北省宜昌市中级人民法院
唐　竞	湖南省高级人民法院
谢佩宏	广东省高级人民法院
邹尚忠	广西壮族自治区高级人民法院
韦丹萍	广西壮族自治区高级人民法院
李周伟	海南省高级人民法院
谭中平	重庆市高级人民法院
任　梦	四川省高级人民法院
李丽玲	云南省高级人民法院
石　瑾	云南省昆明市中级人民法院
龙　媛	贵州省高级人民法院
施辉法	贵州省贵阳市中级人民法院
王丽萍	西藏自治区高级人民法院
郑亚非	陕西省高级人民法院
吴　莹	甘肃省高级人民法院
央　措	青海省高级人民法院
康　莹	宁夏回族自治区高级人民法院
马小菊	新疆维吾尔自治区高级人民法院
王　琼	新疆维吾尔自治区高级人民法院生产建设兵团分院

序

党的十八大以来，以习近平同志为核心的党中央高度重视法治在推进国家治理体系和治理能力现代化中的重要作用，党的十九届六中全会通过的《中共中央关于党的百年奋斗重大成就和历史经验的决议》指出，必须坚持中国特色社会主义法治道路，贯彻中国特色社会主义法治理论，坚持依法治国、依法执政、依法行政共同推进，坚持法治国家、法治政府、法治社会一体建设，全面增强全社会尊法学法守法用法意识和能力。人民法院始终坚持以习近平法治思想为指导，把加强司法案例研究作为推进全面依法治国的重要途径，通过发布具有普遍指导意义的典型案例，统一法律适用、提高审判质效，提升司法公信力，努力让人民群众在每一个司法案件中感受到公平正义。《中国法院年度案例》丛书，旨在总结提炼典型案例的裁判规则和裁判方法，发挥司法规范、指导、评价、引领的重要作用，大力弘扬社会主义核心价值观，增强全民法治意识和法治素养，展现新时代我国法治建设新成就。

《中国法院年度案例》丛书自2012年编辑出版以来，已连续出版11年，受到读者广泛好评。近年来，为更加全面地反映我国司法审判执行工作的发展进程，顺应审判执行实践需要，响应读者需求，丛书2014年度新增金融纠纷、行政纠纷、刑事案例3个分册，2015年度将刑事案例调整为刑法总则案例、刑法分则案例2个分册，2016年度新增知识产权纠纷分册，2017年度新增执行案例分册，2018年度将刑事案例扩充为4个分册。自2020年起，丛书由国家法官学院与最高人民法院司法案例研究院共同编辑，每年年初定期出版。在全国各级人民法院的大力支持下，丛书编委会现编辑出版《中国法院2022年度案例》系列丛书，共23册。为助力实施环境资源审判专门化的司法政策，推进生态文明建设与绿色发展，自今年起，丛书将土地纠纷（含林地纠纷）分册改为土地纠纷（含环境资源纠纷）分册。

《中国法院年度案例》丛书以开放务实的态度、简洁明快的风格，在编辑中坚持以下方法，努力把案例书籍变得“好读有用”：一是高度提炼案例内容，控制案例篇幅，每个案例基本在3000字以内；二是突出争议焦点，剔除无效信息，尽可能在有限的篇幅内为读者提供有效、有益的信息；三是注重对裁判文书的再加工，大多数案例由案件的主审法官撰写“法官后语”，高度提炼、总结案例的指导价值，力求引发读者思考，为司法工作提供借鉴，为法学研究提供启迪。

《中国法院年度案例》丛书编辑工作坚持以下原则：一是广泛选编案例。国家法官学院和最高人民法院司法案例研究院每年通过各高级人民法院从全国各地法院汇集上一年度审结的典型案例近万件，使该丛书有广泛的精选基础，优中选优，可提供给读者新近发生的全国各地多种类型的典型性案例。二是方便读者检索。为体现以读者为本的宗旨，丛书分卷细化，每卷下还将案例主要根据案由分类编排，每个案例用一句话概括裁判规则、裁判思路或焦点问题作为主标题，让读者一目了然，迅速找到目标案例。

中国法制出版社始终全力支持《中国法院年度案例》丛书的出版，给了作者和编辑们巨大的鼓励。2022年，丛书将继续提供数据库增值服务。购买本书，扫描前勒口二维码，即可在本年度免费查阅往年同类案例数据库。我们在此谨表谢忱，并希望通过共同努力，逐步完善，做得更好，真正探索出一条编辑案例书籍、挖掘案例价值的新路，更好地服务社会主义法治国家建设、服务法治社会建设、服务学习研究法律的读者。

《中国法院年度案例》丛书既是法官、检察官、律师等法律工作者的办案参考和司法人员培训的实用教材，也是社会大众学法用法的经典案例读本，同时是教学科研机构案例研究的良好系列素材。当然，案例作者和编辑在编写过程中也难以一步到位实现最初的编写愿望，客观上会存在各种不足甚至错误，欢迎读者批评指正。我们愿听取各方建议，不断扩宽深化司法案例研究领域，立足新发展阶段，实现中国特色司法案例研究事业的高质量发展。

国家法官学院
最高人民法院司法案例研究院
2022年1月

目　录

Contents

一、商品房预约合同纠纷

1. 因房地产公司收取购房款时仍未取得商品房预售许可证导致商品房买卖合同不能订立的，应当向购房人双倍返还定金 …………………… 1
——韩某光、王某薇诉房地产公司商品房预约合同案

2. 商品房预约合同的违约责任 …………………………………………………… 5
——钱某诉房地产公司商品房预约合同案

二、商品房预售合同纠纷

3. “精装房购房合同”中当事人有关交付条件真实意思表示的认定 ……… 10
——余某鹏诉房地产公司商品房预售合同案

4. 开发商虚假宣传之法律后果分析 …………………………………………… 14
——武某全诉房地产公司上海分公司商品房预售合同案

5. 在购房人断供房贷情况下，诉讼中应如何对商品房买卖合同解除后开发商与买房人各自的权利义务进行处理 …………………………… 18
——置业公司诉吴某隐商品房预售合同案

6. 消防管道入户，装修费由谁承担 …………………………………………… 22
——卢某远诉房地产公司商品房预售合同案

7. 金钱债务履行不能的非恶意违约方有权起诉解除 ………………………… 26
——马某诉置业公司商品房预售合同案

8. 逾期交房应依法承担违约责任 …… 30
——潘某诉房地产公司商品房预售合同案

9. 限价背景下虚假意思表示的商品房买卖合同之效力认定及法律后果 …… 34
——蒙某玲诉置业公司商品房预售合同案

10. 合同名称与实际不一致的性质认定和合同解除的效力 …… 39
——房地产公司诉覃某群商品房预售合同案

三、商品房销售合同纠纷

（一）合同的效力

11. 未采取书面形式变更合同重要条款行为的效力认定 …… 44
——顾某明诉王某房屋买卖合同案

12. 合伙买房以一人名义登记的产权归属 …… 49
——黄某诉房地产公司商品房销售合同案

13. 老年人房屋买卖合同中的意思表示认定和价值平衡考量 …… 53
——张某荣诉路某林房屋买卖合同案

14. 房屋连环买卖，原房屋所有权人与最后一手买受人签订的过户合同应属无效 …… 58
——薛某玮诉王某生等房屋买卖合同案

15. 划拨土地上房屋买卖合同不因未经审批而无效 …… 61
——皮革公司诉房地产公司房屋买卖合同案

16. 恶意串通损害第三人利益的合同无效 …… 65
——杨甲诉孙某华、杨乙房屋买卖合同案

17. 当事人以通谋虚伪表示实施的民事法律行为的认定 …… 69
——庞某慧诉朱某房屋买卖合同案

18. 房屋买卖合同违背公序良俗无效的认定 …… 73
——吕某宁诉王某书房屋买卖合同案

19. 合同欺诈并不代表合同必然无效 …… 77
——杨某诉房地产公司商品房销售合同案

20. 未经相对人同意的合同权利义务概括转让之法律效力 …… 82
——王某禹诉陶某、朱某房屋买卖合同案

（二）订立、变更与解除

21. 涉“学区房”纠纷的法律问题 …… 86
——傅某田、傅某仙诉房地产公司商品房买卖合同案

22. 存在不合理设计的商品房买卖合同可以主张解除 …… 90
——陈某、黄某亮诉房地产公司商品房销售合同案

23. 未如实告知房屋结构亦属违约行为，购房者可解除合同 …… 95
——汪某东、汪某然诉置业公司房屋买卖合同案

24. 买卖合同签订后标的物价格下跌的，买受人不得以重大误解为由撤销合同 …… 99
——张某钧诉房地产公司商品房买卖合同案

25. 明显违背公平合理原则的解除条款约定无效 …… 103
——房地产公司诉周某利商品房销售合同案

26. 不具备购房资质并不当然导致房屋买卖合同解除 …… 108
——陈某诉李某锦房屋买卖合同案

27. 买受人事先明知房屋买卖后难以更名过户的，不符合法定解除合同的条件 …… 113
——王某娟诉许某涛房屋买卖合同案

28. 房屋买卖合同因法院改判而最终解除的，买受人损失的确定 …… 116
——邵某云诉董某趣房屋买卖合同案

29. 补充协议是否变更原合同应结合条款内容及订立目的等综合判断 …… 120
——关某诉房地产公司商品房销售合同案

（三）合同的履行

30. 合同撤销权中显失公平的认定 …… 124
——李某照、杨某亚诉置业公司商品房销售合同案

31. 司法查封在二手房买卖中构成过户履行障碍的判定 …… 128
——封某井诉张某潋房屋买卖合同案

32. 违约方违约程度较轻所应承担的违约责任能否成为合同继续履行的障碍 …… 131
——周某丹诉杨某、房地产经纪公司房屋买卖合同案

33. 一房二卖情形下第三人撤销之诉的主体审查及合同履行顺序 …… 135
——何某诉张某、房地产公司第三人撤销之诉案

（四）违约金与违约责任

34. 迟延交存首期住宅专项维修资金不应成为逾期交房免责事由 …… 141
——陈某诉房地产公司房屋买卖合同案

35. 违约方不能从违约行为中获利 …… 144
——冯某娣诉零某叶、陆某顺房屋买卖合同案

36. 商品房出卖人违反“无户籍登记保证”构成违约，应承担违约责任 …… 149
——潘某哲、岳某芳诉武某全房屋买卖合同案

37. 夫妻离婚后未变更登记房屋买卖违约责任如何承担 …… 154
——夏某华诉王某杰、乐某房屋买卖合同案

38. 商品房销售中逾期办证违约金的诉讼时效认定 …… 158
——王某诉置业公司商品房销售合同案

39. 二手房买卖中因原户口未迁出而导致的违约责任与违约金认定问题 …… 163
——丁某彦诉宋某庭、房地产经纪公司房屋买卖合同案

（五）其 他

40. 业主缴交前期物业费用的起始时间不能认定为商品房的交付时间 …… 167
——廖某美诉实业公司商品房销售合同案

41. 购买商品房的小区配套设施被拆除应如何计赔 …… 171
——陈某良诉物业公司、投资公司商品房销售合同案

42. 房屋差价损失赔偿数额的确定 …… 175
——赵某明诉吕某军房屋买卖合同案

四、商品房委托代理销售合同纠纷

43. 第三人只能选择受托人或委托人一方主张权利 …… 180
——张某峰诉耿某夏、李某召商品房买卖合同案

44. 行为人没有代理权，仍然实施代理行为，经被代理人追认的，对被代理人发生效力 …… 185
——刘某萍诉李某光、史某房屋买卖合同案

45. 家事代理的房屋买卖合同效力认定 …… 189
——汪某秀诉刘某高房屋买卖合同案

46. 中介提供虚假情况应承担赔偿责任 …… 194
——陈某华诉薛某琪等房屋买卖合同案

47. 法人工作人员行为是否属于职务行为的认定 …… 199
——李某诉房地产经纪公司居间合同案

五、农村房屋买卖合同纠纷

48. 农村私有房屋买卖合同应认定无效 …………………………………… 205
——刘某晓诉刘某法等确认合同无效案

49. 农村房屋买卖合同认定无效后应按责任比例分配信赖利益损失 ……… 210
——蔺某玉诉董某金等农村房屋买卖合同案

50. 明知存在法定无效事由又主张合同无效的法律后果 ………………… 216
——裴某、陈某诉王某农村房屋买卖合同案

51. 被拆除腾退人身份的认定思路 ………………………………………… 222
——侯某喜诉赵某林、刘某芸农村房屋买卖合同案

六、定金纠纷

52. 定金罚则及居间合同服务费的收取 …………………………………… 227
——李某诉郭甲公等房屋买卖合同案

七、房屋借贷与担保纠纷

53. 抵押人未经抵押权人同意可以转让抵押房产 ……………………… 231
——郑某可诉金某房屋买卖合同案

54. 以物抵债性质下房屋买卖合同及当事人意思表示性质认定 ………… 234
——王某肯诉龚某红等房屋买卖合同案

55. 行为人没有明确的保证的意思表示时，在没有其他证据证明的
情况下，保证不能成立 ……………………………………………… 239
——房地产公司诉潘某鑫等房屋买卖合同案

56. “断供”引发的商品房买卖合同和担保贷款合同解除问题 ………… 242
——房地产公司诉吴某龙商品房预售合同案

八、其 他

57. 夫妻财产约定不属于债权人可撤销的标的 …………………… 247
——朱某尧诉周某军、王某债权人撤销权案

58. 未披露房屋主体结构外的非正常死亡事件信息并不当然构成当事人行使撤销权的依据 …………………… 251
——沈某琦诉晏某芳、房屋信息咨询服务部房屋买卖合同案

59. 无产权的一楼附赠院落，业主是否享有拆改权 …………………… 254
——刘某杰诉房地产公司房屋买卖合同案

60. 恶意登记的按份共有人不享有优先购买权 …………………… 259
——崔某诉马某、王某萍房屋买卖合同案

61. 共同共有人请求分割商业用房维修资金需要符合法定事由 …………… 266
——唐某明、季某诉置业公司房屋买卖合同案

62. 借名人支付房屋首付款及部分房贷的借名买房的审查与认定 ………… 270
——建筑公司诉刘某借名买房合同案

一、商品房预约合同纠纷

1

因房地产公司收取购房款时仍未取得商品房预售许可证导致商品房买卖合同不能订立的，应当向购房人双倍返还定金

——韩某光、王某薇诉房地产公司商品房预约合同案

【案件基本信息】

1. 裁判书字号

陕西省渭南市中级人民法院（2020）陕05民终378号民事判决书

2. 案由：商品房预约合同纠纷

3. 当事人

原告（被上诉人）：韩某光、王某薇

被告（上诉人）：房地产公司

【基本案情】

韩某光、王某薇于2013年5月30日向房地产公司交付购房定金5万元，房地产公司向原告出具收款收据，载明："今收到韩某光和王某薇交来购一号楼二单元××号房屋，面积为89.9平方米，购房定金5万元，单价2800元/平方米。"2013年6月30日，韩某光、王某薇再支付购房款2万元。韩某光、王某

薇未与房地产公司签订书面购房合同。房地产公司自认涉诉房屋未取得商品房预售许可证，房地产公司同意向韩某光、王某薇返还定金 5 万元及购房款 2 万元。韩某光、王某薇主张所购买的一号楼案涉房屋系社区安置房屋，同时房地产公司已将该房屋出售，并已经有人在房屋内居住，但未提供证据证明其该主张。

【案件焦点】

房地产公司是否应当双倍返还定金。

【法院裁判要旨】

陕西省渭南市蒲城县人民法院经审理认为：韩某光、王某薇与房地产公司未签订书面商品房买卖合同，亦未就涉诉房屋所附着土地使用权的取得及规划情况、房屋规划及施工许可情况、付款方式、付款期限、所有权转移等进行明确约定，结合查明的事实，仅能够确认双方就购买特定商品房的认购达成合意，故对双方之间的交付定金及预付购房款的基础法律关系应确认为商品房预约合同。房地产公司未取得商品房预售许可证明，致使无法订立商品房买卖合同，依法应承担违约责任。现韩某光、王某薇要求该房地产公司双倍返还购房定金及已付购房款，房地产公司亦表示同意返还定金及购房款，应视为双方一致同意解除合同，对该事实法院予以确认。

陕西省渭南市蒲城县人民法院依据《中华人民共和国合同法》[①] 第九十四条、第九十七条、第一百零七条、第一百一十五条，《中华人民共和国担保法》第八十九条、第九十条，《中华人民共和国城市房地产管理法》第四十一条，《最高人民法院关于审理商品房买卖合同纠纷案件适用法律若干问题的解释》[②]

---

① 《中华人民共和国民法典》于 2021 年 1 月 1 日起实施，《中华人民共和国合同法》《中华人民共和国民法总则》等同时废止。本书收录的部分案例裁判于《中华人民共和国民法典》生效前，适用的是当时有效的法律规定，下文将不再对此进行提示。

② 配合《中华人民共和国民法典》的施行，最高人民法院对大量司法解释进行了修正。本书收录的部分案例裁判于相关司法解释修正之前，适用的是当时有效的司法解释。下文将不再对此进行提示。

第四条等之规定，作出如下判决：

一、房地产公司返还原告韩某光、王某薇预付购房款 2 万元并双倍返还定金 10 万元，共计 12 万元；

二、驳回韩某光、王某薇的其他诉讼请求。

房地产公司提起上诉。

陕西省渭南市中级人民法院经审理认为：一审认定双方之间为商品房预约合同法律关系正确，房地产公司主张双方之间是商品房预售合同法律关系缺乏事实依据。房地产公司于 2013 年 5 月 30 日收取了韩某光、王某薇 5 万元的定金，定金收据中虽然未包含签约期限，但是房地产公司于 2013 年 6 月 30 日已收取了韩某光、王某薇 2 万元购房款，故其最迟于收取该笔购房款之日即应与韩某光、王某薇签订商品房预售合同。作为房地产开发经营企业，进行商品房预售，向房地产管理部门办理预售登记，取得商品房预售许可证和与购房人签订商品房预售合同是其法定义务。而房地产公司直至本案诉讼时仍未取得商品房预售许可证，是导致商品房买卖合同不能有效订立的主要原因。根据《最高人民法院关于审理商品房买卖合同纠纷案件适用法律若干问题的解释》第四条的规定，出卖人通过认购、订购、预订等方式向买受人收受定金作为订立商品房买卖合同担保的，如果因当事人一方原因未能订立商品房买卖合同，应当按照法律关于定金的规定处理；因不可归责于当事人双方的事由，导致商品房买卖合同未能订立的，出卖人应当将定金返还买受人。

陕西省渭南市中级人民法院依照《中华人民共和国民事诉讼法》[①] 第一百七十条第一款第一项之规定，作出如下判决：

驳回上诉，维持原判。

【法官后语】

根据《民事案件案由规定》（2020 年）的规定，涉及商品房买卖合同的案

---

① 《中华人民共和国民事诉讼法》已经 2021 年 12 月 24 日修改，于 2022 年 1 月 1 日实施。本书收录案例均裁判于该法修改之前，适用的是当时有效的条文，下文将不再对此进行提示。

由包括：（1）商品房预约合同纠纷；（2）商品房预售合同纠纷；（3）商品房销售合同纠纷；（4）商品房委托代理销售合同纠纷。其中关于商品房预约合同的性质和损失赔偿认定在商品房买卖合同纠纷中具有典型性，结合本案进行探讨。

1. 商品房预约合同的认定

在商品房销售中，基于法律或事实上的障碍，出卖人未必能立即与买受人签订商品房买卖合同，此时，买卖双方往往会签订一份商品房认购书，对商品房买卖的相关事宜进行初步确认，待法律或事实上的障碍消除后再签订商品房买卖合同。实践中，商品房认购书有多种形式，如订购书、预购书、意向书、允诺书、购买房屋的定金收据、原则协议、谅解备忘录等。预约合同是独立有效的合同，当事人应当严格履行合同义务，但预约合同不能强制实际履行。预约合同的当事人只是负有将预约推进到本约的义务，并无必须缔结本约合同的义务。本案中，因房地产公司未取得商品房预售许可证明，双方就购买特定商品房的认购达成合意，支付定金，担保双方能够签订房屋买卖合同。所以，房地产公司出具的收款收据载明的“今收到韩某光和王某薇交来一号楼二单元××号房，面积为89.9平方米，购房定金5万元，单价2800元/平方米”，以上内容不符合《商品房销售管理办法》第十六条规定的商品房买卖合同应当明确主要内容的规定。故对双方之间的交付定金及预付购房款的基础法律关系应确认为商品房预约合同。

2. 商品房预约合同违约责任

双方当事人在商品房预约合同中约定违约责任的，按照合同约定承担相应的责任。如果买房人交付了定金，则依据《最高人民法院关于审理商品房买卖合同纠纷案件适用法律若干问题的解释》第四条“出卖人通过认购、订购、预订等方式向买受人收受定金作为订立商品房买卖合同担保的，如果因当事人一方原因未能订立商品房买卖合同，应当按照法律关于定金的规定处理；因不可归责于当事人双方的事由，导致商品房买卖合同未能订立的，出卖人应当将定金返还买受人”之规定处理。这里的不可归责于当事人双方的事由，是指如签订认购书后，开发项目被政府行政决定取消、缓建，开发商的主体资格丧失，自然灾害导致开发项目灭失等情形。总之，因不能归责买卖合同双方当事人的原因致使本约不能签订时，返还定金即可。除此之外，则应当按照《最高人民法院关于适用〈中华人民共和国担保法〉若干问题的解释》第一百一十五条“当事人约定以交付定金作为订立主合同担保的，给付定金的一方拒绝订立主合同的，无权要求返还定金；接收定金的一方拒绝订立合同的，应当双倍返还定金”之规定处理。本案中，房地产公司直至本案诉讼时仍未取得商品房预售许可证，是导致商品房买卖合同不能有效订立的主要原因。所以，判令其双倍返还定金。

编写人：陕西省渭南市中级人民法院　亢俊谦　郝翎

2

商品房预约合同的违约责任

——钱某诉房地产公司商品房预约合同案

【案件基本信息】

1. 裁判书字号

广西壮族自治区柳州市中级人民法院（2020）桂 02 民终 2742 号民事判决书

2. 案由：商品房预约合同纠纷

3. 当事人

原告（被上诉人）：钱某

被告（上诉人）：房地产公司

【基本案情】

2005年12月28日，钱某与房地产公司签订《商品房预定协议》，约定：钱某预认购房地产公司开发建设的位于柳州市文昌东路的一套商品房；该商品房系为钱某量身定做，本协议签订交付定金后不得退房；总房款暂定为2378382元；《商品房买卖合同》在房产部门测量并核定好房屋产权面积后方签订；房地产公司将履行本协议中约定的商品房位置、规划部门批准后的面积、价款、户型等条款，如违反承诺，房地产公司除退还钱某已付款项外，另赔偿钱某所付款项3%的违约金，同时本协议自动失效；双方还就合同其他权利义务进行了约定。协议签订后，钱某分别于2005年12月29日、2010年12月9日向该房地产公司各支付了100万元，共计200万元。2019年5月29日房地产公司书面通知钱某，双方签订的《商品房预定协议》自始无效，房地产公司不再履行该协议，请接到本通知后及时办理退款手续。钱某收到房地产公司邮寄的《通知书》后向法院起诉，要求房地产公司继续履行《商品房预定协议》，将位于柳州市文昌东路的案涉房屋交付给钱某，办理该房屋产权登记并支付逾期交房违约金。

【案件焦点】

1. 案涉《商品房预定协议》的性质；2. 房地产公司构成违约，赔偿损失数额应如何确定。

【法院裁判要旨】

广西壮族自治区柳州市鱼峰区人民法院经审理认为：钱某与房地产公司于2005年12月28日签订的《商品房预定协议》经生效判决认定其性质为预约合同，合法有效，上述判决已发生法律效力。双方当事人均应遵循诚实信用原则按照协议的约定履行义务，任何一方违约的，应承担相应的违约责任。本案中，由于房地产公司至今没有就案涉楼盘项目办理土地出让价款补交手续，亦未办理案涉商品房的预售许可证明，导致双方未能如约签订《商品房买卖合同》，《商品房预定协议》亦无法继续履行，房地产公司的行为已构成违约，应承担相应的违约责任。根据《中华人民共和国合同法》第一百零七条的规定，当事人一方不履行合同义务或者履行合同义务不符合约定的，应当承担继续履行、采取补救措施或者赔偿损失等违约责任，故房地产公司应返还购房款 200 万元并赔偿损失。

关于赔偿损失数额，双方在签订《商品房预定协议》后，钱某已支付购房款 200 万元，房地产公司也已履行建房义务，案涉房屋于 2010 年 4 月 23 日开工，2013 年 3 月 18 日竣工验收，2019 年 4 月 30 日竣工验收备案。钱某有理由相信房地产公司会按且已经按协议的约定履行订立本约合同的义务，从而丧失了按照《商品房预定协议》约定的房屋价格与他人另订购房合同的机会，因此，房地产公司因违约给钱某造成的损失应根据订立《商品房预定协议》时商品房的市场行情和现行商品房价格予以确定。钱某的损失应为可得利益损失，经计算为现市场价 790.16 万元与其本可以购买的成本价 2378382 元的差价即 5523218 元（790.16 万元-2378382 元）。

广西壮族自治区柳州市鱼峰区人民法院依照《中华人民共和国合同法》第六十条、第一百零七条、第一百一十三条第一款的规定，作出如下判决：

一、房地产公司应于本判决生效之日起十日内向钱某返还已付购房款 200 万元；

二、房地产公司应于本判决生效之日起十日内向钱某赔偿经济损失 5523218 元；

三、驳回钱某的其他诉讼请求。

房地产公司不服一审判决，提出上诉。

广西壮族自治区柳州市中级人民法院经审理认为：双方协议虽约定了违约责任（双倍返还定金或者支付已付购房款 3%的违约金），但钱某已支付超过合同总价款 80%的购房款，两次付款时间（2005 年 12 月 29 日、2010 年 12 月 9 日）分别距今将近 15 年、10 年之久，如按照协议约定支付违约金则显然过低。一审判决从钱某的机会损失利益出发，以涉案房屋现行市场价减去房屋合同价得出其可得利益损失，符合本案客观实际情况以及《中华人民共和国合同法》

第一百一十四条关于违约金调整的规定，故二审法院同意一审法院裁判意见。

广西壮族自治区柳州市中级人民法院依照《中华人民共和国民事诉讼法》第一百七十条第一款第一项之规定，作出如下判决：

驳回上诉，维持原判。

【法官后语】

本案主要存在两个办案要点：案涉《商品房预定协议》的性质及赔偿损失数额如何确定。

根据已生效的民事判决认定的相关事实，综合本案实际情况，可以认定案涉《商品房预定协议》的性质为预约合同，且系双方真实意思表示，应认定为合法有效。双方签订案涉《商品房预定协议》后，由于房地产公司违约，导致双方未能如约签订《商品房买卖合同》，且《商品房预定协议》亦无法继续履行，故房地产公司的行为已构成违约，应承担相应的违约责任。但难点就在于违约责任或钱某主张的赔偿损失数额如何确定的问题。

本案的特殊之处还在于，虽然双方签订的《商品房预定协议》在性质上属于预约合同，但案涉商品房系房地产公司为钱某量身定制，且钱某已支付超过房屋总价款80%的购房款，两次付款时间（2005年12月29日、2010年12月9日）分别距今将近15年、10年之久，如按照协议约定支付违约金（双倍返还定金475676.4元或支付已付购房款3%的违约金）显然过低，也不利于维护正常的市场交易秩序。钱某丧失的不仅是与他人订立合同的机会，还包括具备履行其他类似购房合同的能力，故确定损失赔偿数额应从机会损失利益出发，以涉案房屋现行市场价格减去房屋合同价格计算可得利益损失，更符合客观实际情况。

违反预约合同应承担损失的范围，应以机会损失为基础，不超过履行利益为限，综合考量案情予以确定。预约合同对本约的标的物、对价等已经作出明确约定，当事人对本约的期待利益已经固化，违约方一旦违约，守约方的期待利益也随之丧失，守约方亦丧失了与他人订立同类本约合同的机会，导致机会损失转化为现实损失，该机会损失应归属于信赖利益的损失。但是，预约合同的标的是签订本约合同这一行为，而不是交易的实际发生，依赖签订本约后再与他人订立同类合同可获得的利益即履行利益，只能理解为商业利益，在本约未达成的情况下，不能视为法律上的利益，也就不能作为违反预约合同应承担损失的范围，即信赖利益的损失不能超过履行利益损失，故违反预约合同应承担损失的范围原则上不应超过可得利益的范围。当然，当事人签订的预约合同基本都是格式合同，有时不能对合同条款进行反复磋商及论证，有时由于自身认知及法律知识的局限性，不能对合同的性质及相应的法律后果做好准确预判，因此在案件的审理过程中更需要法官对案情及法律适用进行综合考量，从而更好地达到法律效果和社会效果的统一。

编写人：广西壮族自治区柳州市鱼峰区人民法院　朱张燕

二、商品房预售合同纠纷

3

“精装房购房合同”中当事人有关交付条件真实意思表示的认定

——余某鹏诉房地产公司商品房预售合同案

【案件基本信息】

1. 裁判书字号

广东省佛山市高明区人民法院（2020）粤0608民初3200号民事判决书

2. 案由：商品房预售合同纠纷

3. 当事人

原告：余某鹏

被告：房地产公司

【基本案情】

2017年10月6日，原告与被告签订合同，原告向被告购买某楼盘18座××号房的预售商品房，购房款为1241503元。庭审中，原、被告确认合同约定的预售商品房是带装修出售的。原告已全额支付了购房款。

合同第九条约定：“商品房交付时应符合下列条件：（1）已取得建设工程竣工验收备案证明文件；（2）房屋测绘报告。”

合同第十六条第三款约定：“商品房应当使用合格的建筑材料、构配件和设备，装置、装修、装饰所用材料的产品质量必须符合国家的强制性标准及双方约定的标准。不符合上述标准的，原告有权要求被告按照下列方式处理：（1）及时更换、修理；（2）重新维修至符合合同约定的商品房装饰、设备标准。具体装饰装修及相关设备标准的约定见附件六。”

合同附件六除对涉案商品房的装饰装修主要材料和设备的品牌、产地、规格、数量等进行了约定外，还明确约定：“交付的商品房达不到本附件约定装修标准的，按照本合同第十六条第（三）款约定处理。”

2019年1月2日，被告取得案涉商品房的房屋面积测量成果报告书。

2019年3月29日，被告取得案涉商品房的竣工验收备案证明文件。

2019年6月19日，被告向原告邮寄收楼通知书（邮戳日为2019年6月19日），委托物业服务公司高明区分公司与业主办理收楼手续。

截至2019年6月30日，被告未完成涉案商品房的装修工程，原告未到被告处办理收楼手续。

2019年8月5日，原告取得涉案商品房的不动产权证书。

2019年11月17日，原告向被告提交了由其签署确认的《物业（单元）接收情况反馈表》，该反馈表下方打印了以下内容：“备注：该房屋已经过业主/业主委托人检验，除验收意见栏存在的问题，认为其他一切妥善或满意，已确认业主名下单元物业与商品房买卖合同约定标的物相符后，并同意接收。”

2019年11月18日，原告签署了案涉商品房的《收楼确认书》。

【案件焦点】

被告交付涉案商品房的条件是否包括完成装修工程。

【法院裁判要旨】

广东省佛山市高明区人民法院经审理认为：装修工程是否已完成，是涉案商品房的交付条件之一。首先，涉案合同与附件六是原、被告在同日签订的，作为合同组成部分的附件六，对涉案商品房应当具备的装饰装修及设备标准进行了明确、详尽的约定，并装订在合同后。而且在合同及其附件文件中，均未明确约定涉案商品房为毛坯状态交付，亦未约定装修工程的具体交付时间。在此情况下，应理解为涉案商品房的交付条件包括装修工程的完成；其次，原、被告均确认涉案商品房是带装修出售的，该装修属于合同标的房产不可分割的一部分，并且案涉装修工程的施工方直接由被告选定和进行结算，即被告参与了装修事项，因此，被告在交付涉案商品房时应保证装修工程已经完成；最后，附件六约定，交付的涉案商品房达不到附件六所约定装修标准的，由被告进行及时更换、修理和重新维修。按照正常的文义解释理解，更换、修理、重新维修适用的前提条件，是指装修工程已完成，但存在与约定标准不符且不严重影响正常居住的装修质量或瑕疵问题。本案中，上述保修责任条款不能适用，因为其并不具备适用的前提条件，即案涉商品房在合同约定的交付期限届满时根本未完工或未开始进行。在此情况下，原告有权拒绝收楼，直至被告交付已完成装修工程的涉案商品房时为止。综上所述，被告有关涉案商品房的交付条件不包括装修工程完工的抗辩，理据明显不足，不予采纳。

综上所述，广东省佛山市高明区人民法院依照《中华人民共和国合同法》第六十条、第一百零七条、第一百一十四条第一款、第一百三十八条及《中华人民共和国民事诉讼法》第六十四条，《最高人民法院关于民事诉讼证据的若干规定》第十一条、第十五条之规定，判决如下：

被告房地产公司于本判决发生法律效力之日起十日内支付逾期交房违约金17381.04元给原告余某鹏。

一审宣判后，双方当事人未上诉，现判决已发生法律效力。

【法官后语】

本案是商品房预售合同纠纷。尽管双方签订了商品房预售合同，且合同的正本对交付条件作出明确规定，但是仍不妨碍法院结合合同附件的相关内容去探究当事人之间的真实意思表示，以明确双方之间的真实权利义务。

本案因案情复杂，曾提交法院的专业法官会议讨论，形成两种意见。

第一种意见认为，装修工程是否完成，并非案涉商品房的交付条件。理由如下：(1) 合同第九条明确约定案涉商品房的交付条件仅有两项，分别是被告取得案涉商品房的建设工程竣工验收备案证明文件及房屋测绘报告。查明的事实表明，被告早在2019年3月29日前已经取得了上述两项文件和报告，案涉商品房在2019年3月29日已达到交付条件。被告也依照合同约定在交付日期届满前十天向原告邮寄送达了收楼通知书。原告无合同约定的理由逾期收楼，视为被告已经完成了交付。(2) 原、被告虽然确认案涉商品房是带装修出售的，合同价款包括装修工程在内，但合同的条款中未明确约定装修工程的完成是交付条件之一。(3) 合同的附件六明确约定交付的案涉商品房达不到附件所约定装修标准的，按照合同第十六条第三款的约定处理，即由被告进行及时的更换、修理、重新维修，并未赋予原告在装修工程未完成或存在瑕疵、质量问题的情况下可以拒绝接收案涉商品房的权利。若因案涉商品房的装修工程未完成或存在瑕疵、质量问题造成原告损失，原告可另案起诉主张损失，但该损失并非逾期交房导致的损失，不能据此请求逾期交房违约金。

第二种意见认为，装修工程是否完成，是案涉商品房的交付条件之一。理由如下：(1) 原、被告均确认合同所约定的案涉商品房是带装修的，合同中未有条文明确约定案涉商品房是毛坯交付的，也未就装修工程的交付日期进行另行约定，且合同附件六对装修标准进行了详细约定，原告有理由相信案涉商品房交付时是已经装修完毕并符合约定标准的。(2) 案涉商品房是带装修的，原告签订合同的目的是通过支付对价取得符合合同约定的、已装修好的案涉商品房所有权。因此，装修工程依照合同约定的标准在交付日期届满前全部完成，应是案涉商品房交付条件之一，应是合同的本有之义。(3) 合同第十一条明确约定案涉商品房存在除主体结构及地基基础外的其他质量问题，被告应进行修复，并在修复后进行再次交付。依照该条约定，装修工程已完成，但存在质量问题，原告可拒绝收楼，并要求被告修复后进行再次交付。那么按照举轻以明重的原则，在案涉商品房的装修工程未完成的情况下，原告亦可拒绝收楼，因为这严重影响了原告的日常正常居住，较之已装修好但存在质量问题的情况更为严重。综上所述，结合本案查明案情，被告在2019年6月30日前未完成案涉商品房的装修工程，已构成逾期交付房屋，应承担相应的违约责任，向原告支付违约金。

最终，法院采纳了第二种意见。认为原告以1241503元的价格向被告购买涉案包含精装修在内的商品房，房屋的交付条件不单单在合同正本中予以约定，而且在作为合同组成部分的附件中予以了进一步明确，也即装修工程完成是房屋交付的必要条件。

编写人：广东省佛山市高明区人民法院　彭智聪　区君萍

4

开发商虚假宣传之法律后果分析

——武某全诉房地产公司上海分公司商品房预售合同案

【案件基本信息】

1. 裁判书字号

上海市第二中级人民法院（2020）沪02民终10195号民事裁定书

2. 案由：商品房预售合同纠纷

3. 当事人

原告（被上诉人）：武某全

被告（上诉人）：房地产公司上海分公司

【基本案情】

2016年10月15日，武某全（乙方）与房地产公司上海分公司（甲方）签订《上海市商品房预售合同》一份，约定：乙方向甲方购买系争房屋，暂测房屋建筑面积为78.71平方米，该房屋建筑层高为2.9米，该房屋建筑设计及平面图见本合同附件二，该房屋建筑结构、装修及设备标准见本合同附件三；总房价款暂定为 2434767 元；乙方购买该房屋的总价款（含附件三中装修、设备价格）是指该房屋和相应比例的土地使用权的总价格；签订本合同后，甲方不得擅自变更该房屋的建筑设计（见附件二）；该房屋的交付必须符合下列第三种方案所列条件：……三、甲方已向该房屋所在地政府主管部门递交了办理该房屋建设工程竣工验收备案所需的全部文件；甲方定于 2017 年 12 月 30 日前将该房屋交付给乙方，除不可抗力外；附件二，该房屋建筑设计及平面图，地下建筑面积：0，平面图对系争房屋的露台进行了标示；合同对双方其他权利义务亦作了约定。合同签订后，武某全支付了全部购房款，房地产公司上海分公司则向武某全交付了系争房屋。因武某全认为系争房屋所在小区的设施、设备与该房地产公司上海分公司的前期宣传不符，且系争房屋的阳台层高低于合同约定，遂涉讼。

另查，2018 年 10 月 8 日，上海市嘉定区市场监督管理局向该房地产公司上海分公司作出沪行政处罚决定书：……经现场核实，房地产公司上海分公司交付的上述楼盘内只有景观水池未查见有游泳池；地下室储藏空间和顶层开放式露台实际为毛坯交付；顶楼户型部分房间内未设置有飘窗。故当事人对外宣传视频内的效果图及文字说明中含有“少见的带游泳池高端社区”“进口电梯品牌”“每户赠送约 8 平方米地下室储藏空间，顶层专享全开放式露台”，及“每个卧室赠送一个飘窗”等内容为虚假。上述行为违反了《中华人民共和国反不当竞争法》第九条第一款的规定，责令当事人停止违法行为，消除影响，对当事人作出行政处罚罚款五万元。审理中，武某全确认其主张的系争房屋阳台的高度 2.34 米为净高，长、宽、高数据均由其实际测量得出。房地产公司上海分公司自认系争房屋的阳台层高低于 2.9 米，实际层高在 2.54 米左右，并称因项目交付时间长久，相关图纸缺失，未能计算出阳台面积。

【案件焦点】

1. 房地产公司上海分公司虚假宣传是否造成武某全损失；2. 阳台层高不足是否造成武某全损失。

【法院裁判要旨】

上海市嘉定区人民法院经审理认为：关于争议焦点一，房地产公司上海分公司对外宣传视频内的效果图及文字说明中含有“带游泳池高端社区”“进口电梯品牌”，系对有关房屋状况及相关设施内容的明确允诺，并对预售合同的订立及价格有一定影响，应视为一种要约。现房地产公司上海分公司交付的房屋不具备游泳池及进口品牌电梯的设施，应属违约，行政机关也认定房地产公司上海分公司关于游泳池及进口电梯的宣传构成虚假宣传，故该房地产公司上海分公司关于该部分的虚假宣传一定程度上对房屋的售价产生影响，造成业主的损失，应予以赔偿。鉴于双方合同对此未作约定，法院根据实际情况，综合考虑系争房屋的价格及面积，酌定房地产公司上海分公司应赔偿武某全因虚假宣传系争房屋为“少见的带游泳池高端社区”“进口电梯品牌，私人专属电梯入户”造成的损失8000元。由于双方对地下室储藏空间及露台未明确约定交付标准，现实中房地产公司上海分公司已毛坯交付，故武某全所称的该项损失不予支持。关于争议焦点二：阳台层高不足是否造成武某全损失。双方一致确认目前系争房屋的层高低于合同约定的层高，鉴于将房屋恢复至合同约定层高已无法实现，故武某全要求房地产公司上海分公司赔偿损失，于法有据。法院参照阳台的实际层高差额、面积及房屋单价酌情确定房地产公司上海分公司应赔偿武某全该项损失1.6万元。

据此，上海市嘉定区人民法院依照《中华人民共和国合同法》第一百零七条之规定，作出如下判决：

一、被告房地产公司应于本判决生效之日起十日内赔偿原告武某全因虚假宣传造成的损失人民币8000元；

二、被告房地产公司应于本判决生效之日起十日内赔偿原告武某全阳台层高损失人民币1.6万元。

一审宣判后，被告提出上诉，后于二审审理过程中撤回上诉，二审法院裁定准予房地产公司上海分公司撤回上诉。

【法官后语】

我国从二十世纪九十年代初开始逐步建立、完善商品房预售制度，该制度已成为商品房交易的主要形式。近年来，因开发商虚假宣传而导致群体性诉讼时有发生，本案即2020年上海市嘉定区院审理的购房者因开发商虚假宣传而诉请赔偿损失的群体性诉讼中的一例，本案提出如下裁判要点：商品房销售广告的性质在一般情况下属于“要约邀请”，当广告内容同时满足“开发商开发规划范围内的房屋及相关设施”“具体确定”及“对合同订立及价格确定有重大影响”的，视为“要约”，开发商违反该要约的，应认定为违约，承担赔偿责任。经审理，法院认定本案开发商存在虚假宣传并判决开发商予以赔偿，维护了消费者的合法权益。

在司法实践中，将广告宣传认定为要约时的审查要点主要包括：(1) 被视为“要约”的说明和允诺应当局限在“商品房开发规划范围内”。(2) 被视为“要约”的说明和允诺应“具体确定”。法院在判断是否“具体确定”时，通常会将含有品牌、参数等无须再行磋商即可固定下来的内容认定为要约。(3) 被视为“要约”的说明和允诺应对“合同订立”和“房屋价格的确定”有重大影响。

具体到本案，关于争议焦点一，在具体认定损失时，一审法院结合合同约定认定双方在合同中对地下室储藏空间及露台未约定交付标准，现实为毛坯交付，故该部分损失未予支持。而“带游泳池高端社区”“进口电梯品牌”的内容符合司法解释中视为“要约”的要件，应视为要约。现被告交付的房屋不具备游泳池及进口电梯的设施，应属违约。法院根据实际情况，综合考虑系争房屋的价格及面积，酌定被告赔偿原告因该项虚假宣传造成的损失8000元。关于争议焦点二，关键是如何确定因层高不足产生的损失。本案中，双方当事人对层高违约没有约定，法律对此又无明文规定，但层高不足对房屋的使用及价值确有一定的影响，就如何量化为损失的问题，法院考虑到房屋价格=单价×建筑面积，而层高不足对买受人的直接影响即为可用空间的减少，故法院结合层高差、阳台面积、房屋售价等因素，酌情确认损失金额为1.6万元。

编写人：上海市嘉定区人民法院　刘燕枫　方靖

5

在购房人断供房贷情况下，诉讼中应如何对商品房买卖合同解除后开发商与买房人各自的权利义务进行处理

——置业公司诉吴某隐商品房预售合同案

【案件基本信息】

1. 裁判书字号

广西壮族自治区柳州市鱼峰区人民法院（2020）桂0203民初2865号民事判决书

2. 案由：商品房预售合同纠纷

3. 当事人

原告：置业公司

被告：吴某隐

【基本案情】

2017年2月17日，原、被告双方签订《商品房买卖合同》及其附件补充协议，约定被告购买原告开发建设的房屋一套并对房屋面积、总价、付款期限、办理产权证期限以及被告未按贷款合同约定偿付贷款导致原告承担了保证责任的违约责任等均作出了约定。合同签订后，双方办理了涉案《商品房买卖合同》预售商品房合同备案登记，涉案商品房于2018年2月28日取得了不动产预告登记证明。

另查，2017年2月20日，原告作为保证人与被告（借款人）、案外人某银行柳州分行（以下简称柳州分行）签订了《个人购房借款合同》一份，合同对贷款本金、还款方式、原告为被告向柳州分行所借款项的阶段性担保（自本合

同生效之日起至被告就本合同项下所购房屋取得房屋所有权证、办妥抵押登记和其他相关手续）责任的方式、担保范围均作出了约定等等。当日，柳州分行按照合同约定将贷款75万元转账至被告指定的原告的银行账户。

后因被告逾期偿付所借贷款，银行先后于2019年9月4日、2019年9月24日、2019年11月6日向原告发送《逾期贷款协助催收函》《个人贷款提前收回告知函》《偿还银行贷款通知书》催促被告尽快向柳州分行偿付拖欠贷款本息、罚息等。2019年12月4日，银行从原告银行账户扣划706578.36元，付款事项载明“委托扣划”、附言载明“扣划代偿借款人吴某隐所欠本行贷款利息”。

【案件焦点】

1. 原告是否有权解除案涉商品房预售合同；2. 合同解除后，被告的违约责任如何确定；3. 合同解除后原告已经收取的购房款如何处理。

【法院裁判要旨】

广西壮族自治区柳州市鱼峰区人民法院经审理认为：第一，本案因被告未按照其与银行签订的《个人购房借款合同》的约定偿付银行按揭贷款导致提前终止贷款合同收回贷款，并最终导致原告按照三方所签订合同的约定向银行承担了连带担保责任，因此，原告根据双方签订的《商品房买卖合同》解除合同符合合同约定，另外，虽然原、被告所签《商品房买卖合同》后被告已经履行交付购房款的全部合同义务，但考虑到本案购房款系由被告通过按揭贷款来支付，在柳州分行提前终止与被告的贷款合同后已从原告银行账户扣划了被告所欠该行全部贷款本息706578.36元，原告获得购房款的最终目的已无法实现，因此，原告要求解除签订的《商品房买卖合同》亦符合法律规定的法定解除合同条件。

第二，本案违约金系综合考虑原告的意见、被告逾期还款的具体原因等因素酌情确定。

第三，虽然“不告不理”是我国民事诉讼中一项基本的裁判原则，但是结合本案的实际并考虑到一次性解决纠纷的需要，法院主动向原告就一并处理原告向被告返还已付商品房购房款的问题进行了释明，同时考虑到作为商品房开发商收取了首付款及按揭贷款后又为购房者代偿所欠银行的全部贷款本息，因此，原告向被告返还的购房款应当以扣除代偿银行贷款本息后剩余的购房款为限，如果原告既要代偿被告所欠银行全部贷款本息又需全额退还被告购房款，对于原告来讲则显失公平。

广西壮族自治区柳州市鱼峰区人民法院依照《中华人民共和国合同法》第八条、第九十四条的规定，作出如下判决：

一、解除原告置业公司与被告吴某隐于2017年2月17日签订的《商品房买卖合同》及其附件补充协议；

二、被告吴某隐协助原告置业公司到房产管理部门办理案涉房屋的注销合同备案登记、注销预告登记手续；

三、被告吴某隐将位于柳州市阳和大道的案涉房屋返还给原告置业公司；原告置业公司返还在被告吴某隐购房款237142.64元；

四、被告吴某隐支付原告置业公司违约金70657.8元；

五、驳回原告置业公司的其他诉讼请求。

一审宣判后，双方当事人未上诉，现判决已发生法律效力。

【法官后语】

就我国目前的商品房预售市场看，房地产开发商起诉购房者解除商品房买卖合同及违约金的案件中很大一部分是购房者因自身负有其他债务跑路或者其人身自由被采取了强制措施而中断供贷，且涉诉商品房同时存在已经被其他司法部门轮候查封的情况，在此情形下，如果审理法院仅按照双方签订的商品房买卖合同中购房者与房地产开发商的具体合同约定对房地产开发商的诉请进行处理，就会造成购房者权益得不到保护的局面，房地产开发商必然从自身利益最大化为出发点在扣除一切费用、违约金等情况下才会同意退还剩余购房款，从而导致房地产开发商收回房屋后购房者在要求开发商返还购房款时陷入非常被动的地位。更有甚者，在一些房地产开发商与购房者签订的商品房买卖合同中约定只要购房者逾期三期甚至三期以上就享有合同解除权，合同解除后房地产开发商收回房屋，这就会形成在购房者已经不再是房屋产权人的情况下其仍然需要继续偿还银行贷款、逾期还款违约金、罚息、复利的局面，这种情形下，购房者的损失又进一步加大了，因此，法院在审理此类纠纷时为一次性解决纠纷应当将购房款的返还问题一并处理更为妥当。与此同时，法院也要慎重对待所涉房屋在已被其他部门查封的情况下，房地产开发商要求在返还的购房款中将解除合同违约金部分予以直接抵扣的问题，由于房地产开发商诉请的违约金从本质上来看也属于一般债权的性质，在商品房买卖合同解除后，房地产开发商可依据生效判决要求房产部门协助办理预告登记的注销手续，其他债权人对所涉商品房的预查封效力因为预告登记的注销而自然不能继续延续，那么，此时其他债权人是可以在房屋预告登记解除查封前要求对开发商应返还的购房款进行保全或者查封的，在此情形下，如果法院直接在判决中在房地产开发商应当返还的购房款中将房地产开发商诉请的解除合同违约金作直接抵扣处理，那么该处理方式会造成法院直接对开发商诉请的违约金赋予了优先受偿的权利，直接损害到其他债权人对其开发商应返还的购房款的参与分配的利益。综上，法院在处理涉及商品房预售合同纠纷类似案件时要综合考虑案件的具体产权情况、查封情况、贷款拖欠的具体情况、导致违约的具体原因等因素后作出更加合理的裁判。

编写人：广西壮族自治区柳州市鱼峰区人民法院　谭丽娜

6

消防管道入户，装修费由谁承担

——卢某远诉房地产公司商品房预售合同案

【案件基本信息】

1. 裁判书字号

广西壮族自治区柳州市鱼峰区人民法院（2020）桂 0203 民初 4670 号民事判决书

2. 案由：商品房预售合同纠纷

3. 当事人

原告：卢某远

被告：房地产公司

【基本案情】

位于广西壮族自治区柳州市某小区系由被告开发建设。2017 年 11 月 14 日，原告与被告签订《商品房买卖合同》一份，合同约定：原告向被告购买位于案涉房屋，建筑面积为 116.67 平方米，套内建筑面积为 90.49 平方米，按套内建筑面积每平方米 10838.02 元计算，总价款为 980732 元。《商品房买卖合同》第八条约定：出卖人应当在 2019 年 12 月 30 日前，依照国家和地方人民政府的有关规定，将取得房屋建筑工程竣工验收备案证明并符合本合同约定的商品房交付买受人使用。合同签订后，原告依约向被告付清购房款。

2019 年 11 月 26 日，柳州市住房和城乡建设委员会柳东建设局向被告发出《建设工程消防验收意见书》（柳东住建消验字〔2019〕第 0015 号），其上载明：案涉小区楼宇建筑高度为 116.55 米，地上 38 层，建筑面积为 16258.68 平方米，地下 1 层，建筑面积为 3869.08 平方米，综合评定为消防验收合格。2019 年 12 月 23 日，案涉小区楼宇取得柳州市自然资源和规划局核发的《柳州市建设工程规划核实意见单》，认定该楼宇建设工程符合规划要求，同意规划核实合格。2019 年 12 月 23 日，该楼宇取得柳州市房屋建筑工程和市政设施工程竣工验收备案。

原告认为被告售房时未告知室内安装消防喷淋设施侵害了原告的知情权和选择权，给原告装修造成极大影响及经济损失。被告称已将相关情况告知原告，并提供“不利因素重要提示”照片拟证实其主张。原、被告均认可被告已通知交房，但双方未办理房屋交接手续。

【案件焦点】

1. 超高层建筑室内设置消防设施，由此产生的装修损失该由谁承担；2. 商品房买卖合同中未约定室内设置消防设施，是否侵犯了业主的知情权和选择权。

【法院裁判要旨】

广西壮族自治区柳州市鱼峰区人民法院经审理认为：原、被告于 2017 年 11 月 14 日签订的《商品房买卖合同》及合同附件系双方真实意思表示，未违反法律、行政法规的强制性规定，合法有效，对双方当事人均具有法律拘束力。涉案房屋所在楼栋建筑高度 116.55 米，依据《建筑设计防火规范》等相关规定，需在该楼栋的公共部位、套内各房间设置自动喷水灭火系统。《商品房买卖合同》虽未约定案涉房屋内设置消防设施，但案涉房屋内的消防管道、喷淋设施均系由相关单位依照消防规范设计、安装，且经过有关消防、规划部门的审查及验收，系建筑物必要附属设施，每个商品的业主对上述消防设施的安装都应提供必要的便利和空间，且设立室内消防设施是对公共消防安全的保障，亦是对原告私有财产安全的保障。基于对公共利益的需求及个人受益角度，原告对室内消防设施的设置应负有一定的容忍义务。

原告认为，被告未告知其室内安装消防喷淋设施，侵害了业主的选择权和知情权，由此造成的额外装修损失应由被告承担。被告主张其已尽到必要告知义务，但其提供的照片显示的日期为 2018 年 11 月，不足以证明其在签订合同时已向原告提示室内安装消防喷淋设施等相关事项。原告的诉请能否成立，主要考虑签订合同时被告有无告知室内安装消防喷淋系统的约定和法定义务。对此，柳州市鱼峰区人民法院认为：（1）合同并未约定被告须告知原告室内消防设施安装的情况。（2）合同第三条第三款约定“该商品房用途为住宅……层高 3 米，建筑层数地上 38 层，地下 1 层”，即原告购买房屋所在楼栋系建筑高度大于 100 米的住宅，根据《建筑设计防火规范》的有关规定，建筑高度大于 100 米的住宅建筑应设置自动灭火系统，并宜采用自动喷火灭火系统，因此，案涉房屋内设自动灭火系统是消防规范的强制要求。（3）案涉房屋内的消防设施系由设计单位依照法律规定设计、安装且经过了消防部门的审查及验收，被告对该公共消防设施的存在并无过错，原告购买房屋所在楼栋为高度超过 100 米的建筑，设立室内消防设施为消防规范的强制性要求，在设计符合要求、被告没有变更设计的情况下，在双方签订合同时，原告完全可以主动向被告了解室内消防设施的真实情况，而原告并未举证证明自己在签订合同时提出过要求被告告知除合同和补充协议已经告知的内容外关于案涉房屋的哪些情况。综上，原告的诉请依据不足，理由不充分，不予支持。

广西壮族自治区柳州市鱼峰区人民法院依照《中华人民共和国合同法》第六十条之规定，作出如下判决：

驳回原告卢某远的诉讼请求。

双方当事人未上诉，现判决已发生法律效力。

【法官后语】

受土地资源限制的影响，当前城市建筑均向高处发展，高层建筑越来越多，高层建筑的消防问题日渐成为社会大众的关注热点。

自 2015 年 5 月 1 日起，住建部发布的《建筑设计防火规范》（GB50016-2014）正式施行，文件规定，建筑高度大于 100 米的住宅建筑应设置自动灭火系统，并宜采用自动喷火灭火系统。现实中，楼层超过 32 层的新建居民住宅室内都需要安装消防设备，而消防管道入户所引发的降低楼层净高，造成后续装修不便及有可能增加装修成本的问题极易引发纠纷。本案就是因消防管道入户引起的纠纷。

案涉房屋所在楼栋系设计为建筑高度为116.55米，地上38层的超高层建筑，开发商依据《建筑设计防火规范》的规定，在楼栋的公共部位以及套内各房间设置自动喷水灭火系统。对此，业主认为，这些消防设施未在《商品房买卖合同》中明确约定，侵犯了原告的知情权，原告因消防管道入户造成装修成本增加，应由开发商承担。对此，法院经审理认为，在《商品房买卖合同》第三条第三款已明确约定商品房所在楼栋的层高、层数，从上述约定可以看出业主所购买房屋所在楼栋系建筑高度大于100米的住宅，《建筑设计防火规范》自2015年5月1日起施行，根据相关防火规范，此类型住宅必须要在室内设置消防装置。本案中开发商在套内设置的相关消防管道、喷淋设施，均系由相关单位依照消防规范设计、安装，且经过有关消防、规划部门的审查及验收，系建筑物必要附属设施，是对公共消防安全的保障，亦是对原告私有财产安全的保障。基于对公共利益的需求及个人受益角度，原告对室内消防设施的设置应负有一定的容忍义务，对上述消防设施的安装提供必要的便利和空间。最终，法院未支持原告的诉讼请求。

在当今房屋价格及装修成本水涨船高的情况下，业主购房前应对所购房屋性质有所掌握，了解基本的法律规范，并可咨询规划设计部门，以免收房时不符合预期。同时，开发商在出售房屋时，对房屋可能存在的情况如室内必须安装消防设施等应尽到相应的告知义务，以避免后续引发不必要的纠纷。

编写人：广西壮族自治区柳州市鱼峰区人民法院　全晓岚

7

金钱债务履行不能的非恶意违约方有权起诉解除

——马某诉置业公司商品房预售合同案

【案件基本信息】

1. 裁判书字号

江苏省启东市人民法院（2020）苏 0681 民初 4756 号民事判决书

2. 案由：商品房预售合同纠纷

3. 当事人

原告：马某

被告：置业公司

【基本案情】

2019 年 4 月 25 日，原告马某作为乙方（买受人）与被告置业公司作为甲方（出卖人）签署了一份《商品房买卖合同》，约定：乙方向甲方购买一处室房屋，房屋总价款为 954810 元。合同第七条付款方式及期限中约定：签订本合同前，买受人已向出卖人支付定金 2 万元，该定金于本合同签订时抵作商品房价款。乙方应于 2019 年 5 月 25 日前分 2 期支付该商品房全部价款，首期房价款 294810 元，应当于 2019 年 4 月 25 日前支付，2019 年 5 月 25 日前，乙方支付剩余房款 66 万元。就买受人逾期付款责任，双方同意按照补充协议之约定进行处理。补充协议对此约定为：若买受人未按预售合同第七条约定的付款方式和付款期限付款，双方同意出卖人有权按下列约定追究买受人的违约责任。（1）逾期在 5 日之内，买受人按日计算向出卖人支付逾期应付款日万分之五的违约金。（2）逾期超过 5 日，出卖人即有权单方面解除预售合同。出卖人解除预售合同的，应当书面通知买受人。买受人应当自解除合同通知送达之日起30日内按照总房价款的10%向出卖人支付赔偿金，出卖人有权在买受人已支付的房价款中扣除买受人应支付的赔偿金额，剩余房款退还给买受人。如买受人已支付的房价款不足赔偿的，买受人应在解除通知送达之日起30日内补足。2019年4月20日，原告向被告支付了定金2万元，2019年4月25日，原告向被告支付了首付款294810元，余款66万元原告未能按约支付。

另查明，原告儿子王某某，因患病分别于2018年8月29日、2019年8月31日、2019年11月5日、2020年4月1日住院治疗。原告马某因病于2019年5月24日住院治疗。

再查明，被告就案涉楼盘于2018年12月29日取得商品房预售许可。

【案件焦点】

原告作为违约方，有无合同解除权。

【法院裁判要旨】

江苏省启东市人民法院经审理认为：原告有权主张解除合同。首先，原告虽然没有法定解除权，双方签订的《商品房买卖合同》中，也未约定原告的解除权，但原告已按约支付了定金与首付款，现因家人及自身生病的实际情形，导致家庭经济负担加重以及实际收入减少，没有能力继续履行案涉合同，其主观上并不存在恶意。其次，基于原告已无力支付后续房款的实际情形，案涉合同已陷入僵局，如一味否定原告的解除权，原告将因此承受难以承受的经济压力，严重影响其及家人的正常生活。允许其从难以继续履行的合同中脱身，反而有利于充分发挥物的价值，减少财产浪费，有效利用资源，促进市场经济发展。对于不能履行的交易，以鼓励交易的名义强制履行，并不是鼓励交易的真义。最后，案涉合同的补充条款中约定，逾期超5日，出卖人即有权单方面解除预售合同，但被告在原告逾期付款长达一年多的情形下，一直未向原告主张解除合同，违反了诚实信用原则，按照诚实信用原则，交易双方都要善意行使权利，在合同履行不能时，应当允许违约方请求解除合同。故原告有权解除案涉合同。

江苏省启东市人民法院依照《中华人民共和国合同法》第八条、第六条、第四十四条、第六十条、第九十七条、第一百零七条、第一百一十四条之规定，作出如下判决：

一、解除原告马某与被告置业公司于2019年4月25日签订的《商品房买卖合同》；

二、被告置业公司应于案涉房屋的预售备案登记撤销完成后三十日内返还原告马某已付房款199329元；

三、驳回原告马某的其他诉讼请求。

一审宣判后，双方当事人未上诉，现判决已发生法律效力。

【法官后语】①

围绕本案争议焦点——“原告作为违约方，有无合同解除权”，这就涉及对于《中华人民共和国民法典》第五百七十九条和第五百八十条的解释问题。笔者认为，对于《中华人民共和国民法典》第五百七十九条的解释，显然应当结合具体的合同类型而作出进一步的目的性限缩或者说是限缩解释，即仅限于合同双方所负对待给付义务均为金钱债务的场合和适用情形下。例如，民间借贷合同。理由如下：

首先，从文义因素的角度考量，《中华人民共和国民法典》第五百七十九条和第五百八十条区分金钱债务的不履行形态和非金钱债务的不履行形态，立法本意显然在于强调非金钱债务在一定条件下有转化为金钱债务的正当性和必要性。也就是说，非金钱债务因具有债务履行上的不可替代性，因此，在特殊情况下（即《中华人民共和国民法典》第五百八十条第一款所规定的除外情形下）解除合同并转为金钱债务履行形态（即违约责任形态之“赔偿损失”）。

---

① 因本文成文时间在《中华人民共和国民法典》施行后，主要基于文章时效性的考虑，故而本文所援引的法条均以最新颁布实施的相关规定为准。当然，具体到相关纠纷案件的审理中，则应严格适用《最高人民法院关于适用〈中华人民共和国民法典〉时间效力的若干规定》等有关规定。

而并非在于否定金钱债务在一定条件下也有符合法律上的合同履行不能的构成要件并同样适用于履行不能之法律效果的正当性和可能性。其次，从体系因素的角度考量，“我国法对于损害赔偿采金钱赔偿主义”。[①] 法谚有云，“法不强人所难”。如果非金钱债务即合同的特定标的物发生了物理上的毁损灭失或者法律上的履行不能的情形，事实上或者法律上已经履行不能，那么，便不得不以金钱赔偿代替。而金钱债务因为属于经济学意义上的一般等价物以及法学意义上的种类物，自然不存在以金钱债务替代金钱债务的可能性，但是，并非就此排除在一定条件下金钱债务有解释和适用于履行不能之规定的正当性和合理性。例如，债务人彻底丧失（金钱债务）履行能力的情形。最后，从目的因素的角度考量。从合同内部权利义务关系平衡的角度考量，如前所述，本案案型属于商品房买卖合同纠纷，买方（即个人马某）的主给付义务在于支付购房款，而卖方置业公司的主给付义务在于交付房屋。双方所负之对待给付义务显非同一。如果在肯定非金钱债务在履行不能情况下的单方解除权的发生而对金钱债务在同样情况下单方解除权的发生持一概否定态度的话，那么，客观上势必有造成合同双方地位和利益失衡之嫌。

另外，从“同案同判”“类案类判”的平等原则的角度考量，“违约方请求解除合同”的典型案例见于《最高人民法院公报案例》2006 年第 6 期“房地产公司诉冯某商铺买卖合同纠纷案”。[②] 2019 年 11 月 8 日最高人民法院发布的《全国法院民商事审判工作会议纪要》对于“违约方起诉解除”这一问题的回应集中体现在第四十八条。上述案件对于本案案型的处理显然具有法律上的借鉴和参考价值。不同之处在于，公报案例诉请解除合同的一方即违约方不履行的是非金钱债务，而本案案型中诉请解除合同的一方即违约方不履行的是金钱债务。当然，从另一个角度而言，这也正是本案案型在法律意义上的独特价值之所在。笔者认为，拒绝履行与履行不能在构成要件上的主要识别点在于造成

---

① 韩世远：《合同法总论》，法律出版社 2011 年版，第 613 页。

② 最高人民法院民事审判第二庭编著：《〈全国法院民商事审判工作会议纪要〉理解与适用》，人民法院出版社 2019 年版，第 319 页。

违约的原因是主观因素还是客观因素。本案中，归纳而言，原告马某作为支撑其请求依据的主要两点理由——其家庭收入情况以及其本人及家人治疗疾病所需医疗费用开销的增加，其实想要印证的都是违约方违约原因的客观性——即系客观原因所致，而非主观原因。这也是前述最高人民法院发布《全国法院民商事审判工作会议纪要》第四十八条对“违约方不存在恶意违约的情形”这一要件加以强调的规范目的之所在。

综上所述，合同必须严守规则背后的价值取向显然主要是基于保护交易安全的客观需要。然而，保护交易安全并非在合同领域值得法律加以追求和实现的唯一价值理念。还有合同正义的价值理念也同样值得认真对待。因此，笔者认为，在长期性合同，合同一方所负给付义务为非金钱债务，合同另一方所负对待给付义务为金钱债务，负担金钱债务的一方不履行金钱债务，系因不可归责于债务人之事由所致履行不能，如果没有违约行为的另一方违反诚实信用原则拒绝解除合同，且继续履行合同对负担金钱债务的一方显失公平，双方形成合同僵局，那么违约方起诉请求解除合同的，人民法院依法应予支持。人民法院判决解除合同的，违约方本应当承担的违约责任不能因解除合同而减少或者免除。

编写人：江苏省启东市人民法院　刘文磊

8

逾期交房应依法承担违约责任

——潘某诉房地产公司商品房预售合同案

【案件基本信息】

1. 裁判书字号

贵州省贵阳市乌当区人民法院（2020）黔 0112 民初 688 号民事判决书

2. 案由：商品房预售合同纠纷

3. 当事人

原告：潘某

被告：房地产公司

【基本案情】

原、被告于2015年4月23日签订《商品房买卖合同》及《补充协议》，约定原告购买被告开发的位于贵州省贵阳市乌当区某小区房屋，建筑面积99.48平方米，房屋总价为363102元。签订合同后，原告向被告支付了购房首付款109102元，余款25.4万元通过银行按揭贷款支付。《商品房买卖合同》第十一条约定：被告应当于2016年6月30日前交付该商品房，交付时应符合下列第1、2、3、4项所列条件：（1）该商品房已取得建筑工程竣工合格证明文件；（2）有资质的房产测绘机构出具的商品房面积实测技术报告书；（3）满足第十二条中出卖人承诺的本项目内相关设施、设备达到的条件；（4）经房产管理部门批准的商品房交付使用备案证书。第十三条约定：除不可抗力外，如被告未按照合同规定的期限将商品房交付原告使用，逾期超过90日内，自合同第十一条约定的交付期限届满之次日起至实际交付之日止，被告按日计算向原告支付已付房价款万分之零点五的违约金，并于房屋实际交付之日起30日内向原告支付违约金，合同继续履行。逾期超过90日内原告不选择解除合同的，违约金继续按照日万分之零点五计算至实际交付之日止。合同第二十二条第二款、第三款还约定：被告负责在商品房交付使用之日起90日内申请该商品房所有权初始登记。被告承诺于2018年6月30日前取得该商品房所有权初始登记，并将办理商品房转移登记的有关文书交付给原告，如被告不能按约交付转移登记的有关文书的180日内按照日万分之一承担违约责任，180日后仍不能交付的，原告不退房的继续按照日万分之一支付原告违约金。原告为减少损失，故在被告还未满足交付条件的情况下于2018年11月4日接收了所涉房屋，入住后原告不断向被告催要违约金及要求移交办理产权登记有关文书，但被告至今仍拒不支付和办理。

【案件焦点】

1. 原告主张的逾期交房违约金问题应如何计算；2. 原告主张的逾期办证违约金问题如何计算。

【法院裁判要旨】

贵州省贵阳市乌当区人民法院经审理认为：原、被告双方订立的《商品房买卖合同》是其真实意思表示，未违反法律的强制性规定，合法有效，当事人均应按合同约定履行各自的义务。本案中，被告逾期交房，且至今不具备办理房产登记的条件，违约事实清楚，依法应承担违约责任。

关于原告主张的逾期交房违约金问题。按照双方合同约定，被告应自房屋交付期限届满之次日即 2016 年 7 月 1 日起，按日计算向原告支付已付房价款万分之零点五的违约金至房屋实际交付的 2018 年 11 月 4 日止。现被告抗辩原告的该项诉请超过诉讼时效，因被告的违约责任是按日累计计算，属一个持续的可分性债务，应以每个个别债权分别计算诉讼时效，原告未提供证据证实本案存在诉讼时效中断的情形，故本案逾期交房违约金应自原告起诉之日即 2020 年 2 月 18 日倒推三年开始计算。因此，被告应向原告支付自 2017 年 2 月 18 日起至 2018 年 11 月 4 日止共计 624 日的逾期交房违约金，为 363102 元（已付房价）×0. 00005（每日违约金）×624（违约天数）= 11329 元。

关于原告主张的逾期办证违约金问题。因被告至今未取得涉案房屋所在楼栋的所有权初始登记，更无法将办理商品房转移登记的有关文书交付给原告。故被告应按照合同约定，自逾期之日每日按已付房价款的万分之一向原告支付逾期交付办理商品房转移登记有关文书的违约金至其履行该项义务时止。自 2018 年 7 月 1 日起，截止至 2020 年 1 月 19 日，被告已逾期 566 天，其应向原告支付的违约金为 363，102 元（已付房价）×0. 0001（每日违约金）×566（违约天数）= 20552 元，法院对此予以支持 20552 元，并对被告以原告该诉请违反一案一诉原则的辩解不予采信。

贵州省贵阳市乌当区人民法院依照《中华人民共和国合同法》第六十条、第一百零七条、第一百一十四条，《最高人民法院关于审理商品房买卖合同纠纷案件适用法律若干问题的解释》第十八条之规定，作出如下判决：

一、被告房地产公司于本判决生效后十日内向原告潘某支付逾期交房违约金 11329 元；

二、被告房地产公司于本判决生效后十日内向原告潘某支付逾期交付办理商品房转移登记的有关文书的违约金（2020 年 1 月 19 日前为 20552 元，自 2020 年 1 月 20 日起继续按每日 36.31 元的标准计算至被告房地产公司向原告潘某交付办理商品房转移登记的有关文书之日止）；

三、驳回原告潘某的其他诉讼请求。

一审宣判后，当事人未上诉，现判决已发生法律效力。

【法官后语】

开发商迟延交房违约金的计算方式是按照合同当中的约定来进行确定的。根据《最高人民法院关于审理商品房买卖合同纠纷案件适用法律若干问题的解释》第十三条之规定，商品房买卖合同没有约定违约金数额或者损失赔偿额计算方法，违约金数额或者损失赔偿额可以参照以下标准确定：逾期付款的，按照未付购房款总额，参照中国人民银行规定的金融机构计收逾期贷款利息的标准计算。逾期交付使用房屋的，按照逾期交付使用房屋期间有关主管部门公布或者有资格的房地产评估机构评定的同地段同类房屋租金标准确定。由上述可知，开发商逾期交房的违约金首先按照双方当时签订的商品房买卖合同的约定进行支付，如果在没有约定的情况下，按照逾期交付使用房屋期间有关主管部门公布或者有资格的房地产评估机构评定的同地段同类房屋租金标准确定。本案中，双方签订的《商品房买卖合同》合法真实有效，开发商没有按照约定时间交付房屋，构成违约，应当承担违约责任，并且双方对逾期交房的违约金有约定，应从其约定，故业主起诉开发商逾期交房违约金应予以支持。

开发商逾期办证的，其行为构成违约的，也应当承当违约责任。《最高人民法院关于审理商品房买卖合同纠纷案件适用法律若干问题的解释》第十四条规定：“由于出卖人的原因，买受人在下列期限届满未能取得不动产权属证书的，除当事人有特殊约定外，出卖人应当承担违约责任：（一）商品房买卖合同约定的办理不动产登记的期限；（二）商品房买卖合同的标的物为尚未建成房屋的，自房屋交付使用之日起90日；（三）商品房买卖合同的标的物为已竣工房屋的，自合同订立之日起90日。合同没有约定违约金或者损失数额难以确定的，可以按照已付购房款总额，参照中国人民银行规定的金融机构计收逾期贷款利息的标准计算。”因此，由于开发商的原因导致业主在规定期限内不能取得不动产权属证书的应承担相应的责任。本案中，逾期办证的天数已达566天，开发商应承担违约责任，故业主诉请逾期办证违约金应予以支持。

买房是每个人人生中的大事，购房者在接房时一定要查看“三书一证一表”，齐全后才能接房。三书是指《住宅质量保证书》《住宅适用说明书》《建筑工程质量认定书》。一证是指《房地产开发建设项目竣工综合验收合格证》。一表是指《竣工验收备案表》。同时，根据《中华人民共和国消防法》，楼房必须经过消防验收，才能交付使用。

编写人：贵州省贵阳市乌当区人民法院　苏泓遐

9

限价背景下虚假意思表示的商品房买卖合同之效力认定及法律后果

——蒙某玲诉置业公司商品房预售合同案

【案件基本信息】

1. 裁判书字号

广西壮族自治区高级人民法院（2021）桂民终22号民事判决书

2. 案由：商品房预售合同纠纷

3. 当事人

原告（上诉人）：蒙某玲

被告（被上诉人）：置业公司

【基本案情】

蒙某玲欲购买置业公司开发的某公馆房屋，通过该公司的置业顾问了解到如欲购买该房屋，需先交纳定金，且房屋价格除包含《商品房买卖合同》中约定的价格外，还需支付价差房款。在交纳购房定金前，须先付清价差房款，并会签订两份《商品房买卖合同》，一份是原本的某公馆购房合同，另一份是针对价差房款的合同。后蒙某玲根据置业公司的安排，签订了一份某别墅《商品房买卖合同》（以下简称别墅合同），该合同定金即是所购买某公馆房屋的价差房款，同时还签订了所购买某公馆房屋《商品房买卖合同》（以下简称公馆房屋合同）并支付了定金及首付款。事后，置业公司以蒙某玲未依约支付别墅的首期房款为由解除别墅合同，其所支付的别墅购房定金不予退回。现置业公司已向蒙某玲交付某公馆房屋，蒙某玲遂以签订别墅合同是虚假意思表示且违反法律法规的强制性规定为由诉至法院，主张该合同无效并要求返还购房款并支付资金占用费。

【案件焦点】

别墅合同是否有效，如无效，蒙某玲已交纳的购房款是否应予返还。

【法院裁判要旨】

广西壮族自治区南宁市中级人民法院经审理认为：从双方的缔约过程来看，别墅合同并非一份孤立的合同，而是双方为了签订公馆房屋合同所实施的价格拆分，别墅合同约定的购房定金实际上是公馆房屋房价的应然构成。蒙某玲作为完全民事行为能力人，完全有能力理解置业公司对公馆房屋购房价格及事项的解释，也完全有能力了解签订两份合同的真实目的，并作出其本人的真实意思表示。双方自始至终仅是围绕购买公馆房屋进行协商并且达成合意，因此，可以认定，两份合同的签订实际上仅是为购买公馆房屋而作出的法律行为，仅体现了一个意思表示，且双方对此达成一致，不能将合同的签订行为与真实意思表示割裂开进行理解，故对蒙某玲主张别墅合同是以虚假意思表示签订的无效合同，不予支持。置业公司按照双方约定的价格出售商品房并收取价差房款，并未违反法律和行政法规的效力性禁止性规定，至于其营销活动是否会影响房地产管理秩序、收取价差房款的行为是否会扰乱房地产市场秩序，侵害国家税收利益，是行政机关依法进行监督管理的问题。综上认为，双方签订的别墅合同是双方当事人为购买某公馆而签订的真实一致的意思表示，未悖法律、行政法规的强制性规定，应为合法有效合同，故作出如下判决：

驳回蒙某玲的全部诉讼请求。

蒙某玲不服一审判决，提出上诉。

广西壮族自治区高级人民法院经审理认为：案涉别墅合同应为无效。首先，蒙某玲明知为购买公馆房屋需与置业公司签订两份合同，且其中签订别墅合同的目的就是支付某公馆房屋的价差房款。由此可见，双方签订别墅合同时所作出的意思表示与其内心真实意思不一致。其次，为达成购买公馆房屋的目的，双方共同作出签订别墅合同的意思表示，该合同属于是双方为购买公馆房屋而共同作出的虚假意思表示。最后，签订别墅合同后，双方当事人均清楚该合同的目的，故并未实际履行此合同。因此，根据《中华人民共和国民法总则》第一百四十六条“行为人与相对人以虚假的意思表示实施的民事法律行为无效。以虚假的意思表示隐藏的民事法律行为的效力，依照有关法律规定处理”的规定，别墅合同应认定无效。

关于蒙某玲请求返还已付案涉别墅合同项下房款及赔偿利息损失应否支持的问题。双方当事人虽以虚假的意思表示签订了案涉别墅合同，但该虚假意思表示下所隐藏的真实意思表示是购买被上诉人所开发建设的公馆房屋，双方当事人均清楚知悉案涉别墅合同项下所支付的定金实为支付公馆房屋的部分房款，且房屋也已经交付完毕，所隐藏的真正合同目的已经实现，故上诉人依据《中华人民共和国合同法》第五十八条的规定主张返还案涉别墅合同项下购房款及利息损失理据不足，法院不予支持。

广西壮族自治区高级人民法院根据《中华人民共和国民法总则》第一百四十六条、《中华人民共和国民事诉讼法》第一百七十条第一款第二项的规定，作出如下判决：

一、撤销南宁市中级人民法院（2020）桂01民初1129号民事判决；

二、上诉人蒙某玲与被上诉人置业公司签订的《商品房买卖合同》无效；

三、驳回上诉人蒙某玲的其他诉讼请求。

【法官后语】

近年来，一些地方政府为抑制房价上涨过快纷纷出台房屋备案价制度，个别房地产开发商为规避政府的限价政策，通过各种形式收取价外款，比较常见的有要求购房者以现金一次性支付价外款后换取购房资格，要求购房者向开发商或第三方关联公司以“服务费”“团购费”等形式支付价外款，还有针对价外款专门签订合同。司法实践中，因价外款的收取方式不一，裁判尺度也并不一致。本案是系列案件之一，笔者期望通过案件的审理结果导向，充分发挥司法审判职能，引导开发商和购房者遵守法律法规、诚信交易，促进房地产市场的持续健康发展。

本案开发商将房屋价款分为两部分，与购房者签订两份商品房买卖合同进行交易，一份是针对购房者所欲购买的公馆房屋合同，另一份则是针对房屋差价款的别墅合同。虽然这是开发商收取价差款的一种新形式，但依照《中华人民共和国民法总则》第一百四十六条的规定，已经对案涉别墅合同的效力认定及其法律后果给出明晰的指向。该条规定“行为人与相对人以虚假意思表示实施的民事法律行为无效。以虚假的意思表示隐藏的民事法律行为的效力，依照有关法律规定处理”，审理适用时需要注意以下三个方面：

一是虚假意思表示的认定。从虚假意思表示的构成要件来看，首先是双方有明确的意思表示，因为意思表示的存在是民事法律行为的基本构成要素之一；其次是该意思表示与其内心真实意思表示不一致，即该意思表示是虚伪表示，且是表意人故意作出的，并不具有期待其发生效果意思的虚伪表示；再次是该虚伪意思表示系双方当事人通谋形成的，该通谋可以是双方积极配合的通谋，也可以是一方积极作出的意思安排，而另外一方可能是积极回应或是消极默示配合的通谋；最后是双方均清楚明知该通谋虚假意思表示是为了一个共同的隐藏目的。本案中，双方签订别墅合同的行为完全符合上述构成要件，属于以虚假意思表示实施的民事法律行为。

二是虚假意思表示下民事法律行为的效力认定。《中华人民共和国民法总则》第一百四十六条、第一百五十三条、第一百五十四条规定了民事法律行为无效的情形，其规定无效的情形大致可分为两种，一是违背当事人的真实意思表示而无效，二是损害国家利益、社会公共利益及他人合法利益而无效。前述《中华人民共和国民法总则》第一百四十六条第一款的规定属于第一种无效情形，充分体现了尊重当事人的意思自治和自由意志的民法理念。本案中，蒙某玲除主张虚假意思表示导致合同无效外，还主张别墅合同是置业公司利用其优势地位以合法形式掩盖非法目的以及违反法律法规强制性规定、损害国家和社会公共利益而无效的问题，这主要涉及前述第二种合同无效的情形，以及非正式法源的国家调控政策能否作为否定合同效力的依据。笔者认为，虽然目前商品房交易市场处于一个卖方市场的行业状态，但是本案中的购房者仍具有基于对房屋地段、环境、质量、户型、品牌、价格等因素的考量下作出购买的自由和选择，并不存在开发商利用优势地位误导购房者作出非理性判断或者强制交易的问题，且签订合同针对的是具体的购房者，并不涉及不特定公众；虽然置业公司可能存在规避地方政府调控限价政策的行为，但是调控政策不属于否定合同效力的效力性强制性规定，开发商收取价外款的行为应由其行政主管部门根据相关规定进行认定和规制。本案在处理中亦由原审法院与房地产主管部门就开发商所涉收取价外款的情形进行沟通，并提出司法建议，通过行政手段对开发商收取价外款的行为进行评判。

三是合同无效的法律后果。对于通谋虚假意思表示的民事法律行为无效的法律后果，应由其隐藏的民事法律行为承接，故无效的后果并应然适用《中华人民共和国合同法》第五十八条规定的合同无效的法律后果。本案中，双方当事人虽以通谋虚假的意思表示签订了别墅合同，但双方均清楚知悉别墅合同项下所支付的定金实为支付某公馆房屋的价外款。现在案涉房屋已经交付完毕，实际销售价格亦并未明显超出同地段同类型商品房的市场价格，双方隐藏的真正合同目的已经实现，蒙某玲此时依据《中华人民共和国合同法》第五十八条的规定主张返还别墅合同项下的房款及利息损失，既缺乏法律依据也违背诚实信用原则，不应予以支持。

编写人：广西壮族自治区高级人民法院　王华妍　黄秋燕

10

合同名称与实际不一致的性质认定和合同解除的效力

——房地产公司诉覃某群商品房预售合同案

【案件基本信息】

1. 裁判书字号

广西壮族自治区贵港市覃塘区人民法院（2020）桂0804民初882号民事判决书

2. 案由：商品房预售合同纠纷

3. 当事人

原告：房地产公司

被告：覃某群

【基本案情】

2015年6月16日，房地产公司与覃某群签订一份《商品房预售合同》，约定覃某群以3097.12元/平方米的价格购买房地产公司开发建设的某楼盘项目中的一处房屋，建筑面积为113.36平方米。房屋总价款为351089元，买受人在签订合同时付清首付款106089元，含定金2万元，余款24.5万元由买受人办理银行按揭，房地产公司为该笔贷款提供担保。合同签订前，覃某群已支付20089元，尚欠首付款8.6万元。合同签订当日，覃某群出具一份借据给房地产公司收执，载明：今借到房地产公司8.6万元，用于支付购买出借人的某楼盘项目中的案涉房屋，借款期限为18个月，并于2016年12月28日前分四次向出借人还清借款（不计利息），具体如下：2015年11月16日前归还2.2万元；2016年4月16日前归还2.2万元；2016年9月16日前归还2.2万元；2016年12月28日前归还2万元。借款承诺：（1）借款人未按时还清借款且逾期不超过30天（含30天）的，借款人须向出借人支付违约金，违约金计算方式为借款总额×1‰×逾期天数。（2）借款人逾期超过30日未还清出借人借款的，出借人有权解除双方签订的《商品房预售合同》、有权自行办理房产的《商品房预售合同登记备案证明》的撤销手续，并收回该房产另行处置，借款人已支付的购房款作为违约金，赔偿出借人损失，不足部分出借人有权进行追索。

另外，房地产公司与覃某群均确认借据中的借款8.6万元实际是覃某群尚欠房地产公司的房屋首付款。签订借据后覃某群支付了1万元首付款，但是之后覃某群未按照借据约定支付尚欠的7.6万元首付款。因覃某群未按照借据约定履行义务，房地产公司于2016年8月22日向覃某群邮寄了一份《通知》，该通知中房地产公司表示，根据双方约定，覃某群应当按照借款协议约定的时间交付第一期、第二期首付款，由于其没有按约付款，已构成违约。2019年4月2日，房地产公司以商品房买卖合同纠纷为由提起诉讼，请求：（1）判令解除房地产公司与覃某群于2015年6月16日签订的《商品房预售合同》；（2）判令覃某群在判决生效后十日内配合房地产公司到房屋登记主管部门注销该楼盘项目中案涉房屋的预告登记。法院于2019年6月25日作出（2019）桂0804民初480号民事判决，支持了房地产公司全部诉讼请求。房地产公司又于2019年4月2日以民间借贷纠纷为由向法院提起诉讼，请求：判令覃某群向房地产公司偿还借款本金7.6万元及支付违约金100534元（违约金以7.6万元为基数，按每日千分之一计算，自 2016 年 2 月 1 日起计至还清之日止，现暂计至 2019 年 1 月 26 日止）。事实与理由和本案相同。法院于 2019 年 6 月 25 日作出（2019）桂 0804 民初 479 号民事裁定，认定房地产公司构成重复起诉，遂驳回房地产公司的起诉。现房地产公司再次起诉，请求判令覃某群向房地产公司偿还首付款 7.6 万元及支付违约金 142932 元（违约金计算：以 8.6 万元为基数，按每日千分之一计算，自 2015 年 11 月 16 日起计至还清之日止，现暂计至 2020 年 6 月 4 日）。另外，案涉房屋没有交付给覃某群占有使用，亦未办理房产证；涉案房屋已返还给房地产公司，但预告登记仍登记在覃某群名下。

【案件焦点】

1. 如何认定本案具借款的性质；2. 合同解除后的效力如何。

【法院裁判要旨】

广西壮族自治区贵港市覃塘区人民法院经审理认为：房地产公司与覃某群签订的《商品房预售合同》，系双方当事人真实的意思表示，不违反法律的强制性规定，应属合法有效，当事人应当按照约定履行自己的合同义务。关于本案的借据，因双方实际上没有发生借款支付的事实，故该借据实则双方当事人对商品房买卖合同约定的分期支付首付款以及逾期支付首付款应承担相应的违约责任，即商品房买卖合同关于违约责任的附件或者补充协议。覃某群主张借据违反了《国务院关于坚决遏制部分城市房价过快上涨的通知》的相关规定，因该通知属于管理性文件，违反该通知规定并不必然导致借据无效，法院对覃某群的该辩称不予采纳。关于本案是否构成重复起诉，房地产公司在本案中的诉讼请求系请求覃某群偿还首付款及支付违约金，与前诉主张并不相同，因此，本案不构成重复起诉，法院对覃某群辩称本案属于重复起诉不予采纳。关于房地产公司诉请覃某群偿还首付款 7.6 万元及支付违约金 142932 元，《中华人民共和国合同法》第九十七条规定："合同解除后，尚未履行的，终止履行；已经履行的，根据履行情况和合同性质，当事人可以要求恢复原状、采取其他补救措施，并有权要求赔偿损失。"本案中，双方签订的《商品房预售合同》已解除，涉案房屋也已返还给房地产公司，覃某群尚未支付的7.6万元首付款应当终止履行，故对于房地产公司主张支付首付款的请求不予支持；对于违约金，因借据约定借款人逾期超过30日未还清出借人借款的，借款人已支付的购房款作为违约金，赔偿出借人损失，不足部分出借人有权进行追索。而覃某群支付了30089元首付款（20089元定金+1万元首付款）给房地产公司，该款已作为违约金赔偿了房地产公司的损失，而房地产公司未能举证证明损失不足部分，故对于房地产公司的该项诉请不予支持。房地产公司主张违约金按照借款总额×1‰×逾期天数计算，因该计算方式的前提是在借款人未按时还清借款且逾期不超过30日，而本案覃某群已逾期超过30日，故对房地产公司的诉请不予支持。

广西壮族自治区贵港市覃塘区人民法院依照《中华人民共和国合同法》第八条、第六十条第一款、第九十七条、第一百一十四条第一款之规定，作出如下判决：

驳回房地产公司的诉讼请求。

一审宣判后，双方当事人未上诉，现判决已发生法律效力。

【法官后语】

在民事活动中，经常发生合同名称与合同内容不一致从而引发合同争议的情形，本案即为一例。司法实践中，确定合同性质的通常方法是既要考察合同名称，也要考虑合同所涉及的民事法律关系、合同订立过程、合同内容、签订合同的目的以及合同的履行情况等因素。本案中，房地产公司虽出具借据给覃某群，但是从合同订立过程来看，双方当事人在出具借条及给付款项前并不相识，而是因房屋买卖合同关系的设立发生一些金钱给付；从合同履行情况看，因覃某群未按照借据约定履行义务，房地产公司便向覃某群邮寄了一份《通知》，该通知中房地产公司表示，根据双方约定，覃某群应当按照借款协议约定的时间交付第一期、第二期首付款，由于其没有按约付款，已构成违约。由此可见，这笔款项实为覃某群尚欠的房屋首付款，即借据为商品房买卖合同关于违约责任的附件或者补充协议。

合同解除的效力关于当事人权利实现的具体范围。《中华人民共和国民法典》第五百六十六条规定："合同解除后，尚未履行的，终止履行；已经履行的，根据履行情况和合同性质，当事人可以请求恢复原状或者采取其他补救措施，并有权要求赔偿损失。合同因违约解除的，解除权人可以请求违约方承担违约责任，但是当事人另有约定的除外……"合同解除导致合同关系归于消灭，故合同解除的法律后果不表现为违约责任，而是返还不当得利、赔偿损失等形式的民事责任。但是，合同解除的，合同有两类条款不终止：第一，结算和清理条款；第二，解决争议条款。而合同中的违约金条款、定金条款属于结算、清理条款，它们不因合同的解除而终止，所以若合同约定了违约金，合同因违约解除的，非违约方有权请求违约方支付违约金。同时，若因不可抗力致使合同目的不能实现而解除合同的，未履行义务一方符合下列三个条件的，不承担损害赔偿责任：第一，不可抗力不是发生在其迟延履行之后；第二，已经及时通知对方；第三，在合理期限内提供发生不可抗力的证明。

编写人：广西壮族自治区贵港市覃塘区人民法院　黄淑清

三、商品房销售合同纠纷

（一）合同的效力

11

未采取书面形式变更合同重要条款行为的效力认定

——顾某明诉王某房屋买卖合同案

【案件基本信息】

1. 裁判书字号

江苏省无锡市中级人民法院（2020）苏02民终5243号民事裁定书

2. 案由：房屋买卖合同纠纷

3. 当事人

原告（反诉被告、上诉人）：顾某明

被告（反诉原告、被上诉人）：王某

【基本案情】

2019年8月4日，顾某明与王某签订了房屋买卖合同，约定：王某购买顾某明名下位于江苏省无锡市惠山区××室房屋，成交价为93万元；王某于2019年8月4日前支付定金3万元，于2019年11月18日前支付房款65万元；顾某明应于2019年9月30日前向王某交付房屋。如王某或顾某明拒绝履行合同或者解除合同，违约方需向另一方支付房款总额20%的违约金，实际损失超出违约金总额的，责任方应据实赔偿。合同未就65万元的支付方式作明确约定。合同签订后，王某先后支付了5万元购房款。顾某明于8月下旬将案涉房屋交付王某实际居住。后来，双方就购房款支付方式发生争议，合同未再继续履行。2020年1月6日，顾某明通过短信告知王某，双方房屋买卖合同解除。

另查明，案涉房屋登记于顾某明名下，房产证于2018年9月12日办理。该房屋现设立有两个抵押，一个抵押于2016年设立，金额为44万余元；另一个抵押于2020年1月设立，金额为100万元。审理中，王某表示如顾某明愿意涤除二次抵押，其愿意继续履行合同。顾某明表示，以上抵押权至今均未涤除，双方合同已解除，故无涤除的必要。

关于65万元的支付方式，王某与顾某明微信聊天记录显示：2019年8月30日顾某明向王某提出能否将剩下的房款先给其用；2019年10月11日王某提醒顾某明，房贷还款要提前一个月向银行申请，让其去申请；2019年11月15日，王某询问银行约好没，顾某明表示约好了，并最终约定于当日下午三点至某银行梁溪分行见面；顾某明未按约赴该银行；当晚，王某明确流程为首先归还房贷和二次抵押，办完公证和抵押后支付尾款，顾某明表示“就按你说的走”；2019年11月17日，顾某明向王某发送银行卡账号，要求王某将购房款支付至该账户，王某不予同意；后，双方就购房款支付方式多次协商，但未达成新的一致意见。中介公司工作人员表示王某与顾某明确实约定去银行还贷，预约银行还贷时间也由顾某明确定，系顾某明爽约未前往。

顾某明称其因还贷压力很大，急于用钱才会以93万元低价出售给王某，中介公司也明确告知买方需一次性直接付款；双方约定前往银行是去查询贷款余额，因当日其欲出发的时间已晚，故没有赴约；双方并未明确约定购房款用于支付房贷，王某将款项支付至其账户后，其可以自行办理银行还贷，王某未按合同约定将款项支付至其账户，故本案为王某违约。

审理中，王某向法院展示了其于2019年11月期间银行账户余额有90余万元，证明其当时具有支付购房款的履行能力。

审理中，关于房屋差价损失，双方确认当前房屋价格基准日为2020年6月23日。法院依法委托鉴定机构进行评估，评估报告显示2019年8月4日案涉房屋评估市场价为95.41万元；2020年6月23日评估市场价为108.19万元。关于王某占有案涉房屋的使用费，双方同意按照2200元/月计算。

【案件焦点】

王某与顾某明未采取书面形式变更合同重要条款的行为能否认定双方已经达成一致意见。

【法院裁判要旨】

江苏省无锡市惠山区人民法院经审理认为：顾某明与王某签署的房屋买卖合同并未就65万元首付款的支付方式作出具体约定，在合同履行过程中，双方就首付款的支付方式发生争议。从双方微信聊天记录来看，王某于合同约定的购房款支付期限到期前明确提出要以购房款直接清偿顾某明的银行贷款，而顾某明并未提出异议，且与王某及中介公司约定了前往银行的时间。其在之后的微信中亦明确认可以购房款清偿银行贷款，以涤除抵押权的履行方式。结合王某与中介人员的微信聊天记录以及中介人员的陈述，可以认定双方对以购房款直接清偿顾某明银行贷款以涤除抵押权的履行方式达成了合意。在案涉房屋存在抵押贷款的情况下，该种约定有利于保护买卖双方的交易安全和合同目的的实现，抵押权涤除亦为合同后续履行的前提基础，故双方就65万元首付款的支付方式，以微信交流的形式作出的约定，应作为双方合同的补充。王某按照双方约定的时间和中介前往银行，其提供的银行余额查询记录也证明其具有履行合同的能力和意愿，而顾某明并未按约前往银行，在事后不再配合办理银行还贷手续，而是单方提出支付方式为直接将款项汇入其账户。顾某明单方面变更履行方式，且未提出任何担保措施担保其能够在取得购房款后及时涤除抵押权，以确保合同顺利履行，在此情况下，王某有权拒绝付款，其拒绝付款的行为并不构成违约，则顾某明在2020年1月6日解除合同的通知不能发生解除的效力。顾某明于2020年1月为案涉房屋设定了新的抵押，且于抵押到期后明确表示不予涤除，造成合同无法继续履行，该行为构成了根本违约，应承担相应的违约责任。

鉴于合同已无法继续履行，故判令案涉合同解除。合同解除后，顾某明应向王某返还其取得的购房款。王某应向顾某明返还房屋并支付从房屋交付后至实际返还日的占有使用费。王某主张违约损失包括房屋差价损失和律师费，经计算为20.19万元。根据合同约定，实际损失超出违约金总额的，责任方应据实赔偿，现王某主张按实际损失要求顾某明承担违约责任，符合合同约定。综上，依照《中华人民共和国合同法》第三十条、九十四条、第九十七条、第一百零七条之规定，作出如下判决：

一、顾某明和王某签订的房屋买卖合同于本判决发生法律效力之日起解除；

二、顾某明应于本判决发生法律效力之日起十五日内返还王某购房款5万元，并赔偿王某违约损失20.19万元；

三、王某应于本判决发生法律效力之日起十五日内将案涉房屋返还顾某明，并向顾某明支付自2019年9月1日至实际返还日按照2200元/月计算的占有使用费；

四、驳回顾某明的其他诉讼请求。

顾某明因不服一审判决向江苏省无锡市中级人民法院提起上诉，因未按时缴纳上诉费，江苏省无锡市中级人民法院依照法律规定，裁定：按上诉人顾某明自动撤回上诉处理。

【法官后语】

本案的争议焦点在于在合同履行过程中，顾某明与王某就履行方式是否作出了实质性变更。

本案审理过程中，形成两种合议庭意见。合议庭意见一为法院最终裁判的观点。合议庭意见二为案涉合同未就65万元首付款的支付方式作具体的约定。从双方微信聊天记录来看，顾某明与王某就付款方式曾多次协商。虽然双方于2019年11月15日以预约银行的形式达成了一定程度上的合意，但当天双方并未按此约定实际履行，两日后顾某明即明确要求将购房款一次性支付其卡上，双方就此发生争议，而此时尚未到合同约定的首付款支付时间。综上，应认定，在合同就付款方式约定不明的情况下，双方并未就此达成最终的合意。如顾某明在收取房款后未能涤除抵押导致合同无法继续履行，王某亦可依法追究其相应违约责任。如王某仅以推测顾某明在收取购房款后有可能不用于还贷而导致合同无法继续履行为由，拒绝按约支付款项，无相应法律依据，应承担相应的违约责任。

实践中，一般当事人法律意识有待增强，签订的合同往往难以将所涉内容均予以明确约定。如合同中涉及的质量、价款、履行期限、履行方式、履行费用等问题均是合同履行的重要内容。针对上述内容没有约定或者约定不明的情形时，法律允许首先由双方当事人进行协商，争取达成补充协议。本案中，双方就首付款支付的方式未作明确约定，王某出于交易安全的考虑，于首付款支付日期前与顾某明商量，要求将首付款直接清偿顾某明银行贷款以涤除抵押权。对此，顾某明未表示拒绝，并在微信中与王某约好去银行还贷的具体时间。二人虽未采取书面形式进行补充约定，但是从二人的微信聊天记录能明确看出双方就以购房款直接清偿银行贷款的履行方式曾达成合意。虽然之后顾某明未按约前往银行，且重新提出要求直接将房款支付至其个人账户，但是该项要求王某并未予同意。

如合同约定不明且双方当事人未能达成一致补充协议时，应根据《中华人民共和国民法典》第五百一十一条的规定，适用相应规则；对于履行方式不明确的，按照有利于实现合同目的的方式履行。本案中，从双方关于房屋交付时间的约定可以看出，王某仅在支付定金，尚无须支付首付款时，顾某明就要履行交房义务，这也是在顾某明自身债务繁重，履行能力较差的基础上，双方为保障交易安全而作出的约定。关于首付款支付方式，在案涉房屋存在抵押贷款的情况下，以购房款直接清偿银行贷款的履行方式有利于保护买卖双方的交易安全和合同目的的实现，抵押权涤除亦为合同后续履行的前提基础。在双方达成变更付款方式的合意后，顾某明单方面变更履行方式，且未提出任何担保措施担保其能够在取得购房款后及时涤除抵押权，也不利于确保合同顺利履行。因此，即使合议庭意见二认为顾某明态度的反复，不足以认定双方就付款方式变更达成了一致意见，那么结合双方合同的履行情况及顾某明的履行能力，从有利于实现合同目的角度出发，以购房款直接清偿银行贷款的履行方式也更妥当。

编写人：江苏省无锡市惠山区人民法院　边嵘　朱佳莉

12

合伙买房以一人名义登记的产权归属

——黄某诉房地产公司商品房销售合同案

【案件基本信息】

1. 裁判书字号

广西壮族自治区梧州市藤县人民法院（2020）桂 0422 民初 120 号民事判决书

2. 案由：商品房销售合同纠纷

3. 当事人

原告：黄某

被告：房地产公司

第三人：马某芳、投资公司

【基本案情】

原告黄某与第三人马某芳是前夫妻关系，两人于 2015 年 11 月 20 日以共同共有人身份向投资公司购买了某小区一套房屋，双方签订了《商品房买卖合同》（合同编号：TX2015010917）。合同约定：该商品房建筑面积共 113.59 平方米，单价为 3380 元/平方米，总价 383934 元；付款方式为银行按揭付款，买受人在签订《商品房买卖合同》时付该商品房的总房价款的30.2%即115934元，余下房款的69.8%即26.8万元按照按揭方式付款；出卖人应于2016年12月31日前将验收合格的商品房交付买受人使用。2015年11月26日，第三人投资公司分别开具金额为定金2万元的收款收据、首期购房款95934元的收款收据及契税等各项代收代缴费用11738元的收款收据给黄某、马某芳收执。2015年12月16日，马某芳、黄某取得县房产管理颁发的预告登记备案证明。2018年1月19日，被告房地产公司以总价142885225元的最高价格竞拍到第三人投资公司所有的位于梧州市藤县藤州镇某项目B地块、D地块、D地块北侧三块土地使用权和地上在建商品房工程。同日，梧州市中级人民法院作出《成交确认书》及（2017）桂04执恢3号之二执行裁定书，裁定："将被执行人投资公司所有的、位于广西梧州市藤县藤州镇某项目B地块、D地块、D地块北侧三块土地使用权和地上在建商品房的土地使用权、房屋所有权及相应的其他权利归买受人房地产公司所有，上述土地使用权和地上在建商品房工程的所有权、自本裁定送达买受人房地产公司时起转移。"2018年5月2日，马某芳在《客户备忘录》上签名并按手印承诺："……（1）本人愿意继续按照原商品房买卖合同的单价和房号重新与房地产公司签署《商品房买卖合同》，并按照新签署的《商品房买卖合同》履行相关权利义务……（4）本人保证该房屋居住人或共有人对此客户备忘录没有任何异议，如有异议由本人负责，与房地产公司无关。（5）此客户备忘录为与房地产公司重新签订《商品房买卖合同》的前提条件，本人承诺对此不持任何异议。"2018年6月13日，有关部门明确提出，由竞得人与原购房者重新签订合同或签订补充协议书两种处理方式均符合房产登记有关程序，由房地产公司通知相关购房业主自愿选择其中一种处理方式到县房产所和不动产登记局办理合同变更登记手续。2018年12月27日，房产管理所对黄某、马某芳与投资公司于2015年11月20日签订的《商品房买卖合同》（合同编号：TX2015010917）进行了注销。

2018年7月21日，房地产公司与马某芳就案涉房屋重新签订《商品房买卖合同》（合同编号：TX2018025349）。2019年6月17日，马某芳向房地产公司补交了首期购房款6.8万元。2020年1月9日，原告因履行合同及赔偿损失等问题与被告协商不成起诉至法院。

原告起诉至法院后，被告房地产公司于2020年2月20日向黄某、马某芳发出签约通知书，要求二人于2020年2月27日前往被告所在楼盘项目营销中心签署《商品房买卖合同》手续。2020年2月24日，县房产管理所对马某芳与房地产公司于2018年7月21日签订的《藤县商品房买卖合同》（合同编号：TX2018025349）进行了注销。

【案件焦点】

原告和第三人马某芳与投资公司签订的《商品房买卖合同》是否还可以继续履行。

【法院裁判要旨】

广西壮族自治区藤县人民法院经审理认为：原告、第三人马某芳与第三人投资公司于2015年11月20日签订的《商品房买卖合同》，第三人马某芳与被告房地产公司于2018年7月21日签订的《商品房买卖合同》，均是合同双方当事人的真实意思表示，内容并没有违反国家法律、行政法规的强制性规定，均应为合法有效的合同。根据本案查明的事实，被告房地产公司通过司法拍卖的方式取得第三人投资公司的在建商品房包括原告讼争的商品房所有权，那么第三人投资公司在《商品房买卖合同》中的权利义务已由被告房地产公司承继，原告要求被告房地产公司继续履行合同编号：TX2015010917的《商品房买卖合同》的诉讼请求已无可诉性，法院不予支持；因第三人马某芳与被告房地产公司于2018年7月21日签订的《商品房买卖合同》，已被房产管理所注销，案涉合同已不存在，原告重复请求注销该合同已不存在，于法无据，法院亦不予支持。另外，由于原告与被告房地产公司既没有签订书面的《商品房买卖合同》，也不存在房屋买卖的事实和法律关系，原告依据已注销商品房买卖合同关系向被告房地产公司主张权利，不符合合同相对性原则。且在原告诉至法院后，被告已积极与原告沟通并及时注销了其与第三人马某芳签订的合同，并通知原告与马某芳双方于2020年2月27日即本案开庭前来与其重新签订合同，但原告并没有在上述时间内与被告签订合同。法院认为被告房地产公司已积极采取了补救措施，在双方没有签订合同之前，原告向被告主张赔偿损失等各项权利均没有事实和法律依据，故法院不予支持。关于原告请求第三人投资公司赔偿各项损失的问题。本案中，黄某、马某芳与投资公司签订的合同标的物已被法院司法拍卖，讼争房屋的所有权已转移至买受人即本案被告房地产公司，投资公司在履行其与原告及第三人马某芳的《藤县商品房买卖合同》不存在违约及过错，且原告也没有提交相关证据证实其实际的经济损失，故原告主张第三人投资公司承担赔偿责任于法无据，法院不予支持。

综上所述，广西壮族自治区藤县人民法院依照《中华人民共和国民事诉讼法》第六十四条及《最高人民法院关于适用〈中华人民共和国民事诉讼法〉的解释》第九十条的规定，作出如下判决：

驳回原告黄某的诉讼请求。

一审宣判后，当事人未上诉，现判决已发生法律效力。

【法官后语】

本案涉及合同的效力、共有关系的认定问题。

1. 被告房地产公司通过司法拍卖的方式取得第三人投资公司的在建商品房包括原告讼争的商品房所有权，那么第三人投资公司在《商品房买卖合同》中的权利义务已由被告房地产公司承继，由于原案涉房产公司破产，被告承继了原房产公司的权利和义务，根据有关部门的要求，购房者应与被告重新签订购房合同，原签订的合同注销。根据该规定，原告与原房地产公司签订的合同被房管局注销。原、被告双方需要重新签订购房合同。但是原告没有按照被告的要求重新签订案涉房屋购房合同，仅第三人马某芳与被告签订新的购房合同，视为原告放弃共同购房。房屋买卖合同是要式合同，必须签订书面合同。原告没有与被告签订新购房合同，对于新签订购房合同，原告不是购房主体，自然不能依据新购房合同主张权利。原告与第三人之间也没有签订购房协议。原告不能基于合同关系主张权利。购房合同是在最直接表达双方共同购房意愿的真实意思表示。因此，在共有房屋买卖实践中，首先要考虑双方是否共同签订购房合同，或者有以个人名义购房的内部协议。

2. 按照《中华人民共和国民法典》的相关规定，原告要取得房屋所有权，要和第三人马某芳具有夫妻关系，那么他不用出资也当然是共有人，这是基于法律对夫妻共同财产的规定；但是他们购买争议房屋时不具有家庭关系，他们在签订原购房合同前已经离婚了，对于没有家庭婚姻关系的人共有房屋，必须要有原告的出资。原告应当对其主张付款承担举证责任，原告提供的借条、还款情况，不能证明这些款项用于购房，根据法院查明的事实，原告没有履行出资义务的，自然不能成为共有人。因此，在共有房屋买卖合同中，个人主张共有份额的，应当考虑两个因素：一是双方是否具有婚姻关系；二是双方是否共同签署了购房合同或者双方是否有内部购房协议。

编写人：广西壮族自治区藤县人民法院　周政

13

老年人房屋买卖合同中的意思表示认定和价值平衡考量

——张某荣诉路某林房屋买卖合同案

【案件基本信息】

1. 裁判书字号

北京市第一中级人民法院（2020）京01民终7098号民事裁定书

2. 案由：房屋买卖合同纠纷

3. 当事人

原告（上诉人）：张某荣

被告（被上诉人）：路某林

【基本案情】

位于北京市石景山区的一处房屋（以下简称案涉房屋）系华某庚于1994年自机械施工公司购买。华某庚死亡后，其配偶张某荣、子女华某来、华某菊、华某如、华某萍、华某英在法院主持下对该房屋的继承达成协议，约定案涉房屋由张某荣继承，法院于2017年5月5日作出（2017）京0107民初12504号民事调解书对此予以确认。2017年5月9日，案涉房屋登记至张某荣名下。

2018年2月13日，出卖人张某荣与买受人路某林签订《存量房屋买卖合同》，约定张某荣将案涉房屋出售给路某林，房屋成交价格为92万元，张某荣在合同落款出卖人处捺右手食指印。同日，张某荣和路某林签订《存量房交易结算资金自行划转声明》，双方协商决定自行划转交易结算资金，同意本人亲自办理转移登记手续，张某荣在声明上捺右手食指印。

2018年3月1日，张某荣在不动产登记询问笔录中被询问人阅后签名处捺右手食指印。不动产登记询问笔录载明：被询问人张某荣，询问时间2018年3月1日16时00分31秒，询问地点登记发证大厅，告知现就申请有关事项对您进行询问，询问结果将随登记材料一起保留存档，请如实回答问题，并应对申请登记材料的真实性、合法性、有效性负责。问：申请登记事项是否是申请人的真实意思表示？答：是。问：申请登记不动产或份额是否为夫妻共有？答：否。问：是否办理过《国有土地使用权证》？答：否。问：是否办理过国有土地使用权的抵押登记？答：否。注：所有不动产登记均适用；提出和回答的问题由询问人在计算机中操作，得到被询问人的回答后，直接标注“是”或“否”。同日，张某荣分别在不动产登记申请书中义务人处和北京市不动产登记受理通知书中申请人（义务人）处捺右手食指印。

2018年3月5日，案涉房屋登记至路某林名下。路某林称其以现金形式分三次向张某荣支付房款92万元。张某荣不予认可，称其未收到房款。

另查，2010年2月10日的户口登记显示，张某荣系文盲。华某来系残疾人，残疾等级为一级。张某荣和华某来均属于低保人员，享受最低生活保障。

张某荣提交的相关证据载明：华某菊、华某如、华某萍、华某英同意将案涉房屋由张某荣继承。张某荣提交该笔录欲证明华某来系智障残疾，其他继承人放弃继承的权利，目的是让华某来居有住所，让张某荣老有所养。路某林不认可其关联性。

庭审中，张某荣主张房屋买卖合同应予撤销的理由包括：签订房屋买卖合同时，路某林与华某萍已经离婚，应对张某荣进行善意的解释和告知，让张某荣知晓。张某荣无理解能力，不懂得过户行为的真实含义，对华某来智力残疾未认真考虑，不知道交易的后果，构成重大误解；案涉房屋的价格为300余万元，合同约定的92万元与实际价格差距很大，显失公平；路某林未支付房价款，构成欺诈；路某林和华某萍未考虑张某荣的赡养和华某来的扶养问题，有违孝道和公序良俗。张某荣另主张其于2019年8月找不到房产证才知晓案涉房屋被买卖，并于2019年9月提起本案诉讼。

【案件焦点】

1. 张某荣的房屋买卖处分行为的有效性认定；2. 张某荣因其年龄等因素影响意思表示真实性的判断。

【法院裁判要旨】

北京市石景山区人民法院经审理认为：当事人对自己提出的诉讼请求所依据的事实或者反驳对方诉讼请求所依据的事实，应提供证据加以证明。在作出判决前，当事人未能提供证据或者证据不足以证明其事实主张的，由负有举证证明责任的当事人承担不利的后果。依据《中华人民共和国民法总则》的相关规定，基于重大误解实施的民事法律行为，行为人有权请求人民法院或者仲裁机构予以撤销。一方以欺诈手段，使对方在违背真实意思的情况下实施的民事法律行为，受欺诈方有权请求人民法院或者仲裁机构予以撤销。一方利用对方处于危困状态、缺乏判断能力等情形，致使民事法律行为成立时显失公平的，受损害方有权请求人民法院或者仲裁机构予以撤销。当事人自知道或者应当知道撤销事由之日起一年内、重大误解的当事人自知道或者应当知道撤销事由之日起三个月内没有行使撤销权，撤销权消灭。现张某荣主张撤销《存量房屋买卖合同》，应提供证据证明案件存在应予撤销的法定情形并在法定期间内主张权利。

依据查明的事实，张某荣系完全民事行为能力人。房屋买卖合同签订前，调解书已确认张某荣系案涉房屋的所有权人，张某荣对案涉房屋依法享有占有、使用、收益和处分的权利。案涉房屋的买卖在不动产登记中心进行。房屋买卖过程中，张某荣先后在《存量房屋买卖合同》《存量房交易结算资金自行划转声明》、不动产登记询问笔录、不动产登记申请书、北京市不动产登记受理通知书上捺右手食指印，在经办人员的询问过程中，表示申请登记事项是其真实意思表示，并对于申请登记不动产或份额是否为夫妻共有、是否办理过国有土地使用权证、是否办理过国有土地使用权的抵押登记的问题均能够明确回答。故张某荣对行为的性质、对方当事人、标的物的状况不存在错误认识，房屋买卖不存在重大误解。另外，张某荣亦未举证证明在房屋买卖过程中，路某林采取欺诈手段或利用张某荣处于危困状态、缺乏判断能力等情形，导致张某荣在违背真实意思的情况下签订房屋买卖合同或房屋买卖合同成立时显失公平。现张某荣以房价款未实际支付以及房价款与实际市场价格差距较大主张买卖合同存在欺诈或显失公平，于法无据。此外，《存量房屋买卖合同》的签订时间是2018年2月13日，不动产登记申请和受理的时间是2018年3月1日，不动产转移登记的时间是2018年3月5日，即使本案存在张某荣所主张的重大误解、欺诈和显失公平，其应在此后的三个月或一年内提起诉讼，其于2019年9月4日提起本案诉讼，撤销权已消灭。张某荣所述的本人赡养及其子华某来的扶养问题，与本案房屋买卖合同效力的认定无关，其可另行解决。综上，张某荣主张的撤销合同等诉求缺乏事实和法律依据，法院不予支持。

北京市石景山区人民法院于2020年7月6日作出北京市石景山区人民法院（2019）京0107民初19882号判决书：

驳回张某荣的诉讼请求。

张某荣提起上诉后申请撤回。北京市第一中级人民法院作出如下裁定：

准许张某荣撤回上诉。

【法官后语】

2021 年 2 月 24 日，最高人民法院发布了《人民法院老年人权益保护十大典型案例》，关涉老年人的居住权保护、老年人理财、以房养老、精神赡养、子女赡养义务、养老机构的合理注意义务、分配遗产中照顾老年人利益、老年人旅游、“强行啃老”和老年人监护等诸多方面。“老有所居”作为老年人权益保护重中之重，应当受到重视。以“老年人”“意思表示”为关键词在裁判文书网中进行检索，2017 年至今北京地区共作出裁判文书 389 篇，其中涉房屋处分文书占 261 篇，包括对房屋的赠与、继承、买卖、所有权确认、用益物权（居住权）确认、遗赠扶养处分等，多个案件程序贯穿一审、二审及再审。在以上案件中，否认老年人处分房屋决定作出时的意思表示真实性、要求保障老年人权益的诉求基本在各篇文书中几乎均有主张。

1. 否认意思表示真意在司法实践中的判断

老年人因其个人自身因素及外在影响，如年龄、身体状况、精神状态与子女要求、扶养人意见等，意思表示的真实性往往难以断定。在事后否认当时房屋处分行为意思表示的真实性，欲撤销该处分行为、收回房屋，在该类案件中具有共性。因此，对老年人意思表示真实性的判定，是作出裁判需要考量的首要任务。在进行以上判定时，需要考虑的问题包括：第一，老年人意思作出时的年龄问题和精神状态，确认其认识行为能力是否受限，能否独立、有效、清楚地表达内心真实意见，该意见表示是否具有直接的处分意思，以判断老年人对处分内容的知悉和行为后果的确认；第二，处分意思表示作出的动机和原因，以判断老年人将房屋此种重大财产利益进行处分时的行为合理性，包括是否该受让人赡养义务履行充分、与老人情感密切等情况；第三，意思表示作出时的场合，如该场所系私密场所还是公开场合，以判断老年人意思表示的自由程度；第四，意思表示作出时有无第三方的介入；第五，有无对老年人处分行为后果的充分告知。在本案审理过程中，老人虽作为原告，但其子女作为其代理人，在旁代其陈述意见，另有老人子女作为被告代理人答辩。老人夹在双方之间，无法表达内心真实想法，不敢对法庭提问作出正面回答，左右为难。故通过其庭审表现，亦能判断出其意思表示的真实性。

2. 意思表示真实性与处分财产自由权的价值平衡

在老年人撤销房屋处分意思表示类案件中，难点在于老年人权益保护和老年人自由处分财产权的平衡。首先，老年人权益保护价值占有较高权重。但对其权益保护的同时，也要注意防止其他子女以保护为借口干预、限制老年人处分财产的自由权。其次，鉴于上文分析，老年人的意思表示或受多种因素影响，故其意思表示真实性的判定应适用更加严格的标准进行综合判断和逐一排查。最后，确认意思表示真实后的司法处理，应坚持意思表示的真实有效与否，时间点的判断以意思表示作出和成立时为准，不能因履行完毕后的处境逆向推翻已经生效的意思表示。具体到本案，在案件审理过程中，被告已表示老人可以永久居住，从而实现对老人居住权益的保障，故在维护老年人利益的前提下，不能因其他子女的介入推翻之前老年人独立作出的真实意思表示，从而实现其意思表示真实、老年生活保障、处分财产自由和社会契约稳定的兼顾和法律保护。

编写人：北京市石景山区人民法院　孙莉　田晔

14

房屋连环买卖，原房屋所有权人与最后一手买受人签订的过户合同应属无效

——薛某玮诉王某生等房屋买卖合同案

【案件基本信息】

1. 裁判书字号

江苏省无锡市中级人民法院（2020）苏02民终3819号民事裁定书

2. 案由：房屋买卖合同纠纷

3. 当事人

原告（上诉人）：薛某玮

被告（被上诉人）：王某生

第三人：孟某娟

【基本案情】

王某生拆迁得到案涉房屋。2010 年 4 月 13 日，王某生、过某秋与孟某娟签订房屋购买协议，约定王某生将其所有的案涉房屋及车库出卖给孟某娟，总房款为 23 万元。合同签订后，孟某娟交付房款 23 万元，王某生交付孟某娟房屋及车库。2016 年 3 月，孟某娟与薛某玮签订房屋转让协议，约定孟某娟将上述房屋出卖给薛某玮，房款为 33.2 万元。合同签订后，薛某玮付清了房款，孟某娟交付了房屋。2016 年 6 月 5 日，薛某玮与王某生签订房屋购买协议，约定王某生将案涉房屋出卖给薛某玮，房价款为 33.2 万元。因王某生暂无房产证、土地证，一时无法办理过户领证手续，为确保薛某玮的权益，付款，交房协议成立后，王某生承诺房产及土地归薛某玮所有。该房屋转让协议尾部另注明房款于 2016 年 6 月 5 日全部付清。

审理中，薛某玮陈述：之所以与王某生签订 2016 年 6 月 5 日合同，是为了以后房屋过户之需。因薛某玮与王某生签订了房屋买卖合同，故王某生系其合同相对方。现其依据该合同要求王某生履行过户义务。2016 年下半年，其催促王某生进行过户，但未果。

【案件焦点】

1. 薛某玮与王某生于 2016 年 6 月 5 日签订的房屋购买协议是否有效；2. 王某生应否配合薛某玮办理房屋过户手续。

【法院裁判要旨】

江苏省无锡市锡山区人民法院经审理认为：恶意串通，损害国家利益的合同无效。本案中，王某生将涉案房屋出卖给孟某娟，后孟某娟又将该房屋出卖给薛某玮，该房屋实际上经过了两次买卖，依法应当缴纳两次税费。现薛某玮为了房屋过户之需与王某生签订房屋买卖合同，约定由王某生直接将房屋过户给薛某玮，该行为损害了国家利益，应属无效，故现薛某玮诉至法院要求王某生配合过户并赔偿损失的诉讼请求，于法无据，法院不予支持。

据此，江苏省无锡市锡山区人民法院依照《中华人民共和国合同法》第五十二条，《中华人民共和国民事诉讼法》第一百四十四条之规定，作出如下判决：

驳回薛某玮的诉讼请求。

薛某玮不服一审判决，提出上诉，后又撤回上诉。

【法官后语】

所谓房屋连环买卖是指在买受人还未完成房屋产权变更登记前又将房屋出卖给次买受人的行为。本案所涉及的问题是最后一手买受人依据其与原房屋所有权人签订的房屋买卖合同要求原房屋所有权人办理过户的诉讼请求能否得到法院支持。因最后一手买受人与原房屋所有权人签订的合同中明确约定了过户义务，故从房屋买卖合同本身看最后一手买受人的诉讼请求似乎应当得到法院支持，但司法实践中，合同效力问题是法院应当主动审核的问题之一。最后一手买受人的起诉能够胜诉的前提是其与原房屋所有权人签订的房屋买卖合同合法有效。

关于合同效力问题，《中华人民共和国合同法》第五十二条规定了合同无效的五种情形，即（1）一方以欺诈、胁迫的手段订立合同，损害国家利益；（2）恶意串通，损害国家、集体或者第三人利益；（3）以合法形式掩盖非法目的；（4）损害社会公共利益；（5）违反法律、行政法规的强制性规定。本案所涉的是第一种情形，其构成要件有二：一是存在恶意串通的情形；二是损害国家利益。关于构成要件一，本案中，案涉房屋在2010年4月13日由原房屋所有权人王某生出卖给了孟某娟，后该房屋在2016年3月由孟某娟出卖给了薛某玮，薛某玮向孟某娟支付了全部购房款。虽薛某玮与王某生签订了房屋买卖合同，但实际上双方并无买卖案涉房屋的合意，也无向王某生交付购房款的事实。其二人签订房屋买卖合同仅为了过户，故应当认定为恶意串通。关于构成要件二，如前所述，案涉房屋事实上发生了两次买卖行为。而根据2020年8月1日施行的《中华人民共和国契税法》以及在此之前施行的《中华人民共和国契税暂行条例》第一条“在中华人民共和国境内转移土地、房屋权属，承受的单位和个人为契税的纳税人，应当依照本条例的规定缴纳契税”之规定，案涉房屋发生了两次转移，应当缴纳两次契税即孟某娟、薛某玮应当在过户时分别缴纳契税。现薛某玮与王某生签订房屋买卖合同要求王某生直接向其过户实际上将导致国家契税收入受损，即损害了国家利益。综上，法院认定薛某玮与王某生签订的房屋买卖合同无效，驳回了薛某玮的诉讼请求。

编写人：江苏省无锡市锡山区人民法院　谢妍　洪明琪

15

划拨土地上房屋买卖合同不因未经审批而无效

——皮革公司诉房地产公司房屋买卖合同案

【案件基本信息】

1. 裁判书字号

北京市第三中级人民法院（2020）京03民终10851号民事判决书

2. 案由：房屋买卖合同纠纷

3. 当事人

原告（上诉人）：皮革公司

被告（被上诉人）：房地产公司

【基本案情】

2004年7月22日，房地产公司作为买方（甲方）与皮革公司作为卖方（乙方）签订《房屋产权买卖合同书》，约定：乙方将所属2号、13号、22号三套院落房屋产权卖给甲方，甲方同意以220万元购买以上三套院落产权，在合同签订时甲方付全部房款的10%作为定金，余款在乙方主管上级批准后与交易所认定2号、13号、22号院可以办理产权过户手续的十个工作日内全部付清。

2009年10月，皮革公司取得2号、13号、22号院所在土地的《国有土地使用证》，登记的使用权类型均为划拨。

现皮革公司以双方签订的《房屋产权买卖合同书》未经有批准权的人民政府审批，违反了《中华人民共和国房地产管理法》第四十条的规定为由要求确认合同无效。

【案件焦点】

《中华人民共和国房地产管理法》第四十条的规定是否属于效力性强制规定，违反该规定未经审批的房屋买卖合同是否有效。

【法院裁判要旨】

北京市朝阳区人民法院经审理认为：关于违反《中华人民共和国房地产管理法》第四十条规定的后果，根据《最高人民法院关于适用〈中华人民共和国合同法〉若干问题的解释（二）》第十四条之规定，“合同法第五十二条第（五）项规定的‘强制性规定’，是指效力性强制性规定”，从《中华人民共和国房地产管理法》第四十条的条文内容看，并未直接规定违反该条规定的行为无效，可见是否经有批准权的人民政府审批并不影响房地产转让合同的效力，只是对以房地产权属转移登记为内容的合同履行产生影响，故该条规定应属于管理性强制规定。皮革公司依据该条规定主张合同无效缺乏依据，法院不予支持。

北京市朝阳区人民法院依照《中华人民共和国合同法》第五十二条、《中华人民共和国城市房地产管理法》第四十条、《最高人民法院关于适用〈中华人民共和国合同法〉若干问题的解释（一）》第四条、《最高人民法院关于适用〈中华人民共和国合同法〉若干问题的解释（二）》第十四条之规定，作出如下判决：

驳回皮革公司的全部诉讼请求。

皮革公司不服提出上诉。

北京市第三中级人民法院经审理认为：现有证据不足以证明皮革公司关于案涉《房屋产权买卖合同书》因违反法律、法规强制性规定而无效的相应主张内容成立，一审判决认定事实清楚，适用法律正确，应予维持。依照《中华人民共和国民事诉讼法》第一百七十条第一款第一项之规定，作出如下判决：

驳回上诉，维持原判。

【法官后语】

本案涉及未经审批之划拨土地上房屋买卖合同的效力认定问题。有关转让划拨土地上房屋的规定主要体现在《中华人民共和国房地产管理法》第四十条，该条规定：以划拨方式取得土地使用权的，转让房地产时，应当按照国务院规定，报有批准权的人民政府审批；有批准权的人民政府准予转让的，应当由受让方办理土地使用权出让手续，并依照国家有关规定缴纳土地使用权出让金。根据该规定，转让划拨土地上房屋时应报有批准权的人民政府审批。本案争议焦点在于违反上述规定未经审批是否导致合同无效。

根据《中华人民共和国合同法》第五十二条之规定，违反法律、行政法规的强制性规定的合同无效，该处的强制性规定是指效力性强制规定。判断强制性规定的性质时，需要综合考量强制性规定所保护的法益类型、违法行为的法律后果及交易安全保护等因素，效力性强制规定旨在禁止交易行为本身，目的在于禁止此类交易行为的存在，该类规定的认定标准通常有两个：一是法律法规明确规定违反该规定将导致合同无效或不成立；二是法律法规虽没有明确规定违反该规定将导致合同无效或不成立，但违反该规定后若使合同继续有效将损害国家利益或社会公共利益。而探究《中华人民共和国房地产管理法》第四十条的立法本意，审批的真正目的不是禁止划拨土地上房屋的流通，而是为了对土地用途进行监管和防止交易方逃避“补齐土地出让金”，若转让行为最终未获得审批则合同在客观上无法继续履行从而无法发生物权变动的效果，对合同效力本身的肯定并不会导致国家利益或社会公共利益受损，故上述规定的性质应属管理性强制规定，而非效力性强制规定，违反该规定未经审批并不导致合同无效。

合同效力和物权效力相区分。根据《中华人民共和国物权法》第十五条之规定，当事人之间订立有关设立、变更、转让和消灭不动产物权的合同，除法律另有规定或者合同另有约定外，自合同成立时生效；未办理物权登记的，不影响合同效力。因此，债权合同的效力是独立的，是否登记或交付，影响物权变动的效果，但不影响债权合同的效力。《中华人民共和国房地产管理法》第四十条规定的审批仅是物权变动的必要条件，是房地产登记部门在办理房地产变更登记时审查的条件，未经审批只是将导致无法办理房屋所有权登记，无法发生物权变动的效果，但不会影响引起物权变动发生的债权合同的效力，债权合同仍然有效。

综上，划拨土地上房屋买卖合同不因未经审批而无效，是否获得审批只影响合同的履行情况，并不影响合同本身的效力，对合同效力应严格按照合同法及相关法律规定进行认定。

编写人：北京市朝阳区人民法院　柯岩　王贺情

16

恶意串通损害第三人利益的合同无效

——杨甲诉孙某华、杨乙房屋买卖合同案

【案件基本信息】

1. 裁判书字号

北京市第三中级人民法院（2020）京03民终9492号民事判决书

2. 案由：房屋买卖合同纠纷

3. 当事人

原告（被上诉人）：杨甲

被告（上诉人）：孙某华、杨乙

第三人：资产管理公司北京分公司

【基本案情】

杨甲与孙某华、郝某阳（孙某华前夫）均系资产管理公司北京分公司职工。2001年2月8日，资产管理公司北京分公司将北京市通州区某房屋（以下简称涉诉房屋）出售给郝某阳。孙某华与郝某阳于2005年离婚，约定涉诉房屋归孙某华所有，并于同年8月17日转移登记至孙某华名下。2009年6月5日，资产管理公司北京分公司与郝某阳、孙某华签订《退房协议书》，约定孙某华将涉诉房屋腾退给资产管理公司北京分公司，资产管理公司北京分公司将购房款退还。后孙某华将房屋腾退，资产管理公司北京分公司为郝某阳调配房屋一套，并将房款退还孙某华。2010年3月25日，资产管理公司北京分公司与杨甲签订《职工住宅买卖合同》，约定将涉诉房屋出售给杨甲。同日，杨甲支付房款，当年4月，杨甲取得涉诉房屋并居住至今。2016年3月24日，孙某华补

办不动产权登记证书。同年4月18日，孙某华与杨乙就涉诉房屋签订《存量房屋买卖合同》，约定孙某华以88万元将涉诉房屋出售给杨乙。4月20日，双方签订《房屋买卖补充协议》，约定："双方以150万元价格成交。买受人已向出售人支付10万元定金，取得房屋产权证后，买受人需在两年内再向出售人支付90万元，其余50万元待房屋交付当日由买受人一次性交付给出售人。如房屋提前交付，买受人需在房屋交付当日一次性付清全部房款。"第三条约定："出售人拥有该房屋真实产权，但由于历史特殊原因，该房屋暂由第三方居住，出售人承诺将于2018年年底之前将房屋交付给买受人，买受人自愿买受该房屋。"2016年4月27日，涉案房屋转移登记至杨乙名下。

【案件焦点】

孙某华与杨乙签订的房屋买卖合同是否有效、是否存在恶意串通损害杨甲利益而导致合同无效的情形。

【法院裁判要旨】

北京市顺义区人民法院经审理认为：根据《中华人民共和国合同法》第五十二条第三款之规定，恶意串通，损害国家、集体或者第三人利益，合同无效。恶意串通的合同，是指合同双方当事人具有损害他人利益的不良动机，为牟取私利而共同订立的损害国家、集体或者第三人利益的合同。

一方面，本案中，资产管理公司北京分公司于2009年与郝某阳、孙某华签订了《退房协议书》，资产管理公司北京分公司将房屋折价款退至郝某阳，后郝某阳将房屋折价款支付给孙某华，孙某华将涉诉房屋及所有权证书原件交还资产管理公司北京分公司。资产管理公司北京分公司于2010年与杨甲签订《职工住宅买卖合同》，将涉诉房屋出售给杨甲，杨甲支付全部购房款并在该处居住至今。孙某华明知已将案涉房屋交还公司，却于2016年以丢失所有权证书为由，通过补办的方式重新取得所有权证书，并将涉诉房屋出售给杨乙、办理所有权转移登记手续，孙某华主观上存在侵害第三人利益的故意。

另一方面，在孙某华与杨乙所主张房屋买卖合同履行的过程中存在诸多不合常理之处：杨乙、孙某华对交易的洽商过程的陈述存有差异，杨乙在未实际看房的前提下购买案涉房屋亦不符合一般交易习惯；孙某华与杨乙约定的交易价格远低于市场价格；《存量房屋买卖合同》重要条款，如房屋交付时间、违约责任条款、权属转移登记时间等均为空白，不符合一般交易习惯；杨乙仅支付订金10万元，孙某华即将案涉房屋过户至杨乙名下，且杨乙未提交充分证据证明已实际向孙某华支付了房款90万元，以上交易行为均不符合常理。综上，法院认为，杨乙与孙某华签订的涉诉房屋买卖合同存在恶意串通损害杨甲利益的情形，应属无效。北京市顺义区人民法院依照《中华人民共和国合同法》第五十二条之规定，作出如下判决：

一、被告孙某华与被告杨乙于2016年4月18日就北京市通州区案涉房屋签订的《存量房屋买卖合同》（合同编号：CW337423）无效；

二、驳回原告杨甲的其他诉讼请求。

杨乙、孙某华不服一审判决，提出上诉。

北京市第三中级人民法院经审理认为：孙某华、杨某的上诉请求均不能成立，应予驳回；一审判决认定事实清楚，适用法律正确，应予维持。依照《中华人民共和国民事诉讼法》第一百七十条第一款第一项之规定，作出如下判决：

驳回上诉，维持原判。

【法官后语】

《中华人民共和国合同法》第五十二条第二项规定：恶意串通，损害国家、集体或者第三人利益，合同无效。这里恶意串通的合同，是指合同双方当事人具有损害他人利益的不良动机，为牟取私利而共同订立的损害国家、集体或者第三人利益的合同。如何判决合同双方当事人恶意串通，可以从主观上是否具有恶意、当事人之间互相串通即当事人都具有共同的目的、都希望通过实施某种行为而损害国家、集体或第三者的利益。

首先，判断当事人是否出于恶意，可从“是否明知或应知某种行为将造成对国家、集体或第三者的损害而故意为之”的角度考虑。本案中，孙某华与资产管理公司北京分公司、郝某阳签订了《退房协议书》，孙某华已将涉诉房屋及房屋所有权证书退还给资产管理公司北京分公司且收到了退还的房款，孙某华通过补办不动产权证书的情况下将涉诉房屋出售给杨乙并办理了所有权转移登记手续。在杨甲起诉资产管理公司北京分公司、孙某华、郝某阳后，二审审理过程中，孙某华才自认已将涉诉房屋出售给杨乙的情况，显而易见孙某华主观上存在明知其不享有房屋所有权而对房屋进行处分的故意。

其次，还需考虑当事人之间是否互相串通。本案中，孙某华与杨乙之间的房屋买卖合同履行情况存在多处不合理之处。从达成房屋买卖合同的合意过程来看，房屋系家庭重大财产，价值较高，杨乙在未实际看房的前提下即购买了涉诉房屋，不符合一般交易习惯。从签订房屋买卖合同的过程来看，双方房屋买卖合同中房屋交付时间、违约责任条款、权属转移登记时间等重要条款均为空白，有别于一般交易习惯。从支付购房款的时间及金额来看，双方约定的房屋总价款低于当时市场价格的30%，杨乙提交的取款记录无法与其依据收条所主张的付款时间、数额相对应，且孙某华亦在杨乙仅支付订金10万元的情况下即将涉案房屋过户至杨乙名下，以上均有别于一般交易习惯。

综上，在判定合同是否因恶意串通损害第三方利益而无效时，需综合考虑合同双方当事人是否存在主观上的故意及是否有互相串通损害他人利益的目的。

编写人：北京市顺义区人民法院　刘筠

17

当事人以通谋虚伪表示实施的民事法律行为的认定

——庞某慧诉朱某房屋买卖合同案

【案件基本信息】

1. 裁判书字号

浙江省台州市中级人民法院（2020）浙10民终2457号民事判决书

2. 案由：房屋买卖合同纠纷

3. 当事人

原告（被上诉人）：庞某慧

被告（上诉人）：朱某

【基本案情】

2019年5月7日，庞某慧与朱某签订《房屋买卖合同》一份，约定庞某慧将其一套房屋出售给朱某，房屋成交总价为175万元；朱某应于合同签订当日支付购房定金3万元，双方在2019年5月30日前办理过户手续后，朱某应付清剩余房款；双方同意在签订合同时各支付中介费1.75万元；若朱某未按期付清购房款或庞某慧未按期交付房产，每逾期一日，由违约方支付总房款万分之五的滞纳金。合同签订后，朱某向中介方蒋某支付3万元定金。2019年5月9日，朱某出具借条向蒋某借款135万元，庞某慧在该借条落款借款人处签名。同日，蒋某向庞某慧转账135万元，庞某慧用该笔款项偿还房屋贷款1307285.67元。

2019年5月9日，庞某慧、朱某办理结婚登记手续。2019年5月10日，庞某慧、朱某以双方已登记结婚为由，签署将庞某慧单独所有的涉案房产约定为庞某慧、朱某共同共有的不动产约定书，双方将案涉房产变更登记为双方共同共有。同日，庞某慧、朱某又签署约定案涉房产为朱某单独所有、庞某慧放弃产权的不动产约定书，双方将涉案房产变更登记为朱某单独所有，两次变更登记均因婚约关系存续期间夫妻婚内房产所有权约定免征契税。2019年5月13日，庞某慧、朱某办理离婚登记手续，离婚协议书约定双方无共同债权债务，各人名下财产归各人所有。

案涉房产变更登记至朱某名下后，朱某以该房产抵押贷款归还蒋某借款130万元，另于2019年6月24日归还蒋某5.1万元。2019年12月9日，中介方出具收到中介费3.5万元的证明一份。

【案件焦点】

本案双方婚内变更房产登记行为效力如何认定。

【法院裁判要旨】

浙江省天台县人民法院经审理认为：行为人与相对人以虚假的意思表示实施的民事法律行为无效。以虚假的意思表示隐藏的民事法律行为的效力，依照有关法律规定处理。本案中，庞某慧与朱某于2019年5月7日订立买卖合同，于5月9日登记结婚，双方于5月10日约定涉案房屋为共同共有，同日又约定为朱某单独所有。房屋办理变更登记后，双方于5月13日登记离婚。综上可以确信庞某慧、朱某结婚后又离婚的目的系为婚内变更房产登记，逃避税费。双方约定涉案房屋为共同共有，后又约定为朱某单独所有并非真实意思表示，应当认定无效，而双方真实的房屋买卖关系则是有效的，各方应当按约履行。因此，对原告要求支付尚欠房款及违约金的诉讼请求，予以支持。

浙江省天台县人民法院依照《中华人民共和国民法总则》第一百四十六条，《中华人民共和国合同法》第一百零七条、第一百六十一条之规定，作出如下判决：

一、限被告朱某于本判决生效之日起十日内支付原告庞某慧房款38.75万元及违约金（违约金以38.75万元为基数，按日万分之五从2019年5月31日起计算至履行完毕之日止）；

二、驳回原告庞某慧的其他诉讼请求。

朱某不服，提出上诉。

浙江省台州市中级人民法院经审理认为：本案双方于2019年5月7日订立买卖合同，于5月9日登记结婚，于5月10日约定涉案房屋为共同共有，同日又约定为朱某单独所有。房屋办理变更登记后，双方于5月13日登记离婚。在案证据中介方蒋某证实庞某慧想出通过结婚、离婚方式约定房产共有、单独所有进行避税，办理过户由翁某某带去；翁某某证实庞某慧在得知要交多少税后，跟翁某某说了避税这个想法，并询问两夫妻在房产证上加名字要不要缴税，翁某某告知过不用缴税，后来由翁某某带双方办理了过户手续。且庞某慧与朱某前夫系朋友关系，在庞某慧与朱某所谓恋爱期间，朱某的前夫在与庞某慧的微信聊天中，也认可存在房屋买卖欠款，庞某慧微信发给朱某前夫称朱某为“你老婆”，故一审法院综合各方陈述认定双方结婚后又离婚的目的系为婚内变更房产登记，逃避税费并无不当，对双方约定涉案房屋为共同共有，后又约定为朱某单独所有并非真实意思表示，应当认定无效，而双方真实的房屋买卖关系作为隐藏的民事法律行为则是有效的。朱某关于合同未实际履行、房产系庞某慧在婚内赠予的上诉理由不能成立。

浙江省台州市中级人民法院依照《中华人民共和国民事诉讼法》第一百七十条第一款第一项之规定，作出如下判决：

驳回上诉，维持原判。

【法官后语】

在民事案件的审理中，法官经常需要对当事人实施的民事法律行为进行效力判断。甄别当事人的真实意思表示，并正确认定民事法律行为的性质是作出裁判的前提。在认定民事法律行为效力时，要以客观事实为前提，仔细甄别，区分当事人虚假意思表示和隐藏的真实意思表示。

所谓通谋虚伪行为，是指作为意思表示的行为人与相对人有意思联络，并通谋以虚假的意思表示实施的民事法律行为，该民事法律行为以虚假表示掩盖了真实意思表示。一般来说，通谋虚伪表示行为包含了两个行为，一是伪装行为，二是隐藏行为。通谋虚伪行为，相对人对虚假的意思表示是明知的，而且双方认可表示于外部的伪装行为不发生效力。

关于通谋虚伪行为的效力，《中华人民共和国民法总则》第一百四十六条作了明确规定，行为人与相对人以虚假的意思表示实施的民事法律行为无效。《中华人民共和国民法典》第一百四十六条关于通谋虚伪无效与《中华人民共和国民法总则》第一百四十六条规定相同。本案中，庞某慧和朱某结婚后又离婚的目的系为婚内变更房产登记，逃避税费，双方约定涉案房屋为共同共有，后又约定为朱某单独所有的意思表示，并非双方真实意思表示，而是双方虚假的意思表示，应当认定无效。双方之间的房屋买卖关系，是被上述虚假意思表示行为所掩盖、隐藏的，代表了庞某慧和朱某真实意思表示。根据《中华人民共和国民法总则》第一百四十六条之规定，隐藏行为的法律效力依照相关法律规定处理。这里的相关法律规定，系关于民事法律行为效力的其他相关法律规定。具体到本案，双方之间的房屋买卖行为作为隐藏的民事法律行为，系双方的真实意思表示，内容不违反法律和行政法规的强制性规定，应当认定有效。

这种通谋虚伪意思表示，与受欺诈、胁迫或对方乘人之危情况下所作的意思表示有所区别，后者是意思表示不自由情况下作出的。通谋意思表示与因重大误解作出的意思表示不同，后者作出的意思表示虽然不一致，但不是故意的不一致。通谋虚伪表示和恶意串通也不相同，从主观方面看，通谋虚伪不一定存在恶意，可能存在多种原因，而恶意串通在主观上以存在恶意为前提；从外观方面看，通谋虚伪表现出来的意思表示是虚伪的，一般有被隐藏的真实意思表示，而恶意串通所作的意思表示不一定是虚伪的，也有可能是真实的意思表示，只是因损害国家、集体或者第三人利益而无效。

编写人：浙江省台州市天台县人民法院　金碧霞

18

房屋买卖合同违背公序良俗无效的认定

——吕某宁诉王某书房屋买卖合同案

【案件基本信息】

1. 裁判书字号

北京市延庆区人民法院（2020）京0119民初3092号民事判决书

2. 案由：房屋买卖合同纠纷

3. 当事人

原告：吕某宁

被告：王某书

【基本案情】

2018年4月24日，王某书作为出售人与吕某宁就位于北京市延庆区某某镇某小区小产权房（以下简称案涉房屋）签订《房屋买卖合同书》，约定王某书将案涉房屋出卖给吕某宁，总售价为73万元，同年4月30日前支付13万元，余款分三次支付。案涉房屋位于北京某某学院某某校区内，系由该校区校舍改建而来。合同签订当日，双方前往北京某某学院某某校区物业管理部门办理了《小区会员手册》更名手续，王某书将房屋的所有附属物品交给了吕某宁。2018年4月30日前，吕某宁向王某书支付了第一笔购房款13万元。

吕某宁诉至法院，要求确认《房屋买卖合同书》无效，王某书退还购房款13万元，王某书支付资金占用期间使用费用和吕某宁房屋租赁费用2.4万元，支付吕某宁换暖气片2组、门费用及丢失手表一块、香水一瓶的损失共计8497元。王某书不同意吕某宁的全部诉讼请求，称《房屋买卖合同书》实际上是转让涉案房屋的会员资格和居住权，名为买卖实为居住权转让，吕某宁在2019年7月22日无法支付房款，属于违约在先，吕某宁已经取得会员手册，其清楚房屋的使用性质，《房屋买卖合同书》是有效的。

法院依职权调取了案涉房屋所在地《建设用地规划许可证附件》《规划意见书（选址）》《国有建设用地划拨决定书》《规划意见书》，查明：该地块用途为高等学校教育科研设计用地，只限用于建设北京某某学院某某校区项目，主体建筑物和附属建筑物性质均为教学用房、宿舍、食堂及配套设施，建筑使用性质为教学及附属配套用房。

【案件焦点】

1. 诉争合同的性质，是吕某宁主张的房屋买卖合同，还是王某书辩称的居住权或会员资格转让合同；2.《房屋买卖合同书》是否有效；3. 若《房屋买卖合同书》无效，则合同无效后如何处理。

【法院裁判要旨】

北京市延庆区人民法院经审理认为：第一，双方签订《房屋买卖合同书》，就买卖涉案房屋事宜明确、详细约定，载明了房屋坐落，约定了价款、支付时间、支付方式、交付事宜、违约责任等，符合房屋买卖合同的基本特征，故双方真实意思表示系就涉案房屋进行买卖，而非对居住权或会员资格进行转让，其性质应为房屋买卖合同，应按照房屋买卖合同相关法律规定处理。第二，违背公序良俗的民事法律行为无效。案涉房屋所属建设用地系经批准划拨取得，且只限用于建设校区项目，建筑物性质均为教育用房、宿舍、食堂及配套设施，故由前述校舍改建而来的涉案房屋具有社会公共教育资源之属性。吕某宁与王某书对案涉房屋进行买卖，改变了本应用于社会公共教育事业的划拨建设用地及其上校舍之用途，侵害了社会公共教育资源，损害了社会公共利益，违背了公序良俗，故《房屋买卖合同书》应为无效。第三，合同无效或者被撤销后，因该合同取得的财产，应当予以返还；双方都有过错的，应当各自承担相应的责任。《房屋买卖合同书》无效，王某书应向吕某宁返还购房款。王某书、吕某宁均明知案涉房屋系由校区校舍改建而来，故双方对合同无效均负有过错，吕某宁无权要求资金占用期间使用费用。另外，吕某宁要求王某书支付房屋租赁费用及更换暖气片、门费用的诉讼请求，未提交证据证实，法院不予支持。对于赔偿其财产损失（手表、香水）的诉讼请求，应属侵权范畴，而本案系合同纠纷，不予处理为宜，吕某宁可另行主张权利。

北京市延庆区人民法院依照《中华人民共和国民法总则》第一百五十三条第二款，《中华人民共和国合同法》第五十八条、第一百三十条，《中华人民共和国民事诉讼法》第六十四条，《最高人民法院关于适用〈中华人民共和国民事诉讼法〉的解释》第九十条之规定，作出如下判决：

一、确认王某书与吕某宁于 2018 年 4 月 24 日签订的《房屋买卖合同书》无效；

二、王某书 7 日内返还吕某宁购房款 13 万元；

三、驳回吕某宁的其他诉讼请求。

一审宣判后，当事人未上诉，现判决已发生法律效力。

【法官后语】

"公序良俗"这一概念在学理上早已被普遍接受，但在我国民事立法层面，《中华人民共和国民法通则》《中华人民共和国合同法》一直采用的是"社会公共利益"这个概念。但"社会公共利益"的提法不足以涵盖"国家利益"，故为使其概念更加周延，2017 年《中华人民共和国民法总则》第一次在我国基本民事立法中用"公序良俗"代替了"社会公共利益"，且这一立法选择被《中华人民共和国民法典》所沿用。

一般认为，公序良俗包括公共秩序和善良风俗两个方面。公共秩序是指法律秩序，善良风俗则是指法律秩序之外的道德。在合同领域，公序良俗的本质在于限制契约自由，为契约自由划定界限，超越界限的法律行为将不能达到预期的法律效果。

《中华人民共和国民法典》第一百五十三条第二款规定，违反公序良俗的民事法律行为无效，即背俗无效规则。司法实践中，准确适用背俗无效规则，应当注意以下三点：第一，要与公序良俗原则相区别。《中华人民共和国民法典》第十条规定了守法和公序良俗原则，这是原则性的规定，只有在没有具体规范可供适用的情况下，才能适用。而《中华人民共和国民法典》第一百五十三条第二款是背俗无效的具体规范，在判断合同效力时，只能援引该条规范，避免向公序良俗原则一般条款逃逸。第二，要注意与违法无效规则相区别。上述第一百五十三条第一款规定了违法无效规则。可见，目前我国采用了在一个条款中同时规定背俗无效和违法无效的立法模式。但二者并非并列关系，而是补充关系。背俗无效是违法无效的有益补充，只有在没有违反法律和行政法规而又确有必要认定民事法律行为无效的情况下才适用违反公序良俗无效的规定，这样能有效填补法律漏洞。第三，要注意对背俗行为的主动审查。合同或其他法律行为一旦违背公序良俗，就要宣告无效，这种无效是绝对的当然无效。在当事人不主张合同无效的情况下，法院有权依职权进行审查，并就合同效力问题向当事人释明，即使当事人坚持不变更诉讼请求，法院亦应依职权认定无效，并在判决主文中予以确认，以赋予无效认定相应的既判力。

吕某宁主张其与王某书就校舍改建而来的案涉房屋签订的买卖合同无效，但王某书认为吕某宁对于校舍改建房屋的性质是明知的，故合同应属有效。就本案买卖的标的物而言，系校舍改建而来的房屋，且所属土地系划拨而来，其只限用于建设北京某某学院某某校区项目，主体建筑物和附属建筑物性质均为教学用房、宿舍、食堂及配套设施。吕某宁与王某书均明知案涉房屋系校舍改建而来，仍对案涉房屋进行买卖交易，明显违背了划拨用地性质和建设用途，改变了本应用于社会公共教育事业的划拨建设用地及其上校舍之用途，损害了国家对于教育用地的规划管理秩序，侵害了社会公共教育资源，明显违背了公序良俗。虽然双方对于案涉房屋买卖意思表示真实，但是对校舍改建房屋进行买卖的行为却超越了契约自由的界限，买卖合同应被认定为无效，无法达到预期买卖交易目的。因双方对于合同无效均具有过错，吕某宁与王某书应当各自承担相应的责任。

编写人：北京市第一中级人民法院　吴丹

19

合同欺诈并不代表合同必然无效

——杨某诉房地产公司商品房销售合同案

【案件基本信息】

1. 裁判书字号

广东省茂名市中级人民法院（2020）粤09民终490号民事判决书

2. 案由：商品房销售合同纠纷

3. 当事人

原告（反诉被告、被上诉人）：杨某

被告（反诉原告、上诉人）：房地产公司

【基本案情】

2016年2月5日，杨某与房地产公司签订了《商品房买卖合同》（合同编号：2016020466）。该合同约定：房地产公司出售某花园一处房屋给杨某，杨某以一次性全额付清总房款的方式进行支付，房地产公司应当在2016年3月31日前将合同约定的商品房交付杨某使用并将办理权属登记需由出卖人提供的资料报产权登记机关备案，出卖人逾期交房的，自本合同第八条规定的最后交付期限的第二天起至实际交付之日止，出卖人按日向买受人支付已交付房价款万分之壹点捌的违约金。《商品房买卖合同》签订当日，房地产公司向杨某出具《委托书》一份，委托杨某将购房款汇入车某名下账户。当日，房地产公司又向杨某出具《承诺书》一份，其内容为：网签合同价格为虚价，以本价格人民币35万元为准，即系本价格（含税费）买断房屋全部产权，其他事项按网签合同的约定。2016年2月6日，杨某依约将房款35万元转入房地产公司指定的账户，房地产公司收到该35万元房款后于当日出具收据给杨某。后房地产公司没有按合同约定于2016年3月31日前将合同约定的商品房交付杨某使用并将办理权属登记需由出卖人提供的资料报产权登记机关备案等，杨某于2017年6月28日向广东省茂名市电白区人民法院提起诉讼，请求：（1）依法确认杨某与房地产公司于2016年2月5日签订的《商品房买卖合同》有效；（2）依法确认房地产公司于2016年2月5日出具的《承诺书》有效；（3）判令房地产公司立即将案涉某花园房屋交付给杨某使用；（4）判令房地产公司立即履行将办理本案商品房权属登记需由出卖人提供的资料报产权登记机关备案及协助杨某办理好房地产权属证书等合同义务；（5）判令房地产公司支付逾期交房的违约金28728元给杨某（以已交付房价款35万元的万分之壹点捌按日计算，从2016年4月1日起暂计至2017年6月30日止的违约金为28728元），承担赔偿损失责任；（6）本案的全部诉讼费用由房地产公司承担。其后，房地产公司提起反诉，请求：（1）确认商品房买卖合同无效；（2）本案的受理费由被反诉人承担。

2017年7月21日，房地产公司的法定代表人余某明向广东省茂名市公安局电白分局海滨派出所报案，称房地产公司于2015年10月15日18时许在案涉房屋被诈骗。2017年8月9日，杨某以其购买房地产公司的案涉房屋遭到房地产公司诈骗为由向茂名市公安局电白分局海滨派出所报案，2018年10月14日，茂名市公安局电白分局经审查认为余某明所报诈骗案属合同纠纷，不属于公安机关立案侦查管辖范围，作出《不予立案通知书》，决定不予立案。余某明不服并向该局申请复议，该局于2019年1月24日作出《刑事复议决定书》维持原决定。余某明不服，向茂名市公安局申请复核，该局于2019年7月22日作出复核认为原刑事复议决定认定事实清楚，证据充分、依据准确、程序合法，决定维持原复议决定。

【案件焦点】

涉案《商品房买卖合同》及《承诺书》是否无效。

【法院裁判要旨】

广东省茂名市电白县人民法院经审理认为：原、被告双方于2016年2月5日签订的《商品房买卖合同》和《承诺书》，系双方真实意思表示，没有违反法律的强制性规定，均从签订时起成立并生效，对双方具有拘束力。原告依照约定向被告支付了双方最后在《承诺书》所约定的全部购房款35万元后，被告未按约定于2016年3月31日前将合同约定的商品房交付给原告使用并将办理权属登记需由出卖人提供的资料报产权登记机关备案等，已构成违约，依法应承担违约责任。原告起诉请求确认双方于2016年2月5日签订的《商品房买卖合同》和《承诺书》有效，以及请求判令被告继续履行合同，将案涉房屋交付给原告使用，将办理该商品房权属登记需由出卖人提供的资料报产权登记机关备案并协助原告办理房地产权属证书，以及按合同约定以已交付房价款35万元的万分之壹点捌按日向原告计付逾期交房的违约金28728元（从2016年4月1日起暂计至2017年6月30日止），均符合法律规定，法院予以支持。

被告答辩并提出反诉称双方签订的《商品房买卖合同》及《承诺书》系基于原告的欺诈，即认为原告以向被告提供巨额融资，骗取被告以低于成本价的价格向原告销售房屋的《商品房买卖合同》及《承诺书》，不属于被告的真实意思表示，从而提出反诉请求确认双方签订的《商品房买卖合同》等无效，经查，被告仅举证公安机关对蔡某明的询问笔录一份相佐证，蔡某明本人未出庭接受对质，且相关证明内容没有其他证据相佐证，法院不予采信，故此，被告未能举证证实原告存在以向被告提供巨额融资为由骗取被告低价向原告销售商品房的事实，被告的反诉请求属证据不足。此外，根据《中华人民共和国合同法》第五十二条、第五十四条的规定，一方以欺诈手段订立合同损害国家利益的，才应认定所订立的合同无效；一方仅以欺诈手段致使对方违背真实意思表示订立的合同，属于可撤销或可变更的合同，而非直接导致合同无效。故此，被告的上述辩称及反诉请求缺乏事实依据，理由不成立，法院不予支持。

综上，广东省茂名市电白县人民法院根据《中华人民共和国合同法》第四十四条、第一百零七条、第一百一十四条的规定，作出如下判决：

一、原告杨某与被告房地产公司于2016年2月5日签订的《商品房买卖合同》(合同编号:2016020466)有效;

二、原告杨某与被告房地产公司于2016年2月5日签订的《承诺书》有效;

三、限被告房地产公司于本判决生效后30日内将案涉房屋交付给原告使用;

四、限被告房地产公司于本判决生效后30日内就所销售的案涉房屋办理该商品房权属登记需由出卖人提供的资料报产权登记机关备案,并协助原告杨某办理房地产权属证书;

五、限被告房地产公司于本判决生效后30日内向原告支付逾期交房的违约金28728元;

六、驳回反诉原告房地产公司的反诉请求。如果未按本判决指定的期间履行给付金钱义务,应当依照《中华人民共和国民事诉讼法》第二百五十三条之规定,加倍支付迟延履行期间的债务利息。

房地产公司不服,提起上诉。

广东省茂名市中级人民法院经审理认为:房地产公司主张杨某及其父亲采取欺诈、胁迫的手段,使房地产公司在违背真实意思的情况下签订涉案《商品房买卖合同》及《承诺书》,且以35万元的价格转让涉案商品房明显低于市场价格,显失公平。因此,案涉《商品房买卖合同》及《承诺书》无效。法院认为,《中华人民共和国合同法》第五十四条第一款、第二款规定:下列合同,当事人一方有权请求人民法院或者仲裁机构变更或者撤销:(1)因重大误解订立的;(2)在订立合同时显失公平的。一方以欺诈、胁迫的手段或者乘人之危,使对方在违背真实意思的情况下订立的合同,受损害方有权请求人民法院或者仲裁机构变更或者撤销。据此,显失公平的合同以及以欺诈、胁迫的手段签订的合同均属于可撤销的合同,而不属于无效合同。即使房地产公司的上述主张属实,其也只能请求撤销案涉《商品房买卖合同》及《承诺书》。但房地产公司没有依法行使撤销权,而在本案中主张涉案《商品房买卖合同》及《承诺书》无效不符合法律规定,法院不予支持。对于房地产公司主张杨某及其父亲杨某清诈骗的问题，房地产公司于2017年7月21日曾就此向茂名市公安局电白分局海滨派出所报案，后经茂名市公安局电白分局海滨派出所、茂名市公安局电白分局、茂名市公安局两级公安机关审查，均认为双方之间纠纷属于合同纠纷，不属于公安机关立案侦查管辖范围，决定不予立案。因此，本案应作民事纠纷处理。一审判决正确，应予维持。

广东省茂名市中级人民法院依照《中华人民共和国民事诉讼法》第一百七十条第一款第一项的规定，作出如下判决：

驳回上诉，维持原判。

【法官后语】

《中华人民共和国合同法》第五十二条第一项规定，一方以欺诈、胁迫的手段订立合同，损害国家利益的，合同无效。第五十四条第二款规定，一方以欺诈、胁迫的手段或者乘人之危，使对方在违背真实意思的情况下订立的合同，受损害方有权请求人民法院或者仲裁机构变更或者撤销。由上述合同的规定来看，只有在损害国家利益的情况下，以欺诈手段签订的合同才是无效合同。最高人民法院在某银行重庆解放碑支行与某实业公司金融借款合同纠纷上诉案［（2012）民二终字第73号］中认定，从双方之间的民事关系中，合同一方当事人的违法行为并不必然导致合同的无效，根据《中华人民共和国合同法》第五十四条第二款的规定，合同另一方有权请求撤销合同。如果不撤销，合同仍应按有效对待处理。本案中，房地产公司主张杨某及其父亲杨某清以代房地产公司融资为借口，骗取房地产公司签订涉案《商品房买卖合同》及《承诺书》，以极低的价格取得涉案房屋。从本案证据来看，房地产公司与杨某所约定的涉案房屋交易价格为35万元，是远低于茂名地区商品房交易市场的正常价格的。因此，本案并不能排除房地产公司与杨某之间隐藏着其他的民事法律关系的可能性。若房地产公司与杨某之间确实以商品房交易来掩盖其他法律关系的，房地产公司可以根据《中华人民共和国民法典》第一百四十六条第一款“行为人与相对人以虚假的意思表示实施的民事法律行为无效”的规定来主张案涉《商品房买卖合同》及《承诺书》无效。但房地产公司以欺诈为由主张案涉《商品房买卖合同》及《承诺书》无效，是不符合《中华人民共和国合同法》第五十二条和第五十四条规定的。因此，房地产公司的诉请不能得到支持。

编写人：广东省茂名市中级人民法院　黄华保　张茹

20

未经相对人同意的合同权利义务概括转让之法律效力

——王某禹诉陶某、朱某房屋买卖合同案

【案件基本信息】

1. 裁判书字号

江苏省无锡市中级人民法院（2020）苏 02 民终 4817 号民事判决书

2. 案由：房屋买卖合同纠纷

3. 当事人

原告（反诉被告、被上诉人）：王某禹

被告（反诉原告、上诉人）：陶某、朱某

【基本案情】

2016 年 8 月 22 日，王某禹与陶某及中介公司签订《房屋买卖合同》1 份，约定由陶某将某小区一处房屋作价 148 万元出售给王某禹，陶某在收到首付款时交付房屋，余款由中介公司代办贷款。2016 年 8 月 31 日，王某禹将首付款支付至中介公司；同日，中介公司办理了购房合同网上备案手续，将购房人变更为王某禹的妹妹王某珍，备案合同无双方签字。2016 年 9 月 8 日，陶某与王某禹商定“因（陶某）腾空房屋有困难，故迟延至 2016 年 12 月交付房屋，其余均按合同约定办理”。2016 年 9 月 12 日，陶某至中介公司领取首付款并提供了办理贷款需要的资料。2016 年 12 月 9 日，王某珍与某银行签订《个人购房借款及担保合同》申贷 100 万元，中介公司将贷款合同发送给陶某。2016 年 12 月 23 日，王某禹、王某珍、陶某以及中介公司至不动产登记部门办理产权过户，但未能办理。后三方至中介公司协商，谈及以王某禹的名义重新办理网签备案合同和重新办理贷款手续事宜，但未达成一致意见。2016 年 12 月 31 日，中介公司向陶某发送《催告履行合同通知书》，催促陶某于 2017 年 1 月 5 日早晨 9 点至约定地点与王某禹、王某珍办理过户手续，如未能在约定时间到达视为违约，即视为不履行该买卖合同。陶某口头回复中介公司“因备案事情未解决故不会去办理过户手续”。2017 年 1 月 19 日，陶某向中介公司发送《再次催告配合撤销网签合同》1 份，要求中介对违规网签合同作出书面说明，并于 2017 年 1 月 23 日三方一起前往撤销此网签合同，返还其房产证、土地证。2017 年 1 月 22 日，陶某方致电王某禹，让王某禹配合撤销网签合同，王某禹让其有事通过中介公司沟通。2017 年 2 月 5 日，陶某通过中介公司通知王某禹因逾期支付购房款构成违约，其将扣除违约金、赔偿金后将剩余款项返还，相应房屋其将另行处置，并要求中介公司告知相关内容。王某禹本诉要求陶某、朱某继续履行 2016 年 8 月 22 日签订的《房屋买卖合同》、协助其办理房屋过户手续；陶某、朱某抗辩合同已经解除并反诉要求王某禹支付其违约金 29.6 万元。诉讼中，王某禹提存未付款项 110 万元；王某珍不对案涉房屋提出主张。

【案件焦点】

1. 合同权利义务概括转让的法律效果；2. 相对人不同意或不接受概括转让的后果承担。

【法院裁判要旨】

江苏省无锡市新吴区人民法院经审理认为：王某禹通过中介公司以王某珍的名义办理网签合同，且交易金额与原合同并不一致，其后王某禹、王某珍亦向陶某方表达将房屋过户于王某珍的意思表示，形成了原合同权利义务的概括转让。王某禹没有提供证据证明其事先或事后得到陶某方的同意、追认，因此，该转让行为对陶某方没有约束力。但是，合同相对方未同意合同权利义务的概括转让的法律后果并不能导致原合同的解除，而是仍然由原合同当事人按原合同约定继续履行。王某禹与陶某所签订的《房屋买卖合同》所约定的权利义务尚处于未履行完毕状态，在双方存在争议的情况下，应当判决双方继续履行合同。

江苏省无锡市新吴区人民法院依照《中华人民共和国合同法》第六十条、第八十八条、第九十四条、第九十六条，《中华人民共和国民事诉讼法》第六十四条、第一百四十二条之规定，作出如下判决：

一、陶某、朱某于判决发生法律效力之日起 30 日内腾案涉房屋并交付于王某禹；

二、陶某、朱某于判决发生法律效力之日起 30 日内将案涉房屋不动产权证过户于王某禹，在办理过户手续中产生的费用由王某禹负担；

三、陶某、朱某履行完毕上述第一项、第二项判决义务后三日内至法院领取王某禹已提存的购房款 110 万元；

四、驳回陶某、朱某的反诉请求。

陶某、朱某不服一审判决，提起上诉。

江苏省无锡市中级人民法院经审理认为：依据案涉合同的约定，房款 110 万元由王某禹委托中介公司代办贷款，故陶某方关于“王某禹应用现金付清余款、否则就是违约”的主张没有事实依据，不予支持。同时，贷款何时发放，并非涉案各方所能决定，王某禹是否逾期付款，应以贷款发放至王某禹账户起算为宜。因此，在未有证据显示王某禹取得贷款后逾期付款的情况下，对陶某、朱某的主张不予支持。王某禹将案涉合同的权利义务概括转让给王某珍，但该合同未得到陶某方的认可，故对案涉合同不产生效力，案涉合同应被继续履行。故陶某、朱某的上诉请求不能成立。

江苏省无锡市人民法院依照《中华人民共和国民事诉讼法》第一百七十条第一款第一项之规定，作出如下判决：

驳回上诉，维持原判。

【法官后语】

在商品房销售、二手房买卖场合出现合同权利义务的概括转让情况是比较多见的，还不乏成功的实例。如将在商品房预售阶段签约的合同经过更名转售他人成为不少人“炒房赚钱”的手法，也有在商品房销售或二手房买卖过程中囿于限购政策实施、贷款比例调整、贷款利率标准调整等因素而将合同买受主体变更至他人名下，以获取“合规下的便宜”也是屡见不鲜的情况。将合同一方更名产生了签约对象的更换，其中潜伏着诸多风险隐患和不确定性因素，也与普遍认知和更宜接受的“合同相对性保持”观念发生碰撞，极易导致权利主张方式的偏向性。

《中华人民共和国合同法》第八十八条以及《中华人民共和国民法典》第五百五十五条都规定“当事人一方经对方同意，可以将自己在合同中的权利和义务一并转让给第三人”，同时还设定了概括转让应具备的条件包括：(1) 出让人与受让人在订立合同时具有相应的缔约能力；(2) 出让人与受让人就转让事宜达成合意；(3) 转让合同不违反法律或社会公共利益；(4) 合同内容必须确定及可能；(5) 合同权利须确定及可能；(6) 按照法律、法规规定，就转让权利义务履行必要的批准、登记等手续；(7) 概括转让事宜经对方当事人同意。但没有规定在“未经对方同意”的法律后果和责任承担方式。在对方同意的情况下，概括转让的后果其实就是成立了一份新的合同并在受让人与原合同的相对方产生约束力。只要事先未征得对方同意或事后未得到追认，“一方就不能摆脱其与对方之间的法锁，仍要受到原合同的约束。此时，一方如有违约行为，就应承担违约责任；第三人不能取代一方在原合同中的地位，转让合同仅对一方与第三人产生拘束力①”。此时意味着非该转让合同不生效或者无效，只是该转让对债务人不发生效力。同时也有观点追加认为“在经对方同意前，原合同权利义务主体不变更，权利义务的移转行为未生效”，特别是在第三人明示脱离该合同约束而不产生转让合同的效力时，合同相对方的同意与否就已经变得没有作用了，原合同的双方均应当回到原合同关系，任何一方都不能以此借口逃避合同责任，亦不能单独以此理由主张原合同的解除。如果因回转的

① 辛正郁：《对方同意在合同权利义务转让中的法律效果》，载《人民司法》2014 年第 1 期。

概括转让行为已经引起连锁的其他违约情形，例如，回转期限过长致原合同迟延履行期限达到违约情形的发生，而该违约情形符合合同约定或法律规定的违约责任承担条件，包括解除合同情形或者其他相对应的违约责任承担方式，但都不是基于概括转让本身直接产生的。

编写人：江苏省无锡市新吴区人民法院　严海涛

（二）订立、变更与解除

21

涉“学区房”纠纷的法律问题

——傅某田、傅某仙诉房地产公司商品房买卖合同案

【案件基本信息】

1. 裁判书字号

浙江省金华市中级人民法院（2020）浙07民终1953号民事判决书

2. 案由：商品房买卖合同纠纷

3. 当事人

原告（上诉人）：傅某田、傅某仙

被告（被上诉人）：房地产公司

【基本案情】

2019年5月，房地产公司在售楼活动中宣传某公馆“6月前买房，9月可入学”。同年5月20日，傅某田、傅某仙的女儿傅某珍向房地产公司预定了其开发楼盘的一处房屋。5月28日，傅某珍、傅某玲又找到房地产公司的销售人

员确认入学问题，销售员承诺购买该房屋，业主的孩子能在当年 9 月 1 日前入读其意向小学。6 月 21 日，傅某田、傅某仙与建设公司签订《优化装修协议书》，并支付了房屋阳台浇筑的工程费 8500 元。6 月 22 日，傅某田、傅某仙与房地产公司签订《浙江省商品房买卖合同》；合同约定傅某田、傅某仙购买房地产公司预售的一处房屋，房屋建筑面积 102. 54 平方米，单价为每平方米 12930 元。据房地产公司开具的增值税普通发票显示房产金额 1216369. 72 元，税额 109473. 28 元，价税合计 1325843 元。2019 年 6 月 25 日，傅某田、傅某仙办妥房屋产权登记手续，并为此支付房屋买卖契税 18245. 56 元和不动产登记费 80 元。随后，傅某田、傅某仙被告知无法落实入读意向小学。傅某玲曾就上述问题向所在县市场监管局投诉，要求退房或者补偿不能入读意向小学的损失和该小学学区房附加值。经所在县市场监管局调解，房地产公司只愿意承担未能就读意向小学的损失共计 9. 36 万元，对于退房和补偿附加值不能满足原告的要求。傅某田、傅某仙认为，其基于房地产公司的虚假广告及虚假承诺购买了房产，而购房的主要因素即学区问题却无法满足，故起诉至法院，请求法院判令解除商品房买卖合同，由房地产公司返还购房款 1352668. 56 元及承担利息损失并赔偿 93600 元。

【案件焦点】

1. 房地产公司对学区房的许诺是否对其具有约束力，应否承担违约责任；2. 傅某田、傅某仙与房地产公司签订的《浙江省商品房买卖合同》应否解除。

【法院裁判要旨】

浙江省浦江县人民法院经审理认为：房地产公司在售楼时的宣传以及销售人员对于业主子女入读意向小学的承诺，虽未以书面形式出现在商品房买卖合同中，但该承诺内容明确、表述清晰，且对合同订立具有重要影响，应视为“要约”附属于合同内容，对房地产公司具有法律约束力。现房地产公司未能履行上述义务，构成违约，应承担相应的违约责任。同时，傅某田、傅某仙作为买受人已支付房价款，房地产公司作为出卖人也已协助完成案涉房屋的产权登记，应认定合同主要债务已履行完毕。虽然让外孙入读意向小学是促使傅某田、傅某仙购买案涉房屋的重要因素，但当事人购房的目的一般在于取得房屋所有权并用于居住、孩子入学、投资等，其中孩子入学并非唯一的购房目的。且教育行政部门一般在小区楼盘完成交房、不动产办理登记后才会正式公布该小区的施教区划分，房屋销售过程中学区广告本身具有较大的不确定性。傅某田、傅某仙以外孙入读意向小学的目的无法实现为由主张解除合同，依据不足。傅某田、傅某仙主张的损失9.36万元，房地产公司也予认可，应予支持。

浙江省浦江县人民法院依照《中华人民共和国合同法》第六十条、第九十四条、第一百零七条，《最高人民法院关于审理商品房买卖合同纠纷案件适用法律若干问题的解释》第三条之规定，作出如下判决：

一、房地产公司于判决生效之日起十日内赔偿傅某田、傅某仙损失9.36万元；

二、驳回傅某田、傅某仙的其他诉讼请求。

傅某田、傅某仙不服一审判决，提出上诉。

浙江省金华市中级人民法院经审理认为：房地产公司不能兑现入学承诺，构成违约。傅某田、傅某仙购买房屋的主要目的系考虑外孙入学问题，房地产公司违约行为导致合同主要目的不能实现，买受人有权解除合同。合同解除后，房地产公司应退还购房款，并承担对方因购买房屋所支付的工程费、税费及赔偿上述款项的利息损失。关于傅某田、傅某仙主张的损失赔偿问题，酌情认定为2万元。经法院向房地产公司释明双务合同解除的法律后果，房地产公司主张傅某田、傅某仙返还房屋及协助将房屋过户登记至公司名下，该请求合理合法，予以支持。鉴于合同解除系房地产公司违约行为导致，若房屋过户产生税费，应由房地产公司自行承担。

浙江省金华市中级人民法院依照《中华人民共和国合同法》第六十条、第九十四条、第九十七条、第一百零七条、第一百一十三条，《最高人民法院关于审理商品房买卖合同纠纷案件适用法律若干问题的解释》第三条，《中华人民共和国民事诉讼法》第一百七十条第一款第二项之规定，作出如下判决：

一、撤销浙江省浦江县人民法院（2019）浙0726民初7124号民事判决；

二、解除傅某田、傅某仙与房地产公司签订的《浙江省商品房买卖合同》；

三、房地产公司于判决生效之日起十日内支付傅某田、傅某仙购房款等1352668.56元，并赔偿利息损失（从2019年6月24日起按中国人民银行同期贷款基准利率计算至2019年8月19日，从2019年8月20日起按同期全国银行间同业拆借中心公布的贷款市场报价利率计算至实际归还之日止，以月利率6%为限）及其他损失2万元；

四、傅某田、傅某仙于判决生效之日起十五日内协助房地产公司将案涉房屋过户登记至房地产公司名下（房屋过户产生的税费由房地产公司自行承担）；

五、驳回傅某田、傅某仙的其他诉讼请求。

【法官后语】

随着现今社会越来越重视教育，购房者常常将是否属于学区房作为购买房屋时的一个重要考虑因素。一旦房地产开发商不能兑现其在销售广告中承诺的学区，就容易形成纠纷，甚至成讼。而此类纠纷涉及的法律问题主要有以下三点：

1. 区分开发商宣传的“学区房”属于要约邀请还是要约

根据《最高人民法院关于审理商品房买卖合同纠纷案件适用法律若干问题的解释》第三条的规定，商品房的销售广告和宣传资料为要约邀请，但是出卖人就商品房开发规划范围内的房屋及相关设施所作的说明和允诺具体确定，并对商品房买卖合同的订立以及房屋价格的确定有重大影响的，应当视为要约。该说明和允诺即使未载入商品房买卖合同，亦应当视为合同内容，当事人违反的，应当承担违约责任。开发商在销售广告和宣传资料中宣传的“学区房”在商品房开发规划范围内，且作出的说明和允诺具体明确，对合同订立及房屋价格存在重大影响的，该广告和宣传应视为要约。反之，则为要约邀请。要约附属于合同内容，对开发商具有约束力，购房者基于此订立房屋买卖合同，视为对广告内容产生了信赖利益，该信赖利益应得到保护。

2. 在广告和宣传属于要约的情形下，开发商如未能履行约定义务，应承担

违约责任

实践中，该违约责任一般表现为赔偿损失。而如果销售广告和宣传资料仅属于要约邀请的，开发商在合同被解除或确认无效等情形下，可能要承担缔约过失责任。

3. 购房者在一定条件下有权要求解除合同

一般而言，购房者签订房屋买卖合同的目的通常是取得房屋的所有权。尤其购买房屋属于重大交易事项，购房者在签订合同前通常会对房屋的权属、地理位置、周边配套设施等进行全面了解，对学区有特别要求的，更加会详细确认，或者在合同中予以明确。根据《中华人民共和国合同法》第九十四条的规定，当事人一方迟延履行债务或者其他违约行为致使不能实现合同目的，当事人可以解除合同，如购房者有证据证明其购房的主要目的是让孩子进入开发商承诺的学校学习，一旦开发商的违约行为导致该目的不能实现，购房者有权要求解除合同。如案例中的傅某田、傅某仙，其外孙在当年有入读意向小学的需求，加之其在签订合同前又与销售人员再次确认了入学问题，足以证明傅某田、傅某仙购买案涉房屋的主要目的系考虑外孙入学问题。二审法院也是据此判定双方签订的商品房买卖合同应予解除。

编写人：浙江省浦江县人民法院　许可

22

存在不合理设计的商品房买卖合同可以主张解除

——陈某、黄某亮诉房地产公司商品房销售合同案

【案件基本信息】

1. 裁判书字号

湖北省宜昌市中级人民法院（2020）鄂05民终2518号民事判决书

2. 案由：商品房销售合同纠纷

3. 当事人

原告（被上诉人）：陈某、黄某亮

被告（上诉人）：房地产公司

第三人：某银行三峡临江支行

【基本案情】

2018年9月15日，原告陈某、黄某亮向被告房地产公司支付购房首付款295231元。原告陈某、黄某亮与被告房地产公司于2018年9月21日签订《宜昌市商品房买卖合同》，合同约定：原告陈某、黄某亮购买被告房地产公司开发的某楼盘7号楼1单元1层一处房屋；该商品房用途为成套住宅，层高不小于3.9米，户型结构为3房2厅1厨1卫；交付期限为2019年12月31日前，双方对权利义务、违约责任等一并作出约定。合同签订后，陈某、熊某凤（陈某之母）、陈某华（陈某之父）、黄某亮与第三人某银行三峡临江支行签订《个人购房借款/担保合同》，约定由第三人某银行三峡临江支行向陈某、熊某凤、陈某华、黄某亮提供贷款68万元，用于购买前述房屋，贷款期限360个月；担保方式为保证、抵押。合同签订后，第三人某银行三峡临江支行按照约定于2018年10月26日提供了贷款68万元。原告陈某、黄某亮从2018年11月15日起开始还款。2020年1月，被告房地产公司通知原告陈某、黄某亮收房后，原告陈某、黄某亮发现该房屋厨房无烟道，后发现厨房所对上层为卫生间，遂与被告房地产公司发生纠纷，经多次协商未果，诉至法院，要求解除商品房买卖合同、返还购房款并赔偿损失。

【案件焦点】

1. 房屋设计不符合生活习惯和心理禁忌是否能够解除商品房买卖合同；2. 解除合同责任在谁，违约责任如何承担。

【法院裁判要旨】

湖北省宜昌市夷陵区人民法院经审理认为：本案系商品房买卖合同纠纷，有偿转移标的物的所有权系买卖合同最基本的法律特征，交付标的物、转移标的物的所有权系出卖人基本义务。因此，在交易活动中，出卖人转移标的物所有权时应当担保该财产无瑕疵。本案中，原告陈某、黄某亮购买被告房地产公司开发的房屋时，因该房屋属于非标准户型，且该房屋厨房上层对应的系卫生间，此设计明显属于该房屋的重大瑕疵，既不符合相应的设计要求，亦不符合日常的生活习惯及社会大众的心理承受能力。因此，被告房地产公司应当如实详细地向原告陈某、黄某亮陈述该房屋存在的瑕疵，但从审理查明的情况看，被告房地产公司仅提供了非标准户型贴在售楼部的公示照片证明其履行了告知义务，但该公示仅仅公示了户型，并未公示其上层的相关情况，而且作为消费者并非专业人士亦不能准确的解读图纸上的相关信息，故被告房地产公司提供的证据不足以证明其履行了相应的瑕疵告知义务。因被告房地产公司履行合同时交付的标的物存在瑕疵，且该瑕疵不能补正，被告房地产公司存在违约行为，致使原告陈某、黄某亮购买该房屋用于正常居住生活的目的不能实现。原告陈某、黄某亮有权主张解除与被告房地产公司签订的《宜昌市商品房买卖合同》。

因该《宜昌市商品房买卖合同》解除致使原告陈某、黄某亮购房目的落空，进而导致《个人购房借款/担保合同》的目的无法实现，故陈某、熊某凤、陈某华、黄某亮与第三人某银行三峡临江支行签订的《个人购房借款/担保合同》应当予以解除。在解除案涉商品房买卖合同后，被告房地产公司应当将原告陈某、黄某亮支付的首付款返还给原告陈某、黄某亮，并赔偿原告陈某、黄某亮由此产生的损失。因此，原告陈某、黄某亮要求被告房地产公司返还已付购房款及已向第三人某银行三峡临江支行所还贷款本金，并赔偿首付款利息及已还贷款利息的诉讼请求，于法有据，法院予以支持。直接由被告房地产公司负责偿还原告陈某、黄某亮未偿还的第三人某银行三峡临江支行的剩余贷款本息更能体现司法的公平合理性。被告房地产公司在清偿剩余贷款本息之后，第三人某银行三峡临江支行应当涤除该房屋上的抵押登记。

湖北省宜昌市夷陵区人民法院依照《中华人民共和国合同法》第四十四条、第六十条、第九十三条、第九十四条、第九十七条、第一百零七条、第一百三十条，《最高人民法院关于审理商品房买卖合同纠纷案件适用法律若干问题的解释》第二十四条、第二十五条，《中华人民共和国民事诉讼法》第一百四十二条、第一百四十四条之规定，作出如下判决：

一、解除原告陈某、黄某亮与被告房地产公司就案涉楼盘7号楼1单元1层案涉房屋签订的《宜昌市商品房买卖合同》；

二、解除陈某、熊某凤、陈某华、黄某亮与第三人某银行三峡分行临江支行签订的《个人购房借款/担保合同》；

三、被告房地产公司在本判决发生法律效力后立即向原告陈某、黄某亮返还首付款295231元，并以首付款295231元为基数按中国人民银行公布的同期定期存款利率支付自2018年9月15日起至实际清偿之日止的利息；

四、原告陈某、黄某亮在本判决发生法律效力后立即将案涉楼盘7号楼1单元1层案涉房屋返还给被告房地产公司，并协助被告房地产公司办理该房屋的网签及预告登记解除手续；

五、被告房地产公司在本判决发生法律效力后立即赔偿原告陈某、黄某亮自2018年11月15日起至判决生效之日止已向第三人某银行三峡分行临江支行支付的贷款本息（以第三人某银行三峡分行临江支行于判决生效当月出具的还款明细清单为准）；

六、被告房地产公司在本判决发生法律效力后立即偿还陈某、熊某凤、陈某华、黄某亮就《个人购房借款/担保合同》剩余的贷款；自被告房地产公司清偿上述贷款之日起七日内，第三人某银行三峡分行临江支行办理案涉房屋上抵押登记的涤除手续；

房地产公司不服一审判决，提出上诉。

湖北省宜昌市中级人民法院经审理认为：房地产公司的上诉请求不能成立，应予驳回；一审判决认定事实清楚，适用法律正确，应予维持。依照《中华人民共和国民事诉讼法》第一百七十条第一款第一项之规定，作出如下判决：

驳回上诉，维持原判。

【法官后语】

本案的亮点在于根据一般社会大众生活习惯和心理禁忌，认定房地产公司交付的合同标的物有瑕疵，由此认定房地产公司存在违约行为，判决支持消费者解除合同的诉讼请求。

根据我国现有法律规定，不符合社会大众的生活习惯和心理禁忌并非合同一方当事人存在违约行为的法律依据，也并非合同解除的法定情形。本案中，双方当事人虽然未在合同中对房屋设计应符合生活习惯进行明确约定，但根据我国法律对出卖人的瑕疵担保责任相关规定，出卖人交付的应是符合约定或者该类物通常应具有的价值或者效用的物，房屋设计满足消费者的日常生活和心理需求是此商品房买卖合同中的题中应有之义。换句话说，在此商品房买卖合同中，房地产公司负有向消费者交付满足设计规范的房屋的合同义务。

实际上，房地产公司既没有履行此种合同义务，也未将房屋的实际情况充分翔实地告知消费者，这就导致了房地产公司的实际违约。房地产公司依约交付的房屋属于非标准户型，该房屋厨房上层对应的系卫生间，房屋虽无质量问题和产权问题，但此设计既不符合相应的设计要求，亦不符合日常生活习惯和社会大众购买房屋的一般心理，房地产公司的交付具有瑕疵。在该房屋存在重大瑕疵且不能补正的情况下，房地产公司在合同签订时理应充分履行告知义务，理应就房屋内部结构及楼栋结构进行解释，使消费者了解这一实际情况。但房地产公司仅对房屋户型进行了公示，并未公示其上层的相关情况，不能起到向消费者明确告知的作用。也就是说，在消费者购房时，就其能够接收到的和自行解读的信息而言，并不能知晓该房屋厨房楼上为厕所的事实。由此看来，房地产公司虽然履行了房屋交付义务，但是交付的房屋既不符合社会大众的一般心理期待，又未在合同订立时如实告知，房地产公司的履约行为具有严重瑕疵。现如今因为房屋的设计问题，消费者难以克服心理压力如期入住，购买此房屋用于正常居住的合同目的不能实现，法院援引《中华人民共和国合同法》第九十四条第四款之规定，以房地产公司违约行为致使合同目的无法实现解除双方的商品房买卖合同，判决退还消费者购房款和损失，成功维护了消费者权益。同时，在判决中对房地产公司的违约行为作出了否定性评价，并判决由其承担合同解除产生的损失，有利于引导房地产公司守约践诺讲诚信，营造互惠共赢的消费环境。

编写人：湖北省宜昌市夷陵区人民法院　黄璐

23

未如实告知房屋结构亦属违约行为，购房者可解除合同

——汪某东、汪某然诉置业公司房屋买卖合同案

【案件基本信息】

1. 裁判书字号

江苏省南通市中级人民法院（2020）苏06民终3300号民事判决书

2. 案由：房屋买卖合同纠纷

3. 当事人

原告（被上诉人）：汪某东、汪某然

被告（上诉人）：置业公司

【基本案情】

2018年3月，汪某东、汪某然与置业公司签订商品房买卖合同（预售），合同约定交房期限为2019年9月30日，逾期交房超过90日，汪某东、汪某然有权解除合同。2019年5月，双方签订车位买卖合同。合同签订后，汪某东、汪某然依约付清所有房款。2019年12月27日，汪某东、汪某然向置业公司寄送《督促房屋交付催告函》，置业公司拒收。2020年1月1日，置业公司向汪某东、汪某然邮寄送达交房通知书，亦被拒收。2020年1月12日，置业公司与小区3号楼业主就楼道整改事宜进行商谈，双方未达成一致意见，但置业公

司同意业主可以提出解除双方间的合同。汪某东、汪某然陈述在当日向置业公司委托律师提交了书面《解除商品房买卖合同通知书》。置业公司于2018年2月12日就臻园项目取得商品房预售许可证，2019年12月31日获得竣工综合验收备案意见书。汪某东、汪某然所购买的3号楼于2017年取得规划设计批复，平面图显示的设计方案为电梯和楼梯背靠背不相通，上下楼梯或者电梯需选择不同的出入口。该设计方案在房屋出售时并未告知购房户。

【案件焦点】

1. 合同解除权行使的条件、期限和方式；2. 合同解除后的后果认定。

【法院裁判要旨】

江苏省南通市如东县人民法院经审理认为：案涉商品房及车位买卖合同系置业公司、汪某东、汪某然真实意思表示，无悖法违规之处，合法有效。合同订立后，置业公司未及时履行交房义务，汪某东、汪某然有权依约解除合同。

案涉商品房买卖合同约定，置业公司未按约交付房屋逾期超90日，汪某东、汪某然有权解除合同，解除权行使期限为自解除权发生之日起一年。现置业公司逾期交房超90日，汪某东、汪某然在合理期限内提出解除合同，应予支持。置业公司虽辩称汪某东、汪某然未及时提交解除合同申请，但案涉合同（含补充协议）确系置业公司一方提供，其中既约定解除权行使期限为一年，又约定汪某东、汪某然只能在达到解除合同条件之日起十五天内通知置业公司，否则视为同意继续履行，实质上极大地限制了汪某东、汪某然解除合同的权利。在置业公司未采取合理方式提请注意的情形下，解除权行使期限应为一年。此外，汪某东、汪某然要求解除案涉合同并非仅基于迟延交房，置业公司宣传时未告知讼争房屋户型，楼梯与电梯设计异于通常情形，两梯间不相通、使用不便及可能产生安全隐患亦是解除合同的原因。纵观双方交易过程，置业公司对于购房者选择房屋的基本因素即户型未有明确提示，对于合同中限制对方权利的条款亦未有合理提醒，迟延交付房屋超出约定的合理期限，诸多行为有悖诚信。鉴此，汪某东、汪某然选择不再继续履行合同于法有据。至于车位买卖合同，由于车位相对于房屋而言，具有附属的使用性质。商品房买卖合同解除后车位买卖合同一并解除，既有利于发挥商品房与车位的配套价值，也有利于置业公司在合同解除后重新销售讼争房屋。合同解除后，尚未履行的，终止履行；已经履行的根据履行情况和合同性质，当事人可以要求恢复原状、采取其他补救措施，并有权要求赔偿损失。现案涉合同因置业公司违约解除，汪某东、汪某然可依法要求置业公司赔偿各项损失。故江苏省南通市如东县人民法院依据《中华人民共和国民事诉讼法》第一百四十三条之规定，作出如下判决：

一、被告置业公司返还原告汪某东、汪某然房款、车位款计 1130227 元；

二、利息：（1）被告置业公司自 2018 年 3 月 29 日始至 2019 年 8 月 19 日止以 327227 元为基数，按中国人民银行人民币同期同类贷款基准利率标准向原告汪某东、汪某然支付利息。（2）被告置业公司自 2018 年 6 月 25 日始至 2019 年 8 月 19 日止以 19 万元为基数，按中国人民银行人民币同期同类贷款基准利率标准向原告汪某东、汪某然支付利息。（3）被告置业公司自 2018 年 6 月 28 日始至 2019 年 8 月 19 日止以 56 万元为基数，按中国人民银行人民币同期同类贷款基准利率标准向原告汪某东、汪某然支付利息。（4）被告置业公司自 2019 年 5 月 4 日始至 2019 年 8 月 19 日止以 5. 3 万元为基数，按中国人民银行人民币同期同类贷款基准利率标准向原告汪某东、汪某然支付利息。（5）被告置业公司自 2019 年 8 月 20 日始，以 1130227 元为基数，按全国银行间同业拆借中心公布的贷款市场报价利率向原告汪某东、汪某然支付至实际履行之日止的利息；

三、被告置业公司支付原告汪某东、汪某然违约损失 25 万元；

四、被告置业公司支付原告汪某东、汪某然租金损失 9855. 6 元；

上述一至四项于判决生效后十五日内履行。

五、驳回原告汪某东、汪某然的其他诉讼请求。

置业公司不服提起上诉。

江苏省南通市中级人民法院经审理认为：一审判决认定事实清楚，适用法律正确，应予维持。依照《中华人民共和国民事诉讼法》第一百七十条第一款第一项之规定，作出如下判决：

驳回上诉，维持原判。

【法官后语】

商品房的销售广告和宣传资料为要约邀请，但是出卖人就商品房开发规划范围内的房屋及相关设施所作的说明和允诺具体确定，并对商品房买卖合同的订立以及房屋价格的确定有重大影响的，应当视为要约。该说明和允诺即使未载入商品房买卖合同，亦应当视为合同内容，当事人违反的，应当承担违约责任。这里的商品房专指房地产开发企业开发建设和出售的房屋。房屋的存在状态一般为现房和期房（期房也称待建房屋、楼花）。购房者与房地产开发商签订合同时，房屋尚未建成，双方间的合同性质属商品房预售合同，其特征：(1) 房屋的出卖人是具有法定资格的房地产开发企业；(2) 双方约定的标的物——房屋，在合同签订时非现实存在，是对将来建造的房屋进行出卖的合同；(3) 房地产开发企业对标的物并不享有完全的所有权，当事人享有的只是一种物权的期待权；(4) 合同标的物的这一特性决定，买受人对标的物的了解全部来源于出卖人的宣传，包括合同约定、房屋模型图片、相关的结构图等宣传资料，也就是说，约定于一定期限交付的标的物的实际状况，均基于买受人对出卖人作出的承诺的完全信赖。《中华人民共和国民法典》规定，民事主体从事民事活动，应当遵循诚信原则，秉持诚实，恪守承诺。其包含以下两个方面的内容：一是对待他人诚信不欺；二是对自己的承诺要信守不怠。对于大多数中国普通家庭来说，购房是一件大事，购房支出在家庭生活中占绝对主导地位。且为居住而购买房屋的，一般均会居住使用较长时间，因此，购房者对房屋的小区周边环境、小区各方面的设施、服务，房屋的结构、使用功能等均会作详细的比较、考量。虽然本案中置业公司所建小区3号楼不违反现有规划方面的强制性规定，或者说是在得到规划许可后所建，但3号楼的电梯和楼梯不相通，不仅给购房者的日常出入带来不便，相较于电梯和楼梯相通的规划设计，其确实存在相对多些的安全隐患，这对包括汪某东、汪某然在内的购房者来说是在购房时需要考虑的重要因素之一。置业公司在2017年既已取得规划许可，明知3号楼的电梯和楼梯设计状况，无论是在规划设计中，还是在事实建成后，均与该小区的其他楼盘及如东县其他小区的楼盘不同，但置业公司自始未向汪某东、汪某然告知上述事实，即便到双方签订合同时亦未按要求在合同中提供户型结构图，违反基本的诚实信用原则。置业公司未如实告知的行为致实际交付的房屋与汪某东、汪某然依据宣传所期待的房屋存在差异，从而导致双方合同的不能继续履行，购房者可依法解除合同。

编写人：江苏省南通市如东县人民法院　刘丹

24

买卖合同签订后标的物价格下跌的，买受人不得以重大误解为由撤销合同

——张某钧诉房地产公司商品房买卖合同案

【案件基本信息】

1. 裁判书字号

北京市通州区人民法院（2020）京0112民初16402号民事判决书

2. 案由：商品房买卖合同纠纷

3. 当事人

原告：张某钧

被告：房地产公司

【基本案情】

2019年3月至11月，张某钧分三次陆续从房地产公司购买坐落于北京市朝阳区某街道一处地下车位共计24个（第三次购买12个），就24个车位购买事宜双方分别签订了《买卖合同》并已网签备案，每个车位的价款均为234650元，张某钧已将24个车位的价款全部付清，只是尚未办理后续车位交接和产权

过户登记手续。购买第三批车位后不久，房地产公司的销售人员向张某钧发来信息称剩余车位有一百余个，单价 16 万元，张某钧认为该价格与其所购车位单价 234650 元价差悬殊，案涉合同订立过程中存在重大误解，故主张以此为由撤销双方签订的买卖合同，并要求房地产公司退还车位款，房地产公司对此表示不予认可，认为合同依法成立有效且主要权利义务已履行完毕，不存在重大误解，张某钧无权据此撤销合同。

【案件焦点】

本案合同订立过程中是否存在重大误解。

【法院裁判要旨】

北京市通州区人民法院经审理认为：《中华人民共和国合同法》第五十四条规定，因重大误解订立的或者在订立合同时显失公平的合同，当事人一方有权请求人民法院变更或者撤销；一方以欺诈、胁迫的手段或者乘人之危，使对方在违背真实意思的情况下订立的合同，受损害方有权请求人民法院或者仲裁机构变更或者撤销。本案中，张某钧与房地产公司签订的《买卖合同》系出于自己的真实意思表示签署并已付款的合同，且未违反法律及行政法规的强制性规定，不违背公序良俗，应属有效。现张某钧起诉要求撤销案涉合同，法院应就张某钧行使合同撤销权的请求能否得到支持予以判断确定。

对于张某钧以重大误解、显失公平为由，请求撤销案涉合同的请求是否能够得到支持的问题。法院认为，首先，应判断确定案涉合同在订立时是否存在重大误解。张某钧对于自愿购买房地产公司车位并无异议，但认为房地产公司工作人员的推介销售行为构成其对于后续购买车位行为存在重大误解。因双方合同协商内容的实质就是房地产公司向张某钧出售相关车位，而张某钧全过程参与了买卖车位合同的洽商且为其真实意思表示，故张某钧所提出的房地产公司向其销售车位价格相比之后售价过高及其与房地产公司关于后续购买车位的协商等问题，只能证实双方曾就后续 128 个车位的买卖进行过缔约洽商但未达成合意，但不能以此认定为房地产公司对张某钧构成欺诈，或张某钧对案涉合同内容存在重大误解。其次，案涉合同是否在订立时显失公平的问题。判定合同是否显失公平应针对合同约定内容进行评价，不能以合同的实际履行情况来评判订立合同时是否显失公平。案涉买卖合同的标的物价格是否显失公平，既应考虑签约各主体签订合同时的主观因素，亦应考虑合同条款是否违反公平、等价有偿原则。根据《最高人民法院关于贯彻执行〈中华人民共和国民法通则〉若干问题的意见（试行）》第七十二条的规定，一方当事人利用优势或者利用对方没有经验，致使双方的权利义务明显违反公平、等价有偿原则的，可以认定为显失公平。根据本案查明的事实，案涉合同确定的交易金额等条款是合同双方协商订立的，张某钧应该对合同的订立尽到注意义务。房地产公司在签约时并不存在利用优势或者利用张某钧没有经验致使双方的权利义务明显违反公平、等价有偿原则的情形，故不应认定涉案合同订立时显失公平。由此可知，双方在订立案涉车位买卖合同时，并不存在重大误解、显失公平的情形，不存在张某钧行使合同撤销权的事实依据。据此，对于张某钧要求撤销其与房地产公司于2019年8月27日签订的《买卖合同》的诉讼请求，因无事实依据且与法律规定不符，依据不足，故法院不予支持；对于张某钧要求房地产公司退还其购买北京市朝阳区的地下车位的价款人民币234650元的诉讼请求，因没有事实和法律依据，故法院亦不予支持。

北京市通州区人民法院依据《中华人民共和国合同法》第八条、第十三条、第十四条、第十五条、第二十条、第二十一条、第三十条、第五十四条，《最高人民法院关于贯彻执行〈中华人民共和国民法通则〉若干问题的意见（试行）》第七十二条，《中华人民共和国民事诉讼法》第六十四条之规定，作出如下判决：

驳回原告张某钧的诉讼请求。

宣判后，上诉期内双方均未提出上诉，现判决已经发生法律效力。

【法官后语】

本案焦点是案涉合同订立时是否存在重大误解。重大误解，是指行为人因对行为的性质、对方当事人、标的物的品质、质量、规格和数量等的错误认识，使行为的后果与自己的意思相悖，并造成较大损失的情形。《中华人民共和国民法典》第一百四十七条规定，基于重大误解实施的民事法律行为，行为人有权请求人民法院或者仲裁机构予以撤销。《中华人民共和国民法典》第一百五十二条第一项规定，当事人自知道或应当知道撤销事由之日起一年内、重大误解的当事人自知道或应当知道撤销事由之日起90日内没有行使撤销权的，撤销权消灭。据此，一旦构成重大误解，误解人可请求撤销合同。

行为人以重大误解为由撤销合同的，需要向人民法院或仲裁机构提出相应请求，由人民法院或仲裁机构对当事人的撤销事由予以审核认定，行为人向人民法院起诉的时间须在知道或应当知道撤销事由之日起90日内。张某钧于2019年11月11日知悉案涉车位与该房地产公司代售车位价格差的情况，其撤销权的行使期限自2019年11月11日起算。张某钧于2020年2月1日起诉至北京市朝阳区人民法院要求撤销合同，2020年7月9日经北京市第三中级人民法院指定由北京市通州区人民法院作为立案审查及管辖法院，应以2020年2月1日作为张某钧行使管辖权的时间，未超过90日的期限。

张某钧主张的撤销事由不构成重大误解，张某钧不能据此行使合同撤销权。案涉合同在双方自愿平等的基础上订立，且不违反法律、行政法规的强制性规定，不违背公序良俗，应属合法有效。张某钧主张后续车位比案涉车位价格低三分之一，对其造成了重大损失，故主张案涉合同存在重大误解，结合在案证据，该误解并非对于买卖合同的行为性质、对方当事人、标的物的品质、质量、规格和数量的错误认识。合同订立过程中张某钧明确知悉双方签订买卖合同的性质、案涉车位的价格、位置等信息，不构成重大误解。在案涉合同签订后，房地产公司出于经营考虑，对后续代售车位的价格予以下调，该调整与案涉合同价格无关，对于张某钧而言属于投资购买车位应当承担的商业风险，不影响案涉合同的效力，张某钧不得以此为由主张撤销合同。退一步讲，案涉合同签订后，后续车位价格大幅上涨的情况下，房地产公司亦不可以案涉合同签订过程存在重大误解为由主张撤销合同。房地产价格的波动属于正常现象，是购买者和开发商应当承担的商业风险。依法成立的合同应当被严格遵守，签约后购买者和开发商均不能因价格上涨或下跌而主张重大误解。

此外，案涉合同主要权利义务已履行完毕。根据《买卖合同》及附件补充协议的约定，由于张某钧原因导致该商品房未能按期交付的，视为房地产公司已按期把房屋交付张某钧，张某钧应在付清全部房款后10日办理完毕房屋交接手续，逾期不办理的，由张某钧承担全部责任及相应损失。现张某钧已交付完毕全部车位价款，其因自身原因未及时办理交接手续，应视为案涉车位已交付张某钧，合同约定的主要权利义务已履行完毕，张某钧无任何约定或法定理由要求撤销合同。

编写人：北京市通州区人民法院 杨月兰 曹正中

25

明显违背公平合理原则的解除条款约定无效

——房地产公司诉周某利商品房销售合同案

【案件基本信息】

1. 裁判书字号

广西壮族自治区南宁市上林县人民法院（2020）桂0125民初179号民事判决书

2. 案由：商品房销售合同纠纷

3. 当事人

原告：房地产公司

被告：周某利

【基本案情】

2017年2月24日，原告与被告签订《商品房买卖合同》，约定被告向原告购买其开发的楼盘内一处房产，合同总价769437元。该合同的附件五《补充条款》约定：付款方式为首付加银行按揭付款，签订该合同当日被告支付原告首付款154437元，余款61.5万元由被告向银行申请按揭贷款；如果发生原告承担连带保证责任、替被告归还所欠银行贷款本息，被告必须在15日将原告代为履行的债务金额如数归还给原告，逾期15日，被告不支付原告代偿款项的，被告应按所欠原告代偿款项本、息总额的每日万分之五向原告支付逾期还款违约金，并承担原告为追索代偿款而支付的诉讼费、律师费及差旅费等相关费用。同时还约定，原告有权按不高于原价回购本合同项下房屋或直接重新出售本合同项下房屋，所得价款在清偿完欠款本息和原告因代偿而发生的相关费用及损失后，如有余款，出卖人将返还给买受人；如不足，原告有权向被告继续追索。当日，被告支付了原告首付款154437元。

2017年3月29日，原、被告与农信社签订《个人购（建）房担保借款合同》，约定被告向农信社借款61.5万元用于购买涉案房屋，贷款期限为17年，原告作为阶段性保证人。后农信社将61.5万元借款发放至原告账户。案涉房屋也相应办理了预售商品房买卖预告登记、商品房买卖合同登记备案、抵押预告登记手续。

2019年6月25日，因被告未如约偿还本息，农信社向原告发出《关于扣划按揭贷款保证金函》，载明目前被告已逾期超过5个月，截至2019年6月24日，被告所欠本息25165.41元，该社按照约定执行保证金扣划，扣划金额以扣划当日实际欠款为准。2019年6月28日，农信社从原告的保证金账户扣划25522.44元。2019年12月6日，农信社向原告发出《关于扣划按揭贷款保证金函》，载明目前被告已逾期超过9个月，截至2019年12月5日，被告尚欠本息合计574939.06元，该社将按照约定执行保证金扣划。当日，农信社从原告的保证金账户扣划574939.06元。后原告要求被告偿还前述代偿款项未果，故诉至法院。

【案件焦点】

1. 双方签订的《南宁市商品房买卖合同》是否应予解除；2. 被告是否应偿还原告代还款项600461.5元，是否应支付资金占用费、违约金的问题。

【法院裁判要旨】

广西壮族自治区南宁市上林县人民法院经审理认为：原、被告签订《南宁市商品房买卖合同》的目的在于确定房屋的买受人和出卖人的权利和义务，原告的主要义务为交付房屋予被告，被告的主要义务为支付房屋对价。签订合同后，被告已支付原告首付款154437元，并向农信社借款61.5万元，农信社将借款直接发放至原告账户。至此，原告已得到涉案房屋款项769437元，被告的主要义务已履行完毕。

关于《南宁市商品房买卖合同》是否应予解除的问题。《补充条款》约定，如果发生原告承担连带保证责任、替被告归还所欠银行贷款本息，而被告不能在15日内归还原告的，被告要以这个本息为基数，按本息总额的每日万分之五支付违约金，然后原告还有权按原价回购本合同项下的房屋或者直接出售，用以抵销前面所说的债务，如有余款则归还被告，如不足则被告继续清偿。依据《中华人民共和国合同法》第三十九条和第四十条的规定，《补充协议》约定的解除权加重了被告的责任且排除被告的主要权利，双方的权利义务严重失衡，对被告极不合理，明显违背了公平合理的基本原则，侵害了被告的合法权益，因此，该条款对解除权的约定无效。原告基于担保责任被农信社扣划保证金，应向被告行使追偿权，故原告请求解除《南宁市商品房买卖合同》无法律依据，法院不予支持。

因被告多次逾期偿还借款后，农信社从原告的保证金账户共扣划了600461.5元，原告主张被告偿还600461.5元有事实和法律依据，法院予以支持。

《中华人民共和国合同法》第一百零七条规定："当事人一方不履行合同义务或者履行合同义务不符合约定的，应当承担继续履行、采取补救措施或者赔偿损失等违约责任。"原告主张按年利率6%计算损失尚在合理范围，未超出法律限制，法院予以支持。

《中华人民共和国合同法》第一百一十四条第一款规定："当事人可以约定一方违约时应当根据违约情况向对方支付一定数额的违约金，也可以约定因违约产生的损失赔偿额的计算方法。”根据《补充条款》的约定，逾期15日，被告不支付原告代偿款项的，被告应按所欠原告代偿款项本息总额的每日万分之五向原告支付逾期还款违约金。每日万分之五折算成月利率为1.5%，故违约金应按月利率1.5%计算。

广西壮族自治区南宁市上林县人民法院依照《中华人民共和国合同法》第八条、第三十九条、第四十条、第六十条第一款、第一百零七条、第一百一十四条，《中华人民共和国民事诉讼法》第一百四十四条之规定，作出如下判决：

一、被告周某利偿还原告房地产公司代偿款项600461.5元；

二、被告周某利赔偿原告房地产公司损失（按年利率6%计算，以25522.44元为基数自2019年6月28日计至2019年7月13日为63.81元；以574939.06元为基数自2019年12月6日计至2019年12月21日为1437.35元，共1501.16元）；

三、被告周某利支付原告房地产公司违约金（按月利率1.5%计算，以25522.44元为基数自2019年7月14日计至2020年5月13日为3828.37元；以574939.06元为基数自2019年12月22日计至2020年5月22日为43120.43元，共46948.80元。之后计至被告还清款项为止）；

四、驳回原告房地产公司其他诉讼请求。

一审宣判后，双方当事人未上诉，现判决已发生法律效力。

【法官后语】

本案中，原、被告签订《南宁市商品房买卖合同》，原告将案涉商品房出售给被告，双方形成了商品房销售合同关系。此后，被告与农信社签订《个人购（建）房担保借款合同》，向农信社借款，原告作为保证人对本债务承担连带责任保证，原、被告形成了保证担保关系。

虽然本案中被告未到庭参加诉讼，但本案审理的重点在于原、被告存在前述两个合同关系的情况下，原告请求解除商品房买卖合同，该合同是否应予解除。笔者认为本案中《商品房买卖合同》不应当解除。主要理由如下：

1. 就商品房买卖合同而言，原告的主要义务为交付房屋予被告，被告的主

要义务为支付房屋对价

此后，被告已支付原告首付款，并通过向农信社按揭贷款余款支付给了原告。至此，原告已得到涉案房屋款项，该商品房买卖合同的主要义务已履行完毕，对于此合同来说，被告并不存在违约行为。而对于《个人购（建）房担保借款合同》而言，被告未能按约履行偿还按揭贷款，导致农信社扣划了原告的保证金，并且提前收回贷款，是引起本案纠纷的原因所在。因此，被告于此合同存在违约行为。

2. 从法定解除的角度来说，《商品房买卖合同》中被告没有违约行为，因此不应当解除

从约定解除的角度来说，根据该合同《补充条款》的约定，如果发生原告承担连带保证责任、替被告归还所欠银行贷款本息，被告必须在15日将原告代为履行的债务金额如数归还给原告，逾期15日，被告不支付原告代偿款项的，被告应按所欠原告代偿款项本、息总额的每日万分之五向原告支付逾期还款违约金，并承担原告为追索代偿款而支付的诉讼费、律师费及差旅费等相关费用。同时还约定，原告有权按不高于原价回购本合同项下房屋或直接重新出售本合同项下房屋，所得价款在清偿完欠款本息和原告因代偿而发生的相关费用及损失后，如有余款，出卖人将返还给买受人；如不足，原告有权向被告继续追索。根据该约定，一旦原告承担了保证责任，如超过15日被告仍未偿还原告代偿款项的，原告可以要求被告继续履行该合同，支付原告代偿的款项，也可以选择解除该合同收回涉案房屋，而选择哪一种方式，完全由原告决定。如前所述，既然该合同的买卖双方的主要义务已经履行完毕，被告已支付原告购房款，且当前房价大幅度上涨的情况下，原告可以选择解除合同，以原价收回房屋，对被告来说是明显不利的，严重损害购房者的利益。根据《中华人民共和国合同法》第三十九条、第四十条的规定，该约定的解除权加重了被告的责任且排除了被告的主要权利，双方的权利义务严重失衡，对被告极不合理，明显违背了公平合理的基本原则，侵害了被告的合法权益，因此，该条款对解除权的约定无效。原告基于担保责任被农信社扣划保证金，应向被告行使追偿权，不论是

从约定解除还是法定解除来说，原告请求解除《商品房买卖合同》无法律依据。综上，《商品房买卖合同》不应当解除，但原告请求被告支付其代偿款及相应的资金占用利息、违约金符合合同约定，应当支持。

编写人：广西壮族自治区南宁市上林县人民法院 卢一凤

26

不具备购房资质并不当然导致房屋买卖合同解除

——陈某诉李某锦房屋买卖合同案

【案件基本信息】

1. 裁判书字号

北京市第二中级人民法院（2020）京02民终6998号民事判决书

2. 案由：房屋买卖合同纠纷

3. 当事人

原告（反诉被告、上诉人）：陈某

被告（反诉原告、被上诉人）：李某锦

【基本案情】

2016年3月1日，陈某（乙方）与李某锦（甲方）签订《房屋买卖合同》购买涉案房屋，约定：该房屋尚有贷款余额约137万元，成交价款为250万元。陈某同意在签订本合同的同时支付甲方定金4万元，40个工作日内交付130万元整，剩余房款120万元整于该房产办理转移登记手续时通过贷款方式交付。李某锦同意陈某在交付上述款项后办理先期入住。待《房屋所有权证》下发后双方同意共同至房地产经纪公司办理合同网签事宜。

同日，双方及房地产公司签订《补充协议》，约定在2016年4月16日之前，乙方把首付款116万元整交于甲方。在甲方为此房解押之前，乙方再付甲方首付款10万元整，剩余房款120万元整由乙方所贷款的银行直接打到甲方指定的收款账号。在甲方达到解押条件时，如甲方暂时没有足够的资金去解押，乙方要容甲方时间去回笼资金。付款方式为银行贷款（商贷）。双方的违约责任为定金数额4万元整。后陈某支付了定金4万元及116万元购房款，并办理了入住手续。

2017年4月3日，李某锦通过微信向陈某发送信息，称“我们的房子不卖了”。

2018年5月5日，陈某向李某锦发出《催告函》，主要内容为：我已按照约定向你支付购房款共计120万元整。你于2017年3月取得该房屋的房屋所有权证，根据约定，你应当在取得房屋所有权证后，立即与我到房地产经纪公司办理网签及过户手续，但经我及房地产经纪公司多次与你沟通，你均拒绝办理，你的行为已经构成违约。我郑重催告你，于2018年5月10日前，协助我办理网签及过户手续，你如逾期未协助办理，我将按照法律规定和合同约定，通过司法途径追究你的违约责任。

2018年12月20日，李某锦收到上述《催告函》后，向陈某发出《回复告知函》，主要内容为，根据合同约定，陈某应于支付首付款后，办理抵押贷款程序前再行支付10万元购房款。但至今陈某仍未支付，构成合同违约。故告知陈某，自本函发出之日起，解除与陈某于2016年3月1日签订的《房屋买卖合同》，限陈某于7日内搬离讼争房屋并将房内状况恢复到陈某搬入前原状。

【案件焦点】

双方签订的《房屋买卖合同》及《补充协议》是否应予解除的问题。

【法院裁判要旨】

北京市大兴区人民法院经审理认为：双方签订的合同合法有效。双方就限购政策均应知晓，现陈某仍不具备购房资格，故对于其请求办理转移登记的诉讼请求，不予支持。李某锦不享有约定或法定解除权，故对于李某锦主张合同关系已经其单方意思表示而解除的意见，不予支持。陈某因购房资质的问题，客观上导致将讼争房屋所有权转移登记至陈某名下的合同目的无法实现，且陈某何时能取得购房资格尚无法确定，故本案合同关系应当解除。双方未在购房资格一事上尽到谨慎注意义务，李某锦表示不履行主要债务在先，故李某锦请求判令陈某支付违约金的诉讼请求，不予支持。合同关系解除后，陈某不应再占有使用讼争房屋，故对于李某锦请求判令陈某从讼争房屋中搬离的诉讼请求，予以支持。

据此，北京市大兴区人民法院依照《中华人民共和国合同法》第四十四条、第九十四条、第九十七条、第一百一十条，《最高人民法院关于适用〈中华人民共和国民事诉讼法〉的解释》第九十条之规定，作出如下判决：

一、确认双方之间合同有效；

二、双方之间合同于判决生效之日起解除；

三、陈某搬离涉案房屋；

四、陈某给付李某锦占有使用费；

五、驳回陈某的其他诉讼请求；

六、驳回李某锦的其他反诉请求。

判决后，陈某不服提起上诉。

北京市第二中级人民法院经审理认为：关于双方合同是否应予解除的问题。首先，合同不具有法定解除的情形。双方对陈某不具有购房资质的事实应系明知。李某锦对其取得售房尾款时间的不确定性也是有所预见的，现其主张不能尽快取得购房款，致使合同目的无法实现一节，不予支持。另外，综合案涉房屋尚未解除抵押，而陈某将取得购房资格，且愿意自筹全部剩余购房款的事实考虑，现在不存在合同目的无法实现之结果。其次，李某锦不享有约定合同解除权。在办理房屋解押之前，陈某应再付李某锦首付款10万元，但没有证据证明李某锦曾催告陈某支付该笔款项。亦没有证据证明陈某曾承诺为李某锦解除抵押筹集100万元。且该“承诺”与合同约定贷款支付购房尾款的支付方式自相矛盾，故李某锦关于陈某未履行筹集解押款违约一节没有合同依据。

北京市第二中级人民法院依照《中华人民共和国民事诉讼法》第一百七十条第一款第二项之规定，作出如下判决：

一、维持北京市大兴区人民法院（2019）京0115民初26795号民事判决第一、五项；

二、撤销北京市大兴区人民法院（2019）京0115民初26795号民事判决第二、三、四、六项；

三、驳回李某锦的反诉请求。

【法官后语】

住房限购政策在性质上具有公共政策的性质，确实会对房屋买卖合同能否继续履行造成重大影响。对于因不具备购房资质致使买受人无法办理房屋过户登记的，属于合同目的无法实现的情形，当事人要求解除合同的，除合同另有约定外，一般应予支持。但在交易双方明知买受人不具有购房资质，仍签订买卖合同的情况下，法院在判断合同是否应予解除时应当从以下几个方面予以考虑：

一是要从买卖合同的约定探究当事人的真实意思表示。本案《房屋买卖合同》约定剩余房款于房产办理转移登记手续时交付，但合同中并未就案涉房屋的转移登记时间作出约定，且事实上李某锦在售房时，案涉房屋仍有抵押贷款尚未清偿，其并未取得涉案房屋产权。因此，在签订合同时，陈某对其取得产权登记、李某锦对其取得售房尾款时间的不确定性均是有所预见的，现李某锦主张不能尽快取得购房款，致使合同目的无法实现一节，与合同约定和其自身履行合同行为均不相符。

二是要明确出卖人在订立合同时就买受人不具有购房资质的事实是否知晓。当事人双方在订立合同时明知或应当知道该合同不符合当时的住房限购政策，一方当事人要求继续履行的，不予支持，但一审法庭辩论前买受人具备购房资格的除外，合同约定待买受人符合住房限购政策后再办理房屋过户登记的，依照其约定。通过分析可以确认李某锦对陈某不具有购房资质的事实应当知晓，另结合上述关于合同约定的分析，显然，李某锦对陈某购房资质问题所能带来的影响也是有所预期的，并于签订房屋买卖合同时，在合同细节上对此予以考虑。

三是要考虑买受人购房资质的具体情况。具体到本案，办理产权转移登记之前案涉房屋已经解除抵押，现该房屋尚未解除抵押，涉案交易并未迫近办理产权转移登记的环节，且陈某已经连续缴纳社保40余月，即将取得购房资格，亦愿意在不能办理贷款的情况下自筹全部剩余购房款给付李某锦，故现在的合同履行情况不构成李某锦所述其买卖合同目的无法实现之结果。

四是要坚持贯彻公平原则，避免利益失衡。陈某自2016年4月26日始居住使用涉案房屋至今，其间该房屋价值上涨。应当指出的是，陈某系按合同约定履行义务，支付了部分购房款，不存在违约行为；李某锦就陈某不具有购房资质的事实明知，亦没有证据证明其就涉案房屋买卖合同享有法定或约定解除权，且李某锦表示不履行主要债务在先，故解除涉案合同关系，有违公平原则。

一审法院未能全面考虑合同约定、买受人将来能否取得资质、出卖人交易前是否知情，以及公平原则等因素，判决涉案合同解除错误，二审法院予以纠正。

编写人：北京市第二中级人民法院　刘丽杰

27

买受人事先明知房屋买卖后难以更名过户的，不符合法定解除合同的条件

——王某娟诉许某涛房屋买卖合同案

【案件基本信息】

1. 裁判书字号

吉林省长春市绿园区人民法院（2020）吉0106民初2539号民事判决书

2. 案由：房屋买卖合同纠纷

3. 当事人

原告：王某娟

被告：许某涛

【基本案情】

王某娟与许某涛均为吉林省长春市某镇某村某屯的集体经济组织成员。案涉房屋坐落于该屯，建设于被告许某涛父亲许某贵的宅基地之上，登记在许某贵名下，土地使用权人为许某贵，性质为集体土地。许某贵于2014年去世，其妻子李某云先于许某贵去世，二人生前育有三子二女，长女许某玲、长子许某涛、次女许某华、次子许某胜、三子许某红，次子许某胜（其先于许某贵、李某云死亡，生前生育一女许某彤），三子许某红（后于许某贵死亡，生育一女许某雪、一子许某）。2008年3月1日针对许某贵及其妻子的赡养及财产问题签署协议书，约定二位老人由许某涛抚养，一切财产（包括房屋、土地及其一切财产）归许某涛所有，协议书由许某涛、许某红、许某贵、李某云、许某玲、许某华签字并按手印确认。2008年5月30日许某贵、李某云与许某涛签

署宅基地使用权转让协议书，确认将前述宅基地及房屋无偿转让给许某涛，并经公证处公证。2014年4月3日原告与被告许某涛签订房屋买卖合同，约定将原有许某贵的正阳土平房三间作价5万元、仓房一栋作价1.6万元、牛棚一栋作价1万元共计7.6万元整转让给原告。合同签订当日原告交付7.6万元，被告将房屋交付原告。2020年7月22日许某华、许某玲均作出承诺书，确认本人对许某涛继承许某贵的全部财产无任何争议。

【案件焦点】

1. 被告许某涛是否构成违约；2. 合同目的能否实现。

【法院裁判要旨】

吉林省长春市绿园区人民法院经审理认为：买受人购买房屋时明知或应当预计到房屋更名过户存在困难，其无法更名的全部或部分风险应由买受人承担；在此情况下，房屋已经实际交付并由买受人占有使用多年，根据维护交易稳定性的精神和诚实信用原则，不宜认定合同目的无法实现，若买受人以出卖人违约致合同目的无法实现为由主张解除合同的，不宜判决解除合同。

原、被告均为同一集体经济组织成员，其所签署的《房屋买卖合同》是双方真实意思表示，合法有效。现原告以房屋所有权无法转移、合同目的无法实现为由要求解除房屋买卖合同，但该房屋买卖合同系于2014年4月3日签订，当日即完成购房款交付及房屋交付，且购买当时原告已经明知宅基地及房屋登记的权利人为被告父亲许某贵，即原告购买房屋当时即应预见到房屋更名所需一切手续，现房屋未更名至原告名下的风险应由原告承受，且至原告起诉主张权利时合同履行已经6年之久，考虑到交易的稳定性及诚实信用原则，争议房屋现未能过户不是因为客观原因造成的，原、被告双方互相配合是可以办理过户的，故对于原告主张法院不予支持。

综上，吉林省长春市绿园区人民法院依照《中华人民共和国合同法》第六条、第四十四条、第六十条、第九十四条之规定，作出如下判决：

驳回原告王某娟的诉讼请求。

一审宣判后，双方当事人未上诉，现判决已发生法律效力。

【法官后语】

实践中普遍存在因房屋暂无产权、产权瑕疵导致更名过户存在困难的情形，出卖人欲以相对低廉价格出售，买受人知晓或能够预见而进行交易，系一种自愿承担商业风险的行为。虽然公示（过户登记）是物权变动的生效要件，更名过户通常也是房屋买卖合同的主要条款和出卖人的法律义务，但买受人能够预见或出卖人如实告知过户存在困难或曲折的情况，应当理解为双方对合同条款和交易结果的认可，自愿且意思表示真实。在此种情况下，如涉案房屋已经交付并由买受人占有使用多年，买受人享有期间占有房屋所获得的一切利益（包括使用、出租、增值等），同时也可能对案涉房屋造成损害（包括更换设施、重新装修、物品损坏），上述利益及损害经历时间已经难以折价计算，而出卖人亦已对交易结果产生了合理期待。若买受人再因无法更名过户，以出卖人违约合同目的无法实现诉请解除合同返还购房款，一则有违诚实信用原则和维护交易稳定性的精神；二则就违约行为而言买受人主观上具有一定过错；三则就房屋买卖而言，占有使用和所有权变更皆为合同目的，谈合同目的完全无法实现显失公平。再者，人民法院在处理案件时也难以依据实际情况判定合同解除后如何进行返还，甚至引发后续纠纷，故不宜判决解除合同。对于买受人的损失，可引导其另行提起请求更名过户诉讼、违约责任诉讼，根据中国特色社会主义核心价值观、依法治国的精神和理念，追求法律效果与社会效果相统一，人民法院在职权范围内可以积极协调双方当事人，克服困难完成交易。

编写人：吉林省长春市绿园区人民法院　石峰

28

房屋买卖合同因法院改判而最终解除的，买受人损失的确定

——邵某云诉董某趣房屋买卖合同案

【案件基本信息】

1. 裁判书字号

浙江省温州市中级人民法院（2020）浙03民终5281号民事判决书

2. 案由：房屋买卖合同纠纷

3. 当事人

原告（被上诉人）：邵某云

被告（上诉人）：董某趣

【基本案情】

2017年7月19日，原告邵某云和被告董某趣签订《房屋买卖合同》，约定被告董某趣将登记在其一人名下的房产以86万元的价格出卖给原告邵某云。合同签订后，原告邵某云于2017年7月21日向被告董某趣支付购房款30万元。而后，在双方办理房产登记过程中，被告董某趣不同意卖房，双方房款几经打款、退回。2017年8月23日，原告向浙江省瑞安市人民法院提起诉讼，请求确认原、被告于2017年7月19日签订的《房屋买卖合同》有效，并判令被告董某趣协助原告办理上述土地、房产权属变更登记手续。该案中，被告董某趣的配偶林某花申请作为第三人参加诉讼，法院予以准许。经审理，法院于2018年1月3日判决支持原告上述诉讼请求，驳回林某花的诉讼请求，二审维持原判。

而后，林某花不服上述判决提出再审请求。浙江省高级人民法院对原审法院认定事实予以确认；并认定被告董某趣一人与原告邵某云签订房屋买卖合同，

构成无权处分，林某花有权追回；林某花作为有独立请求权的第三人参与本案诉讼要求确认房屋买卖合同无效，实质是不同意继续履行，要求追回案涉房屋；邵某云对案涉房屋不构成善意取得，林某花有权追回案涉房屋，故案涉房屋买卖合同不应继续履行。判决撤销原一、二审判决，确认邵某云与董某趣于2017年7月19日签订的《房屋买卖合同》有效等。

2017年8月17日，被告董某趣向法院提起诉讼，请求解除原告与被告签订的《房屋买卖合同》，后撤回起诉。2017年12月11日，被告董某趣向法院提起诉讼，请求确认案涉合同终止，法院于2018年10月23日判决驳回被告的诉讼请求，二审维持原判。

现原告邵某云主张解除合同，并由被告赔偿损失。

【案件焦点】

以房价差额为买受人损失情况下，房价差额时间点如何确定。

【法院裁判要旨】

浙江省瑞安市人民法院经审理认为：原告与被告于2017年7月19日签订的《房屋买卖合同》有效，原告已经履行相应的合同义务，被告董某趣未能向原告交付案涉房屋，被告的妻子林某花已明确表示追回案涉房屋，原告与被告签订的上述房屋买卖合同无继续履行的基础，原告诉请解除合同，法院予以支持。原告主张被告董某趣赔偿其可得利益损失，于法有据。关于房屋价值评估的基准时间，原告已主动调整至浙江省高级人民法院判决时间，即其明确认知本案无法继续履行的时间，相较于按主张合同解除的时间作为房屋价值基准时间而言，对被告有利，法院予以确认。原告主张被告赔偿可得利益损失208万元（294万元-86万元），于法有据，法院予以支持。至于原告主张被告以208万元为基数自2019年7月起按年利率4.8%计算利息，并无依据，法院不予支持，但该诉讼请求函括的自起诉之日起的利息损失，法院予以支持，利率参照全国银行间同业拆借中心公布的贷款市场报价利率计算。

浙江省瑞安市人民法院依照《中华人民共和国合同法》第九十四条第四

项、第九十七条、第一百一十三条第一款,《中华人民共和国民事诉讼法》第六十四条之规定,作出如下判决:

一、解除原告邵某云与被告董某趣于 2017 年 7 月 19 日签订的《房屋买卖合同》;

二、被告董某趣于本判决生效后十日内赔偿原告邵某云损失 208 万元及利息(自起诉之日起按全国银行间同业拆借中心公布的贷款市场报价利率计算至履行完毕之日止);

三、被告董某趣于本判决生效后十日内支付原告邵某云鉴定费 1.05 万元;

四、驳回原告邵某云的其他诉讼请求。

董某趣不服,提起上诉。

浙江省温州市中级人民法院经审理认为:同意一审法院裁判意见,依照《中华人民共和国民事诉讼法》第一百七十条第一款第一项之规定,作出如下判决:

驳回上诉,维持原判。

【法官后语】

衣食住行,是人民群众生活上的基本需求,其中"住"是一次性支出最大的项目,房屋作为人民群众赖以生活的安身立家之所,相关的交易活动可以说是大部分群众一生中最大的交易活动。房屋价格波动即便幅度不大,但与总价相乘,利益关系仍然重大,若逢学区划定、房屋拆迁、旧村改造等特定情形,房屋价格的波动会非常大。受利益驱动,当事人签订房屋买卖合同后反悔的情形并不鲜见。部分当事人通过协商或者根据房屋买卖合同中的解除条款解除合同,也存在一些当事人通过引入他人主张权利的方式阻却房屋买卖合同履行的。房屋买卖双方基于真实意思表示所签订的房屋买卖合同,应受法律保护,任何一方不得拒绝履行。故此,在认定本案原告即房屋买受人不具有违约情形的情况下,被告即卖房人未能厘清房屋产权,在原告履行支付购房款义务后,未能向原告交付房屋,构成违约,原告据此主张被告赔偿损失成立。但仍需要解决两个问题:一是以何标准确定损失;二是如何判断确定的损失是否违反合同一方订立合同时预见到或者应当预见到的因违反合同可能造成的损失。

针对第一个问题,在房屋买卖合同纠纷案件的司法实践中,一般参照合同解除时的房屋价值与签订合同时房屋价格的差额认定房屋买受人的损失。但如合同解除时间与买受人明确认知合同不能履行时间不一致的且合同解除时价格更高的，笔者认为可参考“守约方止损义务”，以买受人明确认知合同不能履行时间的房屋价值与签订合同时房屋价格的差额认定房屋买受人的损失。本案例的特殊之处在于双方对于明确知晓合同不能继续履行的认知时间相差甚远，而这里的认知差异与房屋买卖合同诉讼案件的改判密切相关。从本案原告的角度出发，原告签订房屋买卖合同并依合同约定支付买房款，虽然其间被告表示反悔不愿意卖房，但是原告始终未同意解除合同，并在诉讼中取得房屋产权，支付全额房款，在案件改判之前，原告不能认知房屋买卖合同已经不能继续履行。从本案被告的角度出发，被告的配偶通过介入诉讼的方式主张房屋权利，反对产权处分的事实早在原一审时即已发生，案件拖至再审纠正并非被告单方原因。笔者认为，双方的房屋买卖纠纷，经多次多级审查，合同的效力已得到确认，而合同之所以不能继续履行，也明确并非买受人原因，亦不属于不可抗力，而是出卖人原因，那么判定损失的出发点应当从守约方出发而非从违约方出发。综上，出卖人违约前提下，在存在改判情形的房屋买卖合同中，终审的改判确定合同无法继续履行的，改判时间为买受人确知合同不能履行的时间，可以该时间房屋价值与签订合同时房屋价格的差额认定房屋买受人的损失。

针对第二个问题，笔者认为，房屋价格上涨不属于出卖人在订立合同时不能预见到的因违反合同可能造成的损失，房屋价格上涨过猛在此行列。那么出卖人在出卖房屋时没有注意到房屋价格即将迅猛上涨的因素属否超出违约赔偿条款中的“预见或应当预见”的范畴，笔者认为，仍不构成签订合同之时应当预见需要遵守合同约定，应当预见违约所获得的利益不属于自己，故此，在真实意思表示下签订的房屋买卖合同，违约不交付房产的行为不会超出违约赔偿条款的限制条件。

编写人：浙江省瑞安市人民法院　薛远芳

29

补充协议是否变更原合同应结合条款内容及订立目的等综合判断

——关某诉房地产公司商品房销售合同案

【案件基本信息】

1. 裁判书字号

北京市第二中级人民法院（2020）京02民终6057号民事判决书

2. 案由：商品房销售合同纠纷

3. 当事人

原告（上诉人）：关某

被告（被上诉人）：房地产公司

【基本案情】

2015年11月17日，关某（认购人）与房地产公司（出卖人）签订《认购书》，约定，认购人认购一套商品房，该商品房为非住宅，总房价款为300万元；一次性付款；认购人同意在支付房款之日起至2016年1月31日止，与出卖人协商商品房买卖合同的相关条款；出卖人在认购人支付认购房款之日起至本认购书解除之日止，该商品房未在上述约定的期限内与认购人协商商品房买卖合同相关条款并完成网签，出卖人应当向认购人双倍返还认购房款；无论何种原因，认购人未在该房屋解押完毕达到签约条件时与出卖人签订商品房买卖合同的，本认购书自动解除。

2015年11月19日，关某交纳购房款300万元。2015年11月23日，房地产公司将110号房屋交付给关某使用。双方未能在上述合同约定期限内签订正式的商品房买卖合同。

2017 年 3 月 17 日，关某（乙方）与房地产公司（甲方）签订《补充协议》，约定，双方经友好协商，《认购书》约定的认购期限延长一事达成一致，并订立如下补充协议：鉴于《认购书》中所涉及的商品房因甲方原因不能办理网签，甲方应承担相应责任，协商商品房买卖合同的期限延长至 2018 年 1 月 31 日止；从 2016 年 4 月 30 日开始按年利率 6%计算利息标准，并用 25 万元的一个车位用作利息互抵的标的物且完成过户，本协议暂延长至利息互抵完毕时止，若届时未完成该房屋网签，具体事宜双方另行协商，若互抵完毕前完成签约，其余款据实结算。双方均认可签订《补充协议》的目的是解决因房地产公司迟延办理过户手续，等待期给关某造成的损失问题。

2017 年 3 月 26 日，北京市住房和城乡建设委员会出台政策，个人不再具备购买商办类房屋资格。

关某诉至法院，要求解除合同、双倍返还购房款、赔偿房价上涨损失、缔约机会丧失损失、装修损失等。

在双方签订《认购书》时，涉案房屋已设定抵押。关某起诉时房屋存在查封。

【案件焦点】

《补充协议》是否是对《认购书》双倍返还认购房款约定的变更。

【法院裁判要旨】

北京市丰台区人民法院经审理认为：因房地产公司原因未能在《认购书》约定期限内办理网签手续，目前涉案合同无法继续履行，双方均同意解除《认购书》及《补充协议》，法院应准予。《补充协议》条款系双方对《认购书》出卖人双倍返还认购房款条款作出的变更约定，《认购书》上述条款不再予以履行。

北京市丰台区人民法院依照《中华人民共和国合同法》第九十四条、第九十七条、第一百零七条、第一百三十条的规定，作出如下判决：

一、解除关某与房地产公司签订的《认购书》及《补充协议》；

二、房地产公司返还购房款300万元；

三、房地产公司支付利息（自2018年3月18日起计算）；

四、房地产公司赔偿装修损失290452元；

五、驳回关某其他诉讼请求。

关某不服一审判决，向北京市第二中级人民法院提起上诉。

北京市第二中级人民法院经审理认为：关于《补充协议》是否对《认购书》约定进行了变更，第一，从《补充协议》首部内容可以看出，签订《补充协议》的原因是房地产公司未按约定的时间办理网签手续，针对认购期限延长一事双方达成了一致意见。第二，《补充协议》约定，在房地产公司能为关某办理房屋网签手续的前提下，因房地产公司有延期行为，故房地产公司向关某支付一定的补偿。该条款确定了补偿标准及补偿时间。该条款同时写明，本协议暂延长至利息互抵完毕时止，若届时未完成该房屋网签，具体事宜双方另行协商。而房地产公司至今未能办理网签，应支付的利息数额早已超过互抵的25万元，约定的最后办理网签期限也已过期。双方亦未再达成新的协议。故《补充协议》中的该项条款已不再具备履行条件。加之，双方均认可签订《补充协议》的目的是解决因房地产公司迟延办理过户手续，对于等待期给关某造成的损失问题。综上，《补充协议》应系合同履行过程中，房地产公司承诺向关某支付的一笔阶段性补偿。该300万元应当涵盖房地产公司违约给关某造成的装修损失在内的全部损失。

北京市第二中级人民法院依照《中华人民共和国民事诉讼法》第一百七十条第一款第二项之规定，作出如下判决：

一、维持一审判决第一、二、四项；

二、撤销一审判决第三项、第五项；

三、房地产公司给付关某损失费2709548元；

四、驳回关某的其他诉讼请求。

【法官后语】

本案中，关某与房地产公司签订过《认购书》与《补充协议》两份协议。《认购书》中约定的房地产公司应承担的违约责任为双倍返还认购款，即再多返还300万元。《补充协议》约定，房地产公司向关某支付利息。该约定是对《认购书》中违约责任的变更，还是一笔单独的阶段性补偿，两级法院对此认定不一致。对《补充协议》约定的性质进行正确认定，实质是探究当事人的真实意思，需要综合合同首部内容、具体条款、订立目的等方面，对双方合同约定进行正确的解释。

首先，从《补充协议》的首部内容看。合同的首部内容，又称为“叙述性条款”，一般以“鉴于”开头。该部分内容，是合同双方对签订合同的背景、目的作出的陈述性说明，有助于更好地厘清合同由来、确定双方责任、理解合同条款的含义。本案中，双方《补充协议》首部内容明确载明，是因为房地产公司的原因导致不能按约定进度履行合同，而补充协议是就认购期限延长一事达成一致而签订的，即双方补充协议的内容，是在包含在双方就认购期限延长一事达成一致的框架下约定的，只是对原《认购书》的补充，而非将《认购书》中的违约责任全部变更。

其次，从《补充协议》的条款内容看。对合同内容的解释，应当首先通过文义进行，而文义解释并不拘泥于所适用的词句，应探求当事人共同的真实意思。对合同文字上不能体现的，可以通过整体解释，或者称体系解释，结合合同条款的结构和各部分的关联，来解释当事人的真实意思。本案双方签订《补充协议》，同意从2016年4月30日起按年利率6%计算利息，并以价值万元的车位用作利息互抵的标的物且完成过户，本协议暂延长至利息互抵完毕时止，若届时未完成该房屋网签，具体事宜双方另行协商，若互抵完毕前完成签约，其余款据实结算。也就是说，自2016年4月30日开始按年利率6%计算利息，利息总额达到25万元后，如房地产公司仍未能办理网签，则双方再行协商。事实上，房地产公司至今未能办理网签，应支付的利息数额早已超过25万元，《补充协议》约定的最后办理网签期限也已过期。双方亦未再达成新的协议。

故《补充协议》中的该项条款已不再具备履行条件。

最后，从《补充协议》的签订目的看。当事人表达意思不够明确的，需结合当事人签订合同所要达成的目的来进行解释，以符合当事人的预期，不违背当事人的意愿。按照双方陈述，签订该《补充协议》是为了解决因房地产公司迟延办理过户手续，对于等待期给关某造成的损失问题。换言之，双方订立《补充协议》，其目的限于解决等待期损失的问题，在《补充协议》首部部分亦有载明。双方此时协商的基础是合同继续履行，双方没有推翻或变更合同无法履行时违约责任承担相关约定的意思表示。

通过以上分析，二审法院对双方签订《补充协议》的真实意思进行认定，认为《补充协议》并未变更原合同。在合同含义存在争议时，本案通过结合合同的首部内容、条款内容以及签订目的进行分析的方法，希望能对类似案件的审理有所裨益。

编写人：北京市第二中级人民法院　陈妍　王德林

（三）合同的履行

30

合同撤销权中显失公平的认定

——李某照、杨某亚诉置业公司商品房销售合同案

【案件基本信息】

1. 裁判书字号

浙江省三门县人民法院（2020）浙1022民初1168号民事判决书

2. 案由：商品房销售合同纠纷

3. 当事人

原告：李某照、杨某亚

被告：置业公司

【基本案情】

2016年11月15日，原告李某照、杨某亚作为买受人，与作为出卖人的被告置业公司签订了《浙江省商品房买卖合同》，由原告向被告购买位于浙江省台州市三门县某镇某小区一套房及自行车库。合同约定：出卖人应当在2018年12月28日前将符合约定条件的商品房交付买受人使用；出卖人如逾期交房超过90日后，买受人有权解除合同，也可要求继续履行合同，合同继续履行自最后交付期限的第二天起至实际交付之日止，出卖人按日向买受人支付已交付房款万分之四的违约金。合同签订后，被告置业公司由于自身原因导致案涉房地产项目的商品房至今仍无法整体竣工验收及时交付，从而引发购房者多次集体上访。为了能够分期验收及时拿到房屋，在三门县人民政府协调之下，购房者确有签署过《分期验收及时交房协议书》交予被告，但协议书上的签名捺印是否均系本人所为有待确认。

【案件焦点】

如《分期验收及时交房协议书》确系双方当事人所签，其是否构成合同撤销权中的显失公平。

【法院裁判要旨】

浙江省三门县人民法院经审理认为：原、被告签订的《浙江省商品房买卖合同》系双方当事人的真实意思表示，亦未违反法律、行政法规的强制性规定，应为合法有效。双方当事人均应按合同约定全面履行各自的义务，现原告按约支付了全部购房款，但被告至今仍未交付房屋，显属违约，应承担相应的违约责任。首先，被告由于自身原因导致案涉商品房无法竣工验收及时交付，从而引发购房者多次集体上访，是产生上述《分期验收及时交房协议书》的直接原因。其次，在购房者在特定背景下不是出于真实意愿而签订上述协议的前提下，如果被告无法交付房屋的状态一直持续下去，而原告又因此协议一直无法向被告主张违约责任，显然会导致开发商和购房者之间的利益严重失衡。

在被告已逾期交房超过90日的情况下，原告选择继续履行合同并要求被告支付自交房最后期限的第二天即2018年12月29日起暂算至2019年12月28日止的逾期交房违约金，系对自身权利的自由处分，且符合双方在《浙江省商品房买卖合同》中的约定，法院对此予以支持。对于原告要求被告立即交付房屋的诉讼请求，由于案涉房屋尚未经竣工验收合格，不具备交房条件，原告可待案涉房屋具备交房条件后另行主张。

浙江省三门县人民法院依照《中华人民共和国民法总则》第一百五十一条，《中华人民共和国合同法》第一百零七条、第一百一十四条第一款之规定，作出如下判决：

一、由被告置业公司于本判决生效之日起十日内支付给原告李某照、杨某亚自2018年12月29日起暂算至2019年12月28日止的逾期交房违约金83024.47元。

二、驳回原告李某照、杨某亚的其他诉讼请求。

一审宣判后，双方当事人未上诉，现判决已发生法律效力。

【法官后语】

本案的争议焦点是如《分期验收及时交房协议书》确系双方当事人所签，其是否构成合同撤销权中的显失公平。对于显失公平的构成要件，争论历来已久，主要集中在主观要件的有无上，直至《中华人民共和国民法总则》的出台，明确表达了需同时具备主、客观要件的立场，即主观上要看是否存在一方当事人利用对方处于危困状态、缺乏判断能力等情形，客观上要看是否因上述行为造成了双方当事人利益的显著失衡。

1. “危困状态、缺乏判断能力等情形”的认定

类似危困状态、缺乏判断能力的情形应从以下两个方面的因素并结合案情

加以考虑，以认定是否属于“危困状态、缺乏判断能力等情形”：一是一方当事人是否处于某种特定的境地下；二是此种境地是否会造成双方当事人处于不对等的交易地位。本案中，由于开发商自身原因导致案涉商品房无法竣工验收及时交付，购房者已然处于既无法拿到房屋又无法退回购房款的境地中，为此购房者还曾多次集体上访，人民政府也出面进行了协调。在这样的背景下，购房者的地位是极其弱势的，如果不配合开发商签订《分期验收及时交房协议书》，那么案涉房屋根本没有竣工验收的可能性，更别谈能够及时拿到房屋，况且人民政府已经出面协调了，是出于对政府的信任也好，还是出于为了自身能够尽快拿到房屋，购房者都不得不选择签订上述协议，显然这样的境地已经造成了双方当事人处于不对等的交易地位，如有其他更为有效的方式，相信购房者也不会签署上述协议。

2. “利用”的认定

在“利用”的认定上，应从以下两个方面去考虑：一是获益方是否具备认识因素；二是受害方是否有受到“压迫”而作出不自由、不真实的意思表示。本案中，开发商对于双方所处的境地是相当清楚的，开发商知晓购房者想尽快拿到房屋的急切心情，购房者签署了由开发商草拟的《分期验收及时交房协议书》，购房者签署该份协议并非真的放弃向开发商主张违约责任，而是迫于现状不得不配合开发商以期尽快拿到所购房屋。而开发商明知该协议仅为分期竣工验收所用，却还要将协议作为购房者不能主张违约责任的抗辩证据，显然是认识到购房者的弱势地位并有所意图地加以利用。

3. “利益显著失衡”的认定

本案中，购房者签署《分期验收及时交房协议书》是为了能够使案涉商品房分期竣工验收以求快速拿到所购房屋，其中不向开发商主张违约责任的条款是建立在这样的目的之上的，如果购房者签署协议之后，开发商依旧无法交付房屋，且这样的状态一直持续下去没有限期，则会出现一种极端的情况，即购房者无法拿到房屋，又无法向开发商主张违约责任，而开发商则可以无限期的拖延交房，而无须向购房者承担任何违约责任，显然这样有违签订协议的初衷，也会使双方责任承担和风险负担极度不合理，利益严重失衡，超出了社会公平观念所能容忍的界限，影响社会稳定。

编写人：浙江省三门县人民法院　陈如伟　叶冰清

31

司法查封在二手房买卖中构成过户履行障碍的判定

——封某井诉张某溦房屋买卖合同案

【案件基本信息】

1. 裁判书字号

上海市第一中级人民法院2020沪01民终9027号民事判决书

2. 案由：房屋买卖合同纠纷

3. 当事人

原告（被上诉人）：封某井

被告（上诉人）：张某溦

第三人：某银行中银大厦支行

【基本案情】

原、被告双方于2019年9月3日签订房屋买卖居间合同，约定被告将其名下房屋出售给原告，总价款为125万元。次日，双方签订《上海市房地产买卖合同》，被告收取首付款总计65万元，剩余尾款双方约定待被告配合银行涤除房屋抵押并按约定时间完成过户后支付。但待原告准备好剩余尾款并要求被告过户时，被告拒绝过户并称其因信用卡逾期被银行起诉，而导致无法结清剩余按揭贷款，无法过户。被告称负债较多，希望解除案涉合同，退还原告首付款并赔偿违约金。系争房屋除第三人处抵押贷款外，还存在两个司法查封，一个是本案中原告申请财产保全对房屋的司法查封，另一个是上海市宝山区人民法院采取的司法查封。故被告认为无法继续履行合同。

【案件焦点】

房屋因他案被查封时买卖合同能否继续履行以及如何履行。

【法院裁判要旨】

上海市奉贤区人民法院经审理认为：依法成立的合同，对当事人具有法律约束力。本案中，原、被告签订的《上海市房地产买卖合同》是双方当事人真实意思表示，且不违反法律、行政法规效力性的强制性规定，应为合法有效，双方均应恪守履行。原告依约支付了首付房屋价款，被告未按约履行清偿第三人系争房屋抵押担保贷款义务，导致系争房屋上第三人的抵押登记至今未被注销，进而导致系争房屋登记权利人无法由被告转移登记至原告名下，且被告至今未向原告履行交付房屋的义务，被告的上述行为，显已构成违约，理应向原告承担相应的违约责任。鉴于此，被告应向第三人清偿系争房屋抵押担保之债，若被告怠于清偿上述债务，则原告有权代为清偿；第三人在实现系争房屋抵押担保的债权后，负有及时注销其对系争房屋抵押登记的义务。原告为被告代偿的上述贷款本息，可以在其应付给被告的剩余购房款中抵扣；若剩余购房款不足以抵扣贷款本息的，原告有权就超额部分另行向被告主张返还。原告基于合同继续履行提起的相关诉讼请求，应予以支持。同时，原告以合同中约定的违约金标准主张逾期交房的违约金，被告亦同意支付违约金，于法无悖。

张某潋不服，提起上诉。

上海市第一中级人民法院经审理认为：一审法院认定的事实无误，法院依法予以确认。法院认为，依法成立的合同，对当事人具有法律约束力。张某潋出售房屋时应是在根据自身情况慎重考虑后作出的决定，张某潋现以买卖合同继续履行则在上海无房居住作为拒绝合同继续履行的事由，既有违诚信，亦无法律依据支撑，故对张某潋的该上诉理由，法院不予采纳。本案一审审理中，根据封某井的申请，一审法院已对案涉房屋进行了司法查封，故张某潋关于无法过户至封某井名下的观点亦不能成立。综上所述，上诉人张某溦的上诉请求不能成立，应予驳回；一审判决认定事实清楚，适用法律正确，应予维持。依照《中华人民共和国民事诉讼法》第一百七十条第一款第一项之规定，作出如下判决：

驳回上诉，维持原判。

【法官后语】

根据我国物权变动的区分原则，物权变动的原因与物权变动的结果是两个法律事实，在“先签约后查封”的房屋买卖案件中，房屋所有权发生变动的原因是基于双方买卖的真实合意，而达成所有权的变动是基于不动产的登记行为，双方买卖的真实合意并不受所有权是否转移登记的影响，即房屋买卖合同的效力并不受房屋上是否因存在抵押或查封的影响，依旧属于有效的合同，双方均应恪守履行。

司法查封分为正式的查封与轮候查封，在执行过程中，两者所发生的效力不同，因为对房屋能否判决过户的影响亦不同。出卖人因其他债务或履行担保义务致使房屋被查封，会给房屋过户转移登记义务的履行带来障碍，但该障碍只是暂时的，若仅仅以非金钱债务存在暂时性的履行障碍，并以此作为支持买受人继续履行的判决可能最终无法实际执行作为认定履行不能的标准，违背了《中华人民共和国合同法》第一百一十条的立法本意，有违民事活动遵从诚实信用的基本原则，更不利于保护守约方的合法权益。通过提供担保等方式解除司法查封或他案查封未生效的，买受人坚持继续履行合同的诉请应予以支持。尽管实际履行被作为契约一方出现毁约情形下的一种补救方法，非违约方可根据合同法以双方在契约之约定主张继续履行。强制履行请求权是作为履行诉权的一项内容，可发挥违约救济的作用。在二手房交易过程中，作为非违约方的买受方起诉至法院，由国家公权力实施强制力令违约一方依契约继续履行，在本案中，轮候查封并未成为履行不能的障碍，买受人继续履行的诉讼请求得到法院支持，本案的实际履行请求权理应受到法院支持。

编写人：上海市奉贤区人民法院　陈婉青

32

违约方违约程度较轻所应承担的违约责任能否成为合同继续履行的障碍

——周某丹诉杨某、房地产经纪公司房屋买卖合同案

【案件基本信息】

1. 裁判书字号

江苏省无锡市惠山区人民法院（2019）苏0206民初8079号民事判决书

2. 案由：房屋买卖合同纠纷

3. 当事人

原告：周某丹

被告：杨某

第三人：房地产经纪公司

【基本案情】

2019年7月2日，周某丹和杨某通过中介房地产经纪公司签订了房屋买卖合同，约定：周某丹向杨某购买位于某花园一处案涉房屋，成交价为107万元；房屋设定抵押，杨某应于2019年7月31日前办理完抵押登记注销手续；周某丹应于2019年7月21日前支付定金2万元，于2019年8月10日前支付首付款34万元，该款支付至存量房资金监管账户；余款由周某丹通过申请贷款方式支付，也支付至存量房资金监管账户。合同违约责任：买卖双方如有一方逾期履行本合同约定义务，每逾期一日，违约方应按日计算向守约方支付房屋总价款万分之五的违约金；杨某作为出售方存在逾期履行本合同约定义务超过15日或拒绝将该房屋出售购买方或者擅自提高房屋交易价格的情形，则构成根本违约，

周某丹可书面通知解除合同，有权要求出售方双倍返还定金或者要求出售方支付房屋转让价20%的违约金。合同另约定：如需对合同条款进行补充或者修改的，需双方在补充或修改处签字或盖章后，方为生效。合同签订后，周某丹按约支付了2万元定金。2019年8月16日，杨某完成抵押注销手续。后双方就首付款支付方式问题产生分歧，杨某要求减少资金监管数额，双方未能达成一致意见。2019年10月24日，周某丹致函杨某，内容为杨某逾期履行合同超过15日，现通知解除合同。2019年11月13日，杨某委托律师向周某丹发送律师函，内容为周某丹未能按约履行义务并发函通知解除，构成根本违约，现通知合同解除。

双方的录音和微信聊天记录显示：2019年8月19日进行了协商，杨某要求首付款30万元直接支付给其本人，剩余4万元进入资金监管账户，如果不能按此方案付款，其不会配合办理网签备案；双方在2019年9月30日至银行协商办理手续，但因户口迁移和银行工作时间等原因，双方仍未就合同履行达成一致意见；2019年10月12日，中介通过微信要求周某丹回电，沟通资金监管和贷款时间，但未获回复；2019年10月14日，杨某通过微信告知周某丹，同意按照原合同约定付款方式履行，要求继续履行合同，并通知对方于2019年10月17日一起办理手续；2019年10月23日，双方在中介公司处进行协商，周某丹表示如需继续履行合同，杨某需要按照每日万分之五支付违约金，双方谈判再次破裂。

杨某主张变更付款方式系其经过周某丹口头同意。对于协议变更付款方式，杨某以2019年10月23日协商录音作为证据，其中杨某称："事前与周某丹丈夫沟通此事，周某丹丈夫称知道了；与周某丹沟通此事，周某丹称这是小事。"周某丹在录音中表示其没有明确同意变更付款方式。

【案件焦点】

1. 杨某单方面变更付款方式所应承担的法律后果；2. 违约程度较轻时是否影响合同继续履行以及所应承担的违约责任。

【法院裁判要旨】

江苏省无锡市惠山区人民法院经审理认为：周某丹和杨某签订的存量房屋买卖合同合法有效。周某丹主张杨某未能按照约定时间注销抵押手续且单方面变更付款方式，拒不配合办理资金托管，导致合同无法履行。关于第一点，虽然杨某晚于合同约定的时间办理抵押注销，但双方此后仍继续协商付款事宜，该情节并未对后续合同履行造成障碍，从双方协商的录音和微信记录来看，双方矛盾也并不在此。周某丹以此作为合同解除依据，缺乏事实依据，法院不予采信。

关于第二点，杨某未提供充足的依据证明周某丹明确同意变更付款方式，双方也未根据合同约定采取书面形式变更合同条款。杨某单方面要求变更付款方式，自合同约定的付款之日起拒不配合办理资金监管手续，导致周某丹无法按照合同约定的方式付款，属于债权人受领迟延，杨某的行为构成违约，应当承担违约责任。但在合同解除前，其与周某丹一直就合同履行问题进行协商，杨某始终都有继续履行合同的意愿，且最后也同意周某丹按照合同约定的方式付款，故杨某的行为不属于根本违约。周某丹最后一次协商要求杨某承担违约责任，并以此作为合同继续履行的前提，但是承担违约责任并非履行合同义务，周某丹不得以此为由对抗合同的履行，且合同继续履行并不影响周某丹主张违约责任，二者并无关联。杨某是否承担违约责任不应成为合同履行的障碍。综上，杨某违约程度较轻，并未造成合同目的不能实现。周某丹以根本违约为由通知合同解除依据不足。

现双方均已发函要求解除合同，视为双方协商一致解除案涉合同。周某丹支付的 2 万元定金，杨某应予返还。关于违约责任，周某丹按照合同价款 20% 主张违约金，根据合同条款，该责任系合同当事方根本违约导致的违约责任，杨某的违约并非违反主合同义务的根本违约，周某丹要求杨某承担购房款 20% 的违约责任，法院不予支持。杨某自 2019 年 8 月 10 日未能按约配合办理资金监管，违约行为开始。至 2019 年 10 月 14 日，杨某微信明确告知同意按原合同履行，并通知对方于 2019 年 10 月 17 日办理手续。法院根据杨某的违约程度，依据合同中关于迟延履行的相关条款，计算从2019年8月10日至2019年10月17日的违约金，按照每日万分之五，计算为36380元。

综上，江苏省无锡市惠山区人民法院依照《中华人民共和国合同法》第九十三条、第一百零七条、第一百一十四条，《中华人民共和国民事诉讼法》第六十四条第一款之规定，作出如下判决：

一、确认周某丹与杨某签订的《存量房屋买卖合同》解除。

二、杨某于本判决发生法律效力之日起十日内返还周某丹定金2万元。

三、杨某于本判决发生法律效力之日起十日内支付周某丹违约金36380元。

四、驳回周某丹的其他诉讼请求。

一审宣判后，双方当事人未上诉，现判决已发生法律效力。

【法官后语】

本案中，双方合同明确约定了首付款及尾款均支付至存量房资金监管账户。资金监管的具体流程为：（1）交易双方与监管机构订立资金监管协议，开通监管账户；（2）买受方将购房款存入资金监管账户；（3）交易双方完成不动产过户登记后；（4）监管机构将资金划转出卖方。依照江苏省无锡市的有关规定，无锡市区内通过中介机构的二手房交易均需按照资金监管方式支付购房款。这一办法能够有效防范交易风险，有力保障了买受人的利益。本案中值得思考的问题有二，一是当事人拒绝通过资金监管之外的方式付款，是否构成违约；二是违约程度较轻时，违约方所应承担的违约责任能否成为合同继续履行的障碍。

关于第一个问题，笔者认为，在合同文本中已经明确约定了付款以资金监管方式履行。则当事人对以资金监管方式付款已经有了合理的预期。资金监管方式能够有效防范买受人的交易风险，保障交易安全，对于合同履行具有十分重要的意义。出卖方要求买受人直接付款，属于变更合同约定，需经双方当事人协商一致。本案中杨某要求将首付款的绝大部分直接支付给其本人并明确表示如不按此方式付款，将不配合办理网签备案。变更合同付款方式并未经过周某丹同意，杨某的行为导致周某丹无法按照合同约定的方式付款，属于债权人受领迟延，其行为构成违约，应当承担违约责任。

关于第二个问题，合同一方违约，守约方以此为由请求解除合同的，法院应当审查违约方的违约程度是否显著轻微，是否影响守约方合同目的实现，根据诚实信用原则，确定合同应否解除。违约方的违约程度显著轻微，不影响守约方合同目的的实现，一般不宜认定解除合同成就，合同应继续履行。本案中，杨某虽一开始存在违约行为，但是其之后向周某丹明确表示愿意继续按照合同约定的方式履行，故杨某的违约行为不属于根本违约，双方可以协议继续履行。周某丹以要求杨某承担违约责任为合同继续履行的前提，但是承担违约责任并非履行合同的义务，周某丹不得以此为由对抗合同的履行。合同继续履行也不影响周某丹主张违约责任，二者并无关联。因此，基于杨某违约程度较轻，并未造成合同目的的不能实现，其所应承担的违约责任也不应成为合同履行的障碍。本案中，因双方均无继续履行合同的意思表示，因此合同解除。但是考虑到杨某违约程度较轻，未构成根本违约，虽然合同解除，但是其所承担的违约责任不应按照根本违约计算，而是依据合同中关于迟延履行的相关条款计算。

编写人：江苏省无锡市惠山区人民法院　朱佳莉　顾正阳

33

一房二卖情形下第三人撤销之诉的主体审查及合同履行顺序

——何某诉张某、房地产公司第三人撤销之诉案

【案件基本信息】

1. 裁判书字号

北京市第一中级人民法院（2020）京01民终6768号民事判决书

2. 案由：第三人撤销之诉

3. 当事人

原告（被上诉人）：何某

被告（上诉人）：张某、房地产公司

【基本案情】

2006年11月，何某与房地产公司就诉争房屋签订商品房买卖合同，此后向餐饮公司及何某出具购房款收据。2007年8月，何某支付专项维修资金。2008年3月，房地产公司向诉争房屋现住户就办理房屋产权证、结清尾款、办理按揭贷款等事宜发出通知。2007年12月，餐饮公司出具证明材料，写明：何某购买诉争房屋的首付款系我公司代交的，该款何某已还清我公司，何某购房与我公司无关。

2006年2月28日，张某与房地产公司就诉争房屋签订商品房买卖合同。此后，房地产公司为张某出具入住通知并开具购房款收据。2014年3月，张某支付专项维修基金。张某主张房地产公司向其交付房屋之后，其将房屋出租给房地产公司收益。

何某与张某均主张自己为诉争房屋的真正购房人，房地产公司称该公司股权转让之后，老股东冒用房地产公司名义与何某签约，将诉争房屋出售给何某，张某为真正购房人。2006年5月，房地产公司声明公章、财务章、合同专用章丢失，并报案、登报，重新刻制新章。

何某称购房之后，其本人或亲属一直在房屋内居住或对外出租至今。经查，何某系餐饮公司股东，餐饮公司已经更名，经海淀区人民法院向该公司现法定代表人询问，其表示该公司并无购买诉争房屋的行为，购买诉争房屋系何某的个人行为，与该公司无关，该公司代何某交纳了部分房款，何某已将款项偿还公司，餐饮公司并未与房地产公司签订补充协议、补充协议（之二）、房屋租赁协议书。

2018年6月，张某向海淀区人民法院起诉房地产公司房屋买卖合同纠纷一案，要求该公司为其办理诉争房屋的产权证，双方达成调解协议：房地产公司为张某办理诉争房屋的产权证，将该房屋所有权过户登记至张某名下，海淀区人民法院于2018年6月25日作出（2018）京0108民初34173号民事调解书。

2018年6月，何某起诉房地产公司，要求其办理诉争房屋产权证，审理过程中，何某获知上述调解书，提起第三人撤销之诉。

【案件焦点】

1. 第三人撤销之诉主体资格审查；2. 一房多卖情况下履行顺序。

【法院裁判要旨】

北京市海淀区人民法院经审理认为：本案中，何某在向法院起诉房地产公司要求办理诉争房屋产权证过程中，得知就该房屋办理产权证问题，房地产公司与张某已达成民事调解书，根据法律规定，何某有权就诉争房屋办理房屋产权证的争议向法院提起第三人撤销之诉。

本案争议焦点在于何某、张某与房地产公司签订的房屋买卖合同效力如何，以及上述合同的履行问题。

首先，根据生效判决确认，房地产公司与张某就诉争房屋签订了商品房买卖合同，现并无证据证明双方存在恶意串通签订房屋买卖合同的行为。

其次，根据何某提交的证据可知，其与房地产公司就诉争房屋签订了商品房买卖合同。法院认为，何某在与房地产公司建立商品房买卖合同关系时，并不知道房地产公司内部进行了股权转让，其合同上加盖有房地产公司公章，收据上加盖有房地产公司财务专用章，何某有理由相信与其发生法律关系之人能够代表房地产公司，且在2015年1月，现房地产公司实际收取了何某转账支付的房款，并未就此提出异议，亦未向何某予以退还，视为其认可及收取房款，并有相关款项收据印证，因此，何某购买诉争房屋所产生的法律后果应由现房地产公司承担，故对于房地产公司的抗辩意见，法院不予采信。

综上，房地产公司就诉争房屋分别与张某及何某建立了商品房买卖合同关系，两份合同均为当事人真实意思表示，内容不违反法律、行政法规强制性规定，应属合法有效。

本案中，房地产公司均未为两人办理房屋产权过户手续，应从合法占有房屋的实际情况确定房屋买卖合同的履行顺序。

首先，张某未在诉争房屋中实际居住，虽然，其解释将房屋出租给了房地产公司，但双方之间的租赁关系早已到期，此后，张某并未实际入住使用该房屋。

其次，何某实际使用诉争房屋并为此交纳物业费用。被告方提出何某在诉争房屋内居住系基于租赁关系，交纳的款项也为租金。法院认为，两份补充协议签约双方为房地产公司与餐饮公司，两公司达成的协议所产生的法律效力不能由合同以外的他人承受，且在此之后，房地产公司为何某出具购房收据，餐饮公司为何某开具证明，餐饮公司法定代表人也表示购房为何某的个人行为，进一步印证何某为实际购房人。此外，根据两份补充协议内容显示，租赁关系早已到期，被告方也未向何某主张权利。因此，被告方以两份补充协议作为抗辩提出的主张不能成立，仅依据证人证言亦不能证明被告方的主张。因此，被告方就其提出的上述主张未提交充分证据证明，法院不予采信。

综上，法院认为，何某与房地产公司之间存在房屋买卖合同关系，其实际交纳了购房款，并长期居住使用该房屋，根据实际占有使用房屋情况，应优先履行何某与房地产公司的商品房买卖合同。由此，何某要求撤销民事调解书的诉讼请求，于法有据，法院予以支持。

北京市海淀区人民法院依照《中华人民共和国民事诉讼法》第五十六条，《中华人民共和国合同法》第六十条之规定，作出如下判决：

撤销北京市海淀区人民法院于 2018 年 6 月作出的民事调解书。

张某、房地产公司不服一审判决，提出上诉。

北京市第一中级人民法院经审理认为：何某、张某均与房地产公司签订有房屋买卖合同，何某在得知张某与房地产公司就诉争房屋过户问题达成民事调解书后，有权依据法律规定提起第三人撤销之诉。

对于案涉两份房屋买卖合同的效力。房地产公司与何某、张某分别签订的商品房买卖合同均系当事人真实意思表示，且不违反法律、行政法规规定的效力性强制性规定，均属有效。

在两份房屋买卖合同均未办理所有权转移登记的情况下，应当优先依据是否合法占有房屋作为确定合同履行的顺序。张某提交其与房地产公司签订的租赁合同已于2012年12月到期，且其提交的租金收条仅对应该份租赁合同所约定的6年的租金，此后张某亦未实际居住、使用该房屋。相反，何某提交了其缴纳诉争房屋物业费的凭证，一审法院认定何某实际占有使用诉争房屋正确，法院予以确认。何某与房地产公司的商品房买卖合同应当优先履行，故何某要求撤销案涉民事调解书于法有据，应予支持。

北京市第一中级人民法院依照《中华人民共和国民事诉讼法》第一百七十条第一款第一项之规定，作出如下判决：

驳回上诉，维持原判。

【法官后语】

1. 第三人撤销之诉主体资格审查

第三人因不能归责于本人的事由未参加诉讼，但有证据证明发生法律效力的判决、裁定、调解书的部分或者全部内容错误，损害其民事权益的，可以自知道或者应当知道其民事权益受到损害之日起6个月内，向作出该判决、裁定、调解书的人民法院提起诉讼。人民法院经审理，诉讼请求成立的，应当改变或者撤销原判决、裁定、调解书；诉讼请求不成立的，驳回诉讼请求。

立法设立第三人撤销之诉的目的在于对民事权益受到侵害而未能参加诉讼的案外人提供救济。根据《北京市高级人民法院关于审理第三人撤销之诉案件适用法律若干问题的研讨纪要》以及《全国法院民商事审判工作会议纪要》，有权提起撤销之诉的第三人限于《中华人民共和国民事诉讼法》第五十六条规定的因不能归责于本人的事由未参加原审诉讼的有独立请求权第三人和无独立请求权第三人，一般不包括债权人。但《全国法院民商事审判工作会议纪要》同时列明了三种例外，即在三种情况下债权人可以提起第三人撤销之诉。《中华人民共和国民事诉讼法》第五十六条第三款规定受侵害的“民事权益”通常是指所有权、用益物权和担保物权、股权等。以金钱债权受到侵害为由提起撤销之诉的，一般裁定驳回起诉，但原诉当事人利用诉讼转移财产、逃避执行以致享有金钱债权的第三人无法行使撤销权的除外。

涉及“一房二卖”的债权人为有独立请求权的第三人，“一房二卖”的债权系基于物的所有权及使用权而产生，系对涉案标的物产生争夺、支配关系的非金钱债权人，其可以提出第三人撤销之诉。本案涉及一房多卖情形，原告符合法律和司法解释规定的提出第三人撤销之诉的条件，故有权提出第三人撤销之诉。

2. “一房多卖”情况下的履行顺序

出卖人就同一房屋分别签订数份买卖合同，在合同均为有效的前提下，买受人均要求继续履行合同的，原则上应按照以下顺序确定履行合同的买受人：(1) 已经办理房屋所有权转移登记的；(2) 均未办理房屋所有权转移登记，已经实际合法占有房屋的；(3) 均未办理房屋所有权转移登记，又未合法占有房屋，应综合考虑各买受人实际付款数额的多少及先后、是否办理了网签、合同成立的先后等因素，公平合理的予以确定。

本案中，两份房屋买卖合同均未办理所有权转移登记，故应考察何某与张某对诉争房屋的占有情况，根据双方提交的证据以及查明事实可知，张某未提交2012年12月24日后其实际占有房屋的证据，何某提交的证据可以证明其占有使用诉争房屋至今。故何某与房地产公司的商品房买卖合同应当优先履行。

编写人：北京市海淀区人民法院　吴思　聂冉

（四）违约金与违约责任

34

迟延交存首期住宅专项维修资金不应成为逾期交房免责事由

——陈某诉房地产公司房屋买卖合同案

【案件基本信息】

1. 裁判书字号

湖北省武汉市汉阳区人民法院（2020）鄂0105民初6817号民事判决书

2. 案由：房屋买卖合同纠纷

3. 当事人

原告：陈某

被告：房地产公司

【基本案情】

2016年3月29日，原、被告签订《武汉市商品房买卖合同》，合同主要约定：

（1）被告应于2016年7月30日前完成房屋交付，交付房屋须完成规划、单体工程质量等专项验收，按设计要求建成配套设施（公共、公用设施须满足使用功能要求；供电、给水、排水等设施须经有关行业单位认可达到正常使用条件），完成商品房项目竣工交付使用相关手续，交房时通电、通水、燃气设施安装完毕等；（2）原告在办理房屋交付使用手续前，应当到指定维修资金交存窗口或专户管理银行所属营业网点交存首期住宅专项维修资金，凭已交存专用票据办理房屋交付使用手续，未交存的，被告不得将房屋交付给原告，由此产生的延期交房责任由原告承担；（3）商品房达到约定交付使用条件后，被告应当将办理交接手续的时间、地点以及应当携带的证件等内容书面通知原告，若因原告原因未在合同约定的交房时间七日内签署房屋交接单、办理交接钥匙，则视为原告已实际收房，合同项下的风险责任自合同约定的交房之日起转移至原告承担。合同签订后，原告向被告支付购房款。2016 年 9 月 17 日，原告与物业公司签订楼宇交接书，办理交房手续，此时原告已经交存首期住宅专项维修资金。另查明供电部门于 2018 年 2 月 2 日向案涉楼栋送住宅用电，此前案涉房屋用电均为临时用电。

【案件焦点】

原告迟延交存首期住宅专项维修资金是否构成被告逾期交房免责事由。

【法院裁判要旨】

湖北省武汉市汉阳区人民法院经审理认为：根据双方签订的《武汉市商品房买卖合同》，原告须凭已交存首期住宅专项维修资金专用票据办理房屋交付使用手续，但结合合同上下文语境，该条款应系对办理房屋交付手续材料的约定而非对房屋交付条件的约定，即如在办理房屋交付手续时原告不能提供该票据，则被告可以拒绝交付房屋，但被告不得以原告未交存首期住宅专项维修资金为由擅自延迟办理房屋交付手续的时间。另按照交易惯例，首期住宅专项维修资金均是在业主实际收房时交纳，本案该资金的交纳时间亦符合上述交易惯例。因被告未能提供证据证明其曾在合同约定的交房时间前（2016 年 7 月 30 日前）或原告收房时间前（2016 年 9 月 17 日前）特别告知原告在何时到何处交纳首期住宅专项维修资金，故被告逾期交房与原告交存首期住宅专项维修资金时间不具有关联性，对其抗辩理由不予支持。

湖北省武汉市汉阳区人民法院依照《中华人民共和国合同法》第六十条、

第一百零七条、第一百一十四条、第一百二十五条，《最高人民法院关于适用〈中华人民共和国合同法〉若干问题的解释（二）》第二十九条，《最高人民法院关于审理商品房买卖合同纠纷案件适用法律若干问题的解释》第十八条，《中华人民共和国民事诉讼法》第六十四条、第一百四十二条、第一百六十二条之规定，作出如下判决：

一、被告房地产公司向原告陈某支付逾期交房违约金 19472.56 元，此款于本判决发生法律效力之日起十日内付清；

二、被告房地产公司向原告陈某支付逾期办证违约金 9741.15 元，此款于本判决发生法律效力之日起十日内付清；

三、驳回原告陈某的其他诉讼请求。

本案依法适用小额诉讼程序，本判决为终审判决。

【法官后语】

作为房屋“养老金”的住宅专项维修资金，是专项用于住宅共用部位、共用设施设备保修期满后的维修和更新、改造的资金，由开发建设单位和购房人共同交存，属于全体业主共有，经全体业主共同决定使用，其交纳不仅是每一位购房人应履行的法定义务，更是所有购房人能够享受高品质住宅环境的保障。

现阶段交接商品房时，开发建设单位往往会在业主交纳住宅维修资金后，才会开始办理房产证，并将钥匙交给业主，《住宅专项维修资金管理办法》第十三条即有“未按本办法规定交存首期住宅专项维修资金的，开发建设单位或者公有住房售房单位不得将房屋交付购买人”的规定，本案合同亦有“原告在办理房屋交付使用手续前，应当……凭已交存专用票据办理房屋交付使用手续，未交存的，被告不得将房屋交付给原告”的约定。但综合本案情况来看，交纳首期住宅专项维修资金虽系购房人的法定和约定义务，但与案涉房屋买卖合同关系并非同一法律关系，不应影响购房主体目的之实现，而应当解释为交付房屋的手续条件，系针对个别情况而非一般适用的情形，即在约定的交房时间，如某购房人未交纳该项资金，不能提供相应的交费凭证，则出卖人可以暂时拒绝向其交付房屋，待该购房人补充交纳首期住宅专项维修资金后，再及时为其补充办理房屋交付手续。但出卖人不能在约定的交房时间之前，擅自进行判断，而以某一或部分购房人未交存首期住宅专项维修资金为由直接延迟所有购房人办理房屋交付手续的时间，对已经交纳该维修资金的购房人拒绝交付房屋。

此外，本案合同虽约定了业主的交存时间要求，但同时从该合同条款内容中也自然引申出了出卖人的告知义务，即被告应当及时告知购房人在何时以前到何处去交纳首期住宅专项维修资金，若未予告知，则迟延交存之说亦不存在。

交存首期住宅专项维修资金从根本上是为了保障全体业主的利益，因其在保修期满后，在住宅共有部分的维修和改造工作中具有强大的优势。对于未交存或迟延交存首期住宅专项维修资金的购房人，出卖人可以予以合法催告或按照合同约定适当延迟办理交房手续，但不能以保障业主利益为由，行伤害业主利益之事，正如本案被告逾期交房虽另有主要原因，但购房人未及时交纳首期住宅专项维修资金不能成为其擅自逾期交房、损害购房人合法权利的借口，更不应成为其逾期交房的免责事由，其以此为由进行的抗辩，自然也不应当得到支持。

编写人：湖北省武汉市汉阳区人民法院　彭梦凌

35

违约方不能从违约行为中获利

——冯某娣诉零某叶、陆某顺房屋买卖合同案

【案件基本信息】

1. 裁判书字号

广东省广州市中级人民法院（2020）粤01民终5687号民事判决书

2. 案由：房屋买卖合同纠纷

3. 当事人

原告（被上诉人）：冯某娣

被告（上诉人）：零某叶

第三人：陆某顺

【基本案情】

原告与被告于2015年10月16日签订《拆迁安置房买卖合同》约定原告向被告购买位于广东省广州市的一处安置房，价格由指标款7万元与房款376530元构成，被告应在交房当日将拆迁安置房屋相关的所有手续、余款、拆迁补偿等一切和该房屋有关的文件及票据交付给原告等。合同签订后原告依约向被告支付指标款6万元、房产证过户劳务费5000元。合同履行过程中，被告无故要求解除上述《拆迁安置房买卖合同》，并诉讼至法院，经两审法院审结驳回被告诉请。现被告已选定安置房，迟迟未向原告交付并在2017年3月23日与第三人签订了《拆迁安置房买卖合同》。

【案件焦点】

合同解除后的违约责任如何承担。

【法院裁判要旨】

广东省广州市南沙区人民法院经审理认为：原告与被告签订的《拆迁安置房买卖合同》合法有效，该合同所约定的房屋已交由第三人使用，原、被告的合同目的已无法实现，原告要求解除合同，被告亦同意解除合同，故对原告的该项诉请，法院予以支持。合同解除后，被告理应将收取的合同价款6.5万元返还给原告，并配合原告办理资金保存解除手续。

结合当事人的诉辩意见，本案争议的焦点是合同解除后的违约责任如何承担，对此法院阐述如下：其一，原告与被告签订的《拆迁安置房买卖合同》合法有效，双方理应秉承诚实信用原则，全面履行各自义务，但被告在该合同未解除前，于2017年3月23日擅自将房屋出售给第三人，对此存在过错，其行为致使双方合同目的无法实现，是导致合同解除的根本原因，应承担违约责任。其二，《中华人民共和国合同法》第一百一十四条第二款规定："约定的违约金低于造成的损失的，当事人可以请求人民法院或者仲裁机构予以增加；约定的违约金过分高于造成的损失的，当事人可以请求人民法院或者仲裁机构予以适当减少。"如上所述，涉案合同解除是因为被告违约行为所致，其理应向原告承担违约责任，虽然合同中对违约金标准有约定，但参照《房地产估价报告》的评估结论，涉案房屋在 2019 年 5 月 19 日的市场价值为 155.04 万元，合同约定的违约金标准显然不足以弥补原告因合同解除所造成的实际损失，原告据此要求调整违约金金额于法有据。其三，原告作为守约方，其合法权益应得到保障；被告作为恶意违约方，其违约行为应受到惩罚，更不应因其违约行为而获得收益，同时考虑根据合同实际履行情况，原告仅支付部分合同价款，根据公平原则，故违约金金额应以被告受益范围为限。故综合本案案情，法院酌定被告按其出售房屋予原告价格 446530（7 万元+376530 元）及第三人价格 116 万元之差额 713470 元向原告支付违约金，对原告主张超过该金额部分，法院不予支持。

广东省广州市南沙区依照《中华人民共和国合同法》第六条、第六十条、第九十四条第一款第四项、第一百零七条、第一百一十三条、第一百一十四条第二款，《中华人民共和国民事诉讼法》第六十四条第一款之规定，作出如下判决：

一、解除原告冯某娣与被告零某叶于 2015 年 10 月 16 日签订的《拆迁安置房买卖合同》；

二、被告零某叶应于本判决发生法律效力之日起十日内向原告冯某娣返还房款 6.5 万元及支付违约金 713470 元，二项款项合计金额为 778470 元；

三、被告零某叶应于本判决发生法律效力之日起十日内协助原告冯某娣解除对冯某娣名下账户存款 56342 元的保存手续；

四、驳回原告冯某娣的其他诉讼请求。

零某叶不服，提起上诉。

广东省广州市中级人民法院经审理认为：根据《最高人民法院关于适用〈中华人民共和国民事诉讼法〉的解释》第三百二十三条“第二审人民法院应当围绕当事人的上诉请求进行审理。当事人没有提出请求的，不予审理，但一审判决违反法律禁止性规定，或者损害国家利益、社会公共利益、他人合法权益的除外”的规定，依当事人的上诉请求范围，本案二审需要处理的问题是：零某叶上诉主张依涉案合同约定的20万元确定违约金是否支持。

案件事实表明，零某叶与冯某娣于2015年10月16日签订《拆迁安置房买卖合同》，已明确约定涉案房屋成交价格由指标款与房款构成：（1）指标款7万元；（2）房款376530元。其中376530元本为零某叶认购拆迁补偿安置房的价款，该款约定由冯某娣直接转付政府征收部门，该支付方式并不影响涉案《拆迁安置房买卖合同》成交价格446530元及房屋买卖合同关系性质的认定。（2018）粤0115民初863号、（2018）粤01民终20471号生效民事判决已认定，案涉《拆迁安置房买卖合同》约定购买的安置房具体位置明确，零某叶在取得房屋产权后可转让或过户，冯某娣自愿承担涉案安置房过户需缴纳的全部税费金，涉案安置房可办理转移登记手续，并不存在履行障碍。零某叶在未与冯某娣解除《拆迁安置房买卖合同》的情况下，即将案涉房屋以116万元另行出售给陆某顺，一审判决认定零某叶的行为导致冯某娣合同目的无法实现，是案涉房屋买卖合同解除的根本原因，应承担恶意违约责任，所作处理并无不当。零某叶依其所签《拆迁安置房买卖合同》虽然仅收到首期款，但是在其余购房款冯某娣的支付条件尚未成就时零某叶即违约另卖他人，零某叶未收齐购房款并不能作为其免于承担违约责任的正当抗辩。一审判决认定合同约定违约金明显低于违约行为造成的损失，零某叶不应因其违约行为而获得收益，根据本案具体情况，酌情判决零某叶按两次出售价格的差额713470元向冯某娣支付违约金，与损益相抵规则并不相悖，并无不妥。零某叶上诉主张零某叶与陆某顺买卖涉案房屋的实际交易价格仅为70万元，与双方所签合同116万元的约定内容并不相符，法院不予支持。

综上所述，零某叶的上诉请求不能成立，应予驳回；一审判决认定事实清楚，适用法律正确，应予维持。广东省广州市中级人民法院依照《中华人民共和国民事诉讼法》第一百七十条第一款第一项的规定，作出如下判决：

驳回上诉，维持原判。

【法官后语】

本案是房屋买卖合同纠纷，因一房二卖引发的纠纷。从司法裁判的角度来看，本案值得探讨的是一方当事人违约造成对方损失的，约定的违约金低于造成的损失，当事人请求增加的，违约赔偿损失如何认定的问题。

合同履行中当事人应秉持诚实信用原则行使合同权利义务、履行合同义务，一方当事人违约造成对方损失的，理应承担违约责任。本案处理时，充分考量了违约方的过错及守约方受到的损害，主要从两个方面来确定违约责任。

一方面，明晰案件的违约损害赔偿的范围。违约损害赔偿是指违约的一方因不履行或不完全履行合同义务而给对方造成了损失，应当依法或者根据合同的约定承担损害赔偿责任。违约损害赔偿是一种常见的违约责任，是保护受害人利益的补救方式之一，赔偿的目的是补偿损害，使受到损害的权利得到救济，使受害人能恢复到受到损害前的状态。赔偿损失的范围应如何确定，通常赔偿损失的范围可由法律直接规定，或由双方约定，在法律没有特别规定和当事人没有另行约定的情况下，应按完全赔偿原则，即假设违约方按照约定履行了合同义务时非违约方所能获得的利益，扣除在违约情形下非违约方现在的利益，即可得到赔偿的数额。违约的赔偿损失包括约定的赔偿损失和法定的赔偿损失。承担违约赔偿损失责任的构成要件包含：一是有违约行为，即当事人一方不能履行合同义务或者履行合同义务不符合约定；二是违约行为造成了对方的损失。如果违约行为未给对方造成损失，则不能用赔偿损失的方式追究违约人的民事责任；三是违约行为与对方损失之间有因果关系，对方的损失是违约行为所导致的；四是无免责事由。

另一方面，综合本案案情确定违约赔偿数额。本案中虽然双方对违约金进行了约定，但参照《房地产估价报告》的评估结论，合同约定的违约金标准显然不足以弥补原告因合同解除所造成的实际损失，原告据此要求调整违约金金额于法有据。但本案在赔偿损失范围进行界定的同时也应考虑损益相抵规则，损益相抵规则，是指因违约行为对受害方造成了两个方面的影响：一方面，非违约方因违约行为遭受了损失；另一方面，是同时也因该违约行为而获利，包括消极利益。在此情形下，在计算损害赔偿额时应当扣减守约方所获利益。而本案中对赔偿损失的确定同时也应遵循损益相抵规则，本案处理时综合考量原告在合同履行中的损害及获益，赔偿数额的计算应扣减守约方因违约行为的获益，原告作为守约方，其合法权益应得到保障，被告作为恶意违约方，其违约行为应受到惩罚，更不应因其违约行为而获得收益，同时考虑根据合同实际履行情况，根据公平原则，故违约金金额应以被告受益范围为限，被告的受益范围即原告原本的可得利益。

编写人：广东省广州市南沙区人民法院　邓小春　周书宇

36

商品房出卖人违反“无户籍登记保证”构成违约，应承担违约责任

——潘某哲、岳某芳诉武某全房屋买卖合同案

【案件基本信息】

1. 裁判书字号

北京市第二中级人民法院（2020）京02民终8425号民事判决书

2. 案由：房屋买卖合同纠纷

3. 当事人

原告（被上诉人）：潘某哲、岳某芳

被告（上诉人）：武某全

【基本案情】

潘某哲、岳某芳系夫妻，2018 年 5 月 20 日，潘某哲、岳某芳（买受人）与武某全（出卖人）签订了房屋买卖合同，潘某哲、岳某芳购买武某全位于北京市房山区某小区 502 号房屋。在双方签订合同时，武某全承诺 502 号房屋无户籍登记（无人落户）。双方在合同第十条约定："如出卖人未如实陈述户籍登记情况、或擅自迁入户籍、或未如期将户籍迁出的，出卖人应当按日计算向买受人支付房屋总价款万分之五的违约金，且出卖人仍负有户籍迁出的义务。"

2018 年 7、8 月，在办理房屋过户过程中，双方去派出所查询 502 号房屋的落户情况，派出所答复称 502 号房屋没有户籍登记。

2019 年，潘某哲、岳某芳在办理落户 502 号房屋手续时，派出所告知潘某哲、岳某芳 502 号房屋于 2006 年即有两人落户，该二人户籍始终未迁出。后经潘某哲、岳某芳多番争取，潘某哲、岳某芳将户籍登记于 502 号房屋。

潘某哲、岳某芳主张，武某全违反无户籍登记（无人落户）的承诺，构成违约，应按照合同第十条约定支付违约金，并负责将 2006 年落户人员的户口迁出。因与武某全协商无果，潘某哲、岳某芳将武某全起诉至一审法院北京市房山区人民法院，提出诉讼请求：（1）武某全按照房屋买卖合同赔偿潘某哲、岳某芳从 2018 年 7 月 23 日到 2019 年 12 月 9 日的违约金 41.49 万元；（2）武某全将户口迁出，并支付潘某哲、岳某芳自 2019 年 12 月 10 日起至户口实际迁出之日止的违约金（每日按照房屋总价款的万分之五计算）。

针对潘某哲、岳某芳的起诉，武某全辩称：不同意潘某哲、岳某芳的诉讼请求。我是 2010 年买的 502 号房屋，我没有办理过 502 号房屋的落户。在我与潘某哲、岳某芳房屋买卖合同交易期间，是由某房产中介公司工作人员带领买卖双方去派出所查询该房屋的户口登记情况，当时查询说没有。现在潘某哲、岳某芳跟我说查到 502 号房屋在 2006 年登记有两个人的户口，要求我迁出，现在房屋已经卖完了，房主不是我了，和我没有关系了，我操作不了。

一审诉讼期间，经房山法院至派出所查询，502 号房屋仍存有案外人赵某兰及刘某昊二人的户口。

【案件焦点】

房屋出卖人武某全是否应对 502 号房屋存在户籍登记承担违约责任。

【法院裁判要旨】

北京市房山区人民法院经审理认为：双方买卖合同第十条约定“如出卖人未如实陈述户籍登记情况、或擅自迁入户籍、或未如期将户籍迁出的，出卖人应当按日计算向买受人支付房屋总价款万分之五的违约金，且出卖人仍负有户籍迁出的义务”，因双方对于涉案房屋的户籍登记情况均知悉于房屋交易完成之后，武某全并未违反如实陈述房屋户籍登记情况的合同义务，武某全亦无“擅自迁入户籍”或“未如期将户籍迁出”等违约情形，故不能依据上述合同条款计算武某全应支付的违约金数额。但因武某全在签订合同时确认涉案房屋没有户籍登记，系其对涉案房屋在订立合同时没有户籍登记作出的保证，而客观实际情况是涉案房屋确有户籍登记，故武某全就此情形仍构成违约，应承担相应的违约责任。根据本案具体情形，因潘某哲、岳某芳方未就其损失进行充分举证证明，北京市房山区人民法院综合考虑涉案房屋内原有户籍登记给潘某哲、岳某芳方造成的困扰、障碍以及武某全的过错程度，酌定武某全给付潘某哲、岳某芳 1.65 万元，以赔偿潘某哲、岳某芳的损失。

北京市房山区人民法院依照《中华人民共和国合同法》第一百零七条之规定，作出如下判决：

一、武某全于本判决生效之日起十日内赔偿潘某哲、岳某芳损失 1.65 万元；

二、驳回潘某哲、岳某芳的其他诉讼请求。

武某全不服一审法院判决，向北京市第二中级人民法院提出上诉。

北京市第二中级人民法院经审理认为：武某全作为房屋的出卖人，在出售房屋时应对房屋买卖合同中涉及的户籍事项核实清楚。现武某全在房屋买卖合同中承诺该房屋无户籍与实际情况不符，与其签订合同时的承诺并不一致，故武某全存在违约情形，应当承担相应的违约责任。原审法院酌定武某全给付潘某哲、岳某芳 1.65 万元数额并无不妥，但潘某哲、岳某芳诉请为要求武某全支付违约金，并非赔偿损失，原审法院判决武某全赔偿潘某哲、岳某芳损失与其诉请不一致，对此予以纠正。依照《中华人民共和国民事诉讼法》第一百七十条第一款第二项之规定，作出如下判决：

一、撤销北京市房山区人民法院（2019）京0111民初20174号民事判决第一、二项；

二、武某全于本判决生效之日起十日内支付潘某哲、岳某芳违约金1.65万元；

三、驳回潘某哲、岳某芳的其他诉讼请求。

【法官后语】

在城市商品房买卖中，户口问题往往是买卖双方尤其是买方特别关注的内容，这对于购买学区房的人员更是如此。因此，在买卖房屋时，双方比较容易因为户口问题产生争议，导致诉讼至法院。

1. 关于户口问题的通行做法

视合同有无关于户口问题的约定尤为重要，因为户籍由公安机关的户籍管理部门负责管理，户口的迁入、迁出一般只涉及当事人和公安户籍管理部门的事情，不涉及当事人之间，如双方的合同中无关于户籍/户口方面的问题，法院则没有处理户籍问题的法律依据，对于户籍登记问题往往驳回起诉或不予处理。

如双方的合同中有关于户籍问题的约定，法院即获得处理当事人关于户籍问题的法律依据——合同，依据合同即可作出裁判。当然，很多时候当事人的约定并非都合理，法院只保护较为合理的户籍约定，对于无理的约定（如畸高的违约金等），法院可不予支持或经另一方申请，酌情予以减少。

在现今的房产买卖交易中，一般较为通行的约定是卖房人于××天内将户口迁走，逾期则按××标准承担逾期责任；逾期超过××天，则另一方可解除合同，同时，另一方应按总房款的×%承担另行支付违约金。在法院的审理中，只要上述约定不是畸高，法院一般都予以支持。

2. 本案的特殊性及法理依据

本案的特殊之处在于，卖房人未在其所出卖的房屋上落户，也未得知其房屋上有人落户，在卖房人出卖房屋的过程中，卖房人、买房人及中介甚至还去公安机关户籍部门查询是否有户籍登记，户籍部门答复称无人落户，后阴差阳错，等买房人买到房屋后，才发现所买房屋曾有人落户，且户籍仍在房屋中，这给买房人迁入户籍乃至后续售卖房屋带来一定困难。

如该案双方当事人对于户籍登记问题约定不完善的话，法院因为无处理关于户籍问题的权利依据，而无法处理他们之间的纠纷。所幸该案房屋买卖合同关于户籍问题的约定较为全面，不仅约定了"如出卖人未如实陈述户籍登记情况、或擅自迁入户籍、或未如期将户籍迁出的，出卖人应当按日计算向买受人支付房屋总价款万分之五的违约金，且出卖人仍负有户籍迁出的义务"这样通行的条款，还约定了要求卖方对房屋无户籍登记作出保证（承诺）的条款，这就为法院的后续处理提供了法理和法律上的依据，当卖房人违反关于户籍登记的承诺时，可以视其为违约，其应承担违约责任。

3. 违约金的确定

本案中双方合同中虽有卖房人关于房屋无户籍登记的保证，但并没有关于违反此保证时承担违约责任的种类及违约金计算方式，因此，在确定违约金时需多方考虑：既要考虑因房屋有历史户籍登记已经给买房人带来的不利，如迁入户口的困难、对小孩上学学区的影响等；将来可能会给买房人带来的不利，例如因有未处理户籍的问题，在再次出售房屋时，房屋估价有所贬损。在综合考虑房屋存在未处理户籍登记时已经带来的损失和可能带来的损失，合理确定违约金的金额。此外，如这些损失可能暂时无法确认或完全予以确定，可先不予支持或部分支持，如后续证实出现了新的损失，届时可再行主张和获得支持。

编写人：北京市房山区人民法院　李文达　马存君

37

夫妻离婚后未变更登记房屋买卖违约责任如何承担

——夏某华诉王某杰、乐某房屋买卖合同案

【案件基本信息】

1. 裁判书字号

湖北省武汉市中级人民法院（2020）鄂01民终8177号民事判决书

2. 案由：房屋买卖合同纠纷

3. 当事人

原告（上诉人）：夏某华

被告（上诉人）：王某杰

被告（被上诉人）：乐某

第三人（被上诉人）：房地产经纪公司

【基本案情】

2019年9月20日，夏某华（购买方）与王某杰（出售方）、乐某（共有权人）签订《武汉市存量房买卖合同》。合同约定：出售方出售的房屋位于武汉市洪山区，建筑面积为121.58平方米。合同第二条“房屋权属情况”约定：……出售方最迟应于2019年10月31日前办理完毕解除抵押登记手续。合同第四条“房屋成交价格”约定：房屋成交价格为240万元。合同第五条“付款方式”约定：购买方应于签署本合同当日支付定金5万元；在办理房屋产权转移登记过户手续当日，支付第一笔首付款54万元；买卖双方应于本合同签订后15个工作日内共同前往贷款机构办理贷款申请手续，并按贷款机构要求提交和签署所需法律文书；物业交割保证金1万元从购房款中留存，物业交割当日，

签署交房确认书后由购买方自行支付出售方。合同第八条“权属转移登记”约定：出售方房屋有抵押，购买方已贷款支付的，买卖双方同意在购买方贷款审批通过后且出售方房屋注销抵押登记后7个工作日内，买卖双方共同到房屋登记机关申请办理房屋权属转移登记手续。上述合同签订之日，夏某华、王某杰、乐某与房地产经纪公司签订《居间服务合同》《房屋交易案件、过户服务合同》。合同签订当日，夏某华向乐某支付定金5万元。王某杰、乐某向夏某华出具定金收据。之后，夏某华与王某杰、乐某共同至某银行武汉中南支行办理贷款面签手续。2019年9月26日，王某杰、乐某协助办理了案涉房屋上抵押权的解除登记手续。2019年10月23日，某银行向夏某华发出贷款申请审批通过的短信通知，贷款金额180万元。2019年11月4日，夏某华与王某杰、乐某及房地产经纪公司至洪山区政务中心办理过户手续，王某杰以未收到1180702.54元为由拒绝配合办理过户手续。2020年5月，夏某华与某律师事务所签订《委托代理合同》。2020年6月12日，夏某华向某律师事务所转账支付3万元律师费。

另查明，王某杰、乐某达成离婚协议，约定：王某杰、乐某自愿离婚，王某杰、乐某应协商出售上述房屋，出售房屋所得款项应优先支付王某杰所得的1180702.54元。

【案件焦点】

乐某是否需要与王某杰共同承担违约责任。

【法院裁判要旨】

湖北省武汉市洪山区人民法院经审理认为：王某杰、乐某签订合同时已离婚，不在婚姻存续期间，不应共同承担违约责任。本案的合同不能继续履行系因王某杰不配合办理过户而产生，与乐某无关，乐某不应承担违约责任。

湖北省武汉市洪山区人民法院根据《中华人民共和国合同法》第六十条、第九十四条、第九十七条、第一百零七条、第一百一十四条之规定，作出如下判决：

一、确认解除原告夏某华与被告王某杰、乐某于2019年9月20日签订的《武汉市存量房买卖合同》；

二、被告乐某于本判决生效之日起十日内向原告夏某华返还定金5万元；

三、被告王某杰于本判决生效之日起十日内向原告夏某华支付违约金5万元；

四、被告王某杰于本判决生效之日起十日内向原告夏某华支付律师费3万元；

五、驳回原告夏某华的其他诉讼请求。

夏某华、王某杰不服一审判决，提出上诉。

湖北省武汉市中级人民法院经审理认为：虽然王某杰、乐某已经离婚，生效的民事调解书确定案涉房屋归乐某所有。但因案涉房屋并未在不动产管理部门进行变更登记，房屋所有权证仍登记在王某杰、乐某两人名下，要处理案涉房屋，必须要经过王某杰和乐某的共同同意。虽然《武汉市存量房买卖合同》中载明的出售方为王某杰、共有权人为乐某，但王某杰为房屋所有权证上记载的所有权人，乐某为涉案房屋的实际所有权人。故王某杰、乐某应为共同的出售方。王某杰、乐某与夏某华签订《武汉市存量房买卖合同》，应视为王某杰和乐某就处分案涉房屋已达成一致。虽然王某杰以未收到房款为由拒绝配合办理过户手续，导致合同无法继续履行，但合同相对人是夏某华与王某杰、乐某。现因出卖方原因，导致合同无法继续履行，已构成违约。故本案的合同不能继续履行的违约责任应由王某杰、乐某共同承担。

湖北省武汉市中级人民法院依照《中华人民共和国民事诉讼法》第一百七十条第一款第二项的规定，作出如下判决：

一、维持湖北省武汉市洪山区人民法院（2020）鄂0111民初2030号民事判决第一项、第二项；

二、王某杰、乐某于判决生效之日起十日内向夏某华支付违约金5万元；

三、王某杰、乐某于判决生效之日起十日内向夏某华支付律师费3万元；

四、驳回夏某华的其他诉讼请求。

【法官后语】

夫妻离婚民事调解书确定房屋权属归一方所有，但实际未办理房屋变更登记，房屋仍然登记在双方名下。双方协议约定通过出售房屋的方式进行财产分割，共同作为房屋出售方与他人订立买卖合同，因一方违约导致合同无法继续履行，违约责任究竟由一方承担，还是双方承担问题，在本案中一、二审法院出现认定不一致的情形。

一审法院认为，王某杰要求乐某先行支付房款的要求并不合理，二被告签订合同时已离婚，不在婚姻存续期间，不应共同承担违约责任。且本案的合同不能继续履行系因王某杰不配合办理过户而产生，与乐某无关，乐某不应承担违约责任。二审法院则认为，王某杰、乐某作为房屋共同的出售方，与夏某华签订房屋买卖合同，即使是王某杰一方拒绝配合办理过户手续，导致合同无法履行，也应当由王某杰、乐某共同承担违约责任。笔者赞同二审法院的观点，认为王某杰、乐某应当共同承担违约责任。

第一，关于房屋出售主体资格问题。王某杰、乐某已经离婚，生效的民事调解书确定案涉房屋归乐某所有。根据《中华人民共和国民法典》第二百二十九条（原《中华人民共和国物权法》第二十八条）之规定，因人民法院、仲裁机构的法律文书或者人民政府的征收决定等，导致物权设立、变更、转让或者消灭的，自法律文书或者征收决定等生效时发生效力。因此，经生效的民事调解书导致房屋所有权变更为乐某所有，乐某为房屋的实际所有权人。王某杰、乐某并未办理房屋所有权变更登记，故二人作为房屋的登记权利人，应当作为共同的房屋出售方。在案涉房屋出卖时，双方共同在合同上签字，二人均为合同的相对方。因此，无论是从法律上还是从事实上看，房屋出售主体均为王某杰、乐某二人。

第二，关于违约责任承担问题。在合同履行过程中，王某杰以民事调解书中约定的1180702.54元购房款未收到为由拒绝配合办理过户手续，导致合同无法继续履行。王某杰作为违约方承担违约责任固然无任何争议，那么作为共同的出卖方乐某在无任何过错的情况下应否承担违约责任呢。一方面，乐某虽无违约的故意，但是作为共同的房屋出售方，协助房屋过户至买受方名下是作为出售方的主要合同义务，而合同在实际履行过程中出售方已出现根本违约行为，导致合同无法继续履行，就应当按照合同约定承担相应的违约责任。另一方面，王某杰、乐某民事调解书协议的内容仅为双方约定，以及房屋物权变动情况未经登记，不能对抗善意的第三方买受人。即便出现了民事调解书协议无法履行的情况，也应当由其二人协商解决，协商不成，可诉至人民法院请求解决，而不应当以此为由拒绝履行与第三方之间的合同义务。综上所述，即便双方已离婚，二人仍应共同承担违约责任。

编写人：湖北省武汉市洪山区人民法院　李惠

38

商品房销售中逾期办证违约金的诉讼时效认定

——王某诉置业公司商品房销售合同案

【案件基本信息】

1. 裁判书字号

山东省淄博市中级人民法院（2019）鲁03民终4141号民事判决书

2. 案由：商品房销售合同纠纷

3. 当事人

原告（被上诉人）：王某

被告（上诉人）：置业公司

【基本案情】

2012年12月17日，原告王某与被告置业公司签订《商品房买卖合同》，原告购买被告位于某购物广场房屋一套，总金额为508452元。其中合同第十五条约定：被告应当在2014年12月31日之前（商品房交付使用后360日内）为原告办理完毕房屋权属登记。2014年10月14日原告收房。被告于2017年7月6日完成房屋初始登记工作。原告与被告于2017年6月16日签订协议书一份，约定："甲方（被告）于本协议签订之日起5个工作日内退回乙方（原告）所交各项办证费11650.41元。本协议签订后乙方所购甲方商品房不动产权证由乙方自行申请办理，甲方不再承担为乙方办理商品房不动产证的义务。"2017年6月23日，被告将11650.41元打入原告账户中。原告起诉主张被告应支付违约金73313.12元，按照房款508452元×4.41%（银行当年贷款年利率）×1.3倍/365天×918天（自2015年1月1日至2017年7月6日止）计算。被告则辩称原告主张的逾期办证违约金计算时间错误，计算比例过高，且超过诉讼时效。

【案件焦点】

购房者向开发商主张逾期办证违约金的诉讼时效应如何认定。

【法院裁判要旨】

山东省淄博市张店区人民法院经审理认为：原告依约支付房款后，被告未按合同约定的时间为原告办理房屋权属登记，应当承担逾期办证的违约责任。关于本案是否已过诉讼时效期间问题。原、被告于2017年6月16日签订协议书，该行为应引起诉讼时效中断，故原告诉讼未超诉讼时效，其民事权利仍受法律保护。（1）违约时间问题。因合同为格式化合同，由被告提供，根据相关规定即便产生歧义也应当采信不利于提供格式合同一方的解释。故办证期限应为2014年12月31日之前。因被告于2017年7月6日完成房屋初始登记工作，故被告逾期截止时间应为2017年7月6日止。违约金时间应从2015年1月1日起开始计算至2017年7月6日止。（2）计算方式问题。因合同没有约定逾期办证违约金的具体计算方式，原告主张按照银行贷款利率4.41%上浮30%计算违约金，符合法律规定，予以支持。被告辩称原告主张的违约金比例过高，应按日万分之零点五计算，该标准没有合同和法律依据，不予采信。综上，应以508452元为基数，自2015年1月1日至2017年7月6日，按照银行贷款利率

4.41%上浮30%计算的违约金为73313.12元。对于超出部分不予支持。

山东省淄博市张店区人民法院依照《中华人民共和国合同法》第六十条、第一百零七条，《最高人民法院关于审理商品房买卖合同纠纷案件适用法律若干问题的解释》第十八条之规定，作出如下判决：

一、被告置业公司于本判决生效之日起十日内支付原告王某违约金73313.12元；

二、驳回原告王某的其他诉讼请求。

置业公司持原审答辩意见提起上诉。

山东省淄博市中级人民法院经审理认为：关于王某在本案中起诉是否超出诉讼时效问题，逾期办证违约金按逾期时间逐日增长，故该债权应当属于继续性债权，该类债权因其独特性，每一天的违约金应作为一个“个别债权”单独适用诉讼时效。双方签订合同约定了办证时间，从约定办证截止日的次日起，王某应当知道置业公司出现违约，其权益受到侵害，逾期办证违约金的诉讼时效应当起算。另外依据相关法律规定，2015年10月1日之前的债权应适用两年诉讼时效，2015年10月2日之后债权应适用三年诉讼时效。本案中，王某与置业公司于2017年6月16日签订协议，约定由王某自行办理不动产权证，违约金的诉讼时效应为中断。据此，王某主张2015年1月1日至2015年6月16日的违约金已超过诉讼时效，不应予以支持；2015年6月17日至2017年6月16日期间的违约金截止诉讼时效中断前并未超过两年诉讼时效，且中断后至王某提起本案诉讼止，也未超过两年或三年诉讼时效，故应予以支持。据此，王某主张的2015年6月17日至2017年6月16日期间违约金58299.11元（508452元×银行贷款利率4.41%上浮30%为5.733%×2年）应予以支持，其余部分已超过诉讼时效，不再予以支持。

山东省淄博市中级人民法院依照《中华人民共和国民法总则》第二百零六条，《最高人民法院关于适用〈中华人民共和国民法总则〉诉讼时效制度若干问题的解释》第二条、第三条，《中华人民共和国民事诉讼法》第一百七十条第一款第二项的规定，作出如下判决：

一、变更山东省淄博市张店区人民法院（2019）鲁0303民初2982号民事判决第一项为：置业公司于本判决生效之日起十日内支付王某违约金58299.11元；

二、驳回王某的其他诉讼请求。

如果未按本判决指定的期间履行给付金钱义务，应当依照《中华人民共和国民事诉讼法》第二百五十三条规定，加倍支付迟延履行期间的债务利息。

【法官后语】

本案涉及的主要问题在于，购房者与房屋开发商签订商品房买卖合同后，开发商未按照合同约定办理房屋权属登记，购房者向开发商主张逾期办证违约金的诉讼时效应如何正确认定。

在日常生活中，购买房屋系一般家庭的重要事项。购买房屋的同时也存在一定的风险，如房屋开发商延期交房的风险、延期办理房屋权属证书的法律风险等。延期办理房屋权属证书会导致购房者向房屋开发商主张逾期办证违约金。一般在购房者购买房屋时，会在与房屋开发商签订的商品房买卖合同中约定逾期办证违约金，该违约金在合同中一般有两种约定方式：（1）约定以日或月为单位累计计算的，属于继续性债权；（2）明确约定逾期办证违约金数额的，为一时性债权。办理房屋所有权属证书的请求权与要求承担逾期办证违约责任的请求权性质不同，逾期办证违约责任属于单纯的债权性质的义务，其请求权是基于合同之债所享有的债权请求权，从督促权利人及时行使权力以及尽快稳定社会秩序的角度考量，逾期办证违约责任的请求权应当适用诉讼时效的有关规定。

审判实践中，逾期办证违约金的约定一般存在以下两种情形：情形一，约定以日或月为单位累计计算违约金，违约金的数额随着违约行为的持续发生不断增长，对每个个别的债权分别适用诉讼时效；情形二，明确约定违约金数额的，从约定或者法定的期限届满之日的次日起算诉讼时效。本案中，王某与置业公司签订《商品房买卖合同》约定：置业公司应当在2014年12月31日之前（商品房交付使用后360日内），为王某办理完毕房屋权属登记。该约定已经暗含置业公司交房日期不能晚于 2013 年 12 月 31 日，且办证应当在 2014 年 12 月 31 日前办理完毕，而置业公司实际交房日期为 2014 年 10 月 14 日，该时间未晚于办证约定时间，但置业公司亦未如期办证。在本案王某与公司签订的商品房买卖合同中未明确约定逾期办证违约金事宜，亦未事后达成补充协议，当事人能够举证证明逾期办证造成的实际损失的，应当以实际损失为准；损失数额难以确定的，根据《最高人民法院关于审理商品房买卖合同纠纷案件适用法律若干问题的解释》第十八条第二款之规定，合同没有约定违约金或者损失数额难以确定的，可以按照已付购房款总额，参照中国人民银行规定的金融机构计收逾期贷款利息的标准计算。本案中，王某、置业公司未约定违约金的具体计算标准，应当按照上述法律规定认定违约金的数额。

鉴于本案所涉合同约定逾期办证违约金按逾期时间逐日增长，该债权属于继续性债权，该类债权因其独特性，每一天的违约金应作为一个“个别债权”单独适用诉讼时效，符合前述所列情形一。王某与置业公司签订的合同中约定了办证时间，从约定办证截止日的次日起，即自 2015 年 1 月 1 日起，王某应当知道置业公司出现办证违约情形，其权益受到侵害，故逾期办证违约金的诉讼时效自此应当起算。2017 年 10 月 1 日起施行《中华人民共和国民法总则》，依据该法及《最高人民法院关于适用〈中华人民共和国民法总则〉诉讼时效制度若干问题的解释》第二条“民法总则施行之日，诉讼时效期间尚未满民法通则规定的二年或者一年，当事人主张适用民法总则关于三年诉讼时效期间规定的，人民法院应予支持”、第三条“民法总则施行前，民法通则规定的二年或者一年诉讼时效期间已经届满，当事人主张适用民法总则关于三年诉讼时效期间规定的，人民法院不予支持”的规定，本案中，王某与置业公司于 2017 年 6 月 16 日签订协议约定，王某所购置业公司商品房不动产权证由王某自行申请办理。该协议签订后，逾期违约金的诉讼时效中断。2015 年 6 月 17 日至 2017 年 6 月 16 日期间的违约金截止诉讼时效中断前并未超过诉讼时效，且中断后至王某提起本案诉讼，也未超过诉讼时效，应予支持，其余部分已超过诉讼时效，法院不再予以支持。

另外，值得一提的是，商品房销售合同案件中会出现涉案房屋因违反规划建设等原因导致无法办理不动产登记证书的情形，其属于法律上或者事实上不能履行的情形。因买受人取得涉案房屋不动产登记的合同目的已不能实现，此时买受人请求解除合同并赔偿损失的，法院应予支持。买受人主张合同解除，并请求开发商承担合同解除的违约责任，如存在前期已经支付或已经生效判决认定的逾期办证违约金的，法院应当予以扣除。同时，办证请求权属于物权请求权而不适用诉讼时效，即便逾期办证违约金因超过诉讼时效未得到法院的支持，房屋买受人仍然可以请求开发商继续履行办证义务。

编写人：山东省淄博市中级人民法院　荣明潇　胡晓梅　朱倩茹

39

二手房买卖中因原户口未迁出而导致的违约责任与违约金认定问题

——丁某彦诉宋某庭、房地产经纪公司房屋买卖合同案

【案件基本信息】

1. 裁判书字号

北京市朝阳区人民法院（2020）京0105民初46724号民事判决书

2. 案由：房屋买卖合同纠纷

3. 当事人

原告：丁某彦

被告：宋某庭、房地产经纪公司

【基本案情】

宋某庭从案外人处购买案涉房屋，该房屋所有权于 2016 年 8 月 9 日登记至宋某庭名下。2016 年 11 月 21 日，宋某庭作为出卖人（甲方）与丁某彦（买受人、乙方）签订了《北京市存量房屋买卖合同（经纪成交版）》，约定丁某彦购买宋某庭名下案涉房屋，房屋总成交价为 325 万元，相关内容为：乙方于签订合同当日向甲方支付 5 万元，于网签后 5 日内向甲方支付购房款 100 万元，于 2016 年 12 月 31 日向甲方支付 220 万元；甲方应当在办理房屋所有权登记当日将房屋交付乙方；甲方应当在该房屋所有权转移之日起 10 日内，向房屋所在地的户籍管理机关办理完成原有全部户口的迁出手续。如因甲方自身原因未如期或无法将与该房屋相关的户口迁出的，应当向乙方支付房屋总价款 10%的违约金，并继续履行全部户口迁出义务。同日，双方签订《补充协议》，其中第六条约定："经甲乙双方友好协商同意，甲方承诺在房屋所有权过户之前，向房屋所在地的户籍管理机关办理完成原有全部户口迁出手续。如因甲方自身原因未如期或无法继将与该房屋相关的户口迁出的，应当向乙方支付房屋总价款 10%的违约金，并继续履行全部户口迁出义务。"上述合同签订后，丁某彦向宋某庭支付了购房款，宋某庭按照约定向丁某彦交付了房屋，并协助办理了房屋所有权转移登记，2017 年 1 月 3 日，案涉房屋所有权转移登记至丁某彦名下。双方均确认，案涉房屋上有案外人的户籍登记信息，2020 年 7 月 20 日，案外人的户籍从案涉房屋中迁出。

【案件焦点】

1. 在合同约定出卖人承担协助迁移户口的情形下，该户口是否仅指出卖人家庭户口；2. 因案外人户口迁出问题导致违约，此种情况下，要求出卖人承担违约责任是否具有法律依据。

【法院裁判要旨】

北京市朝阳区人民法院经审理认为：丁某彦、宋某庭就案涉房屋订立的买卖合同系各自真实意思表示，且不违反法律、行政法规强制性规范，属有效合同，双方均应严格履行各自义务。

双方合同及补充协议明确约定了宋某庭配合迁出原有全部户口的义务，宋某庭签订合同承诺在约定期间办理完成户籍迁出，但其未能办理完成案外人的户口迁出事宜，丁某彦关于宋某庭违约的主张成立，应对此承担违约责任，但双方合同约定的违约责任过重，现有证据表明，作为出卖人的宋某庭在经过丁某彦催告后及时协调案外人已将户口迁出，丁某彦没有主观故意，综合以上情况，法院酌情确定宋某庭应给付的违约金数额。

房地产经纪公司作为居间方，促成了双方合同签订及履行，丁某彦未举证证明该公司在合同履行中有隐瞒事实或怠于履行合同义务的行为，其在买卖合同中主张房地产经纪公司退还居间服务费缺乏依据，法院不予支持。

北京市朝阳区人民法院依照《中华人民共和国合同法》第六十条、第一百一十一条之规定，作出如下判决：

一、被告宋某庭于本判决生效后十日内给付原告丁某彦违约金 3.5 万元；

二、驳回原告丁某彦的其他诉讼请求。

一审宣判后，当事人未上诉，现判决已发生法律效力。

【法官后语】

本案中，案涉房屋买卖合同的签订系双方真实意思表示，内容不违反法律、行政法规之效力性强制性规定，合法有效。双方均应依据合同行使权利、履行义务。作为完全民事行为能力人应知悉所签合同的法律后果并承担相应的法律责任。

在合同约定出卖人承担协助迁移户口的情形下，该户口是否仅指出卖人家庭户口。本案中对原户口的处理思路不应仅包括出卖人家庭户口，还应包含涉案房屋处登记的全部户口。

且在本案中，并非本案被告即卖房人户口未及时迁出，而系案外人户口迁出问题导致违约，则在此种情况下，要求出卖人承担违约责任是否具有法律依据？当然有。依法成立的合同对当事人具有法律约束力。当事人如在合同中明确约定户口迁移期间、逾期违约责任，则至于案外人户口未迁出的责任认定问题，依据合同相对性原则理应由合同主体承担合同责任，后无过错方可向案外人追责。被告宋某庭答辩中亦提到此点。

因按照常理分析，出卖人作为产权人理应掌握案涉房屋的户口登记情况，较之买受人、居间方，其具有更大的查询便捷度。出卖人明知房屋户口登记情况时，若未按约迁出户口，其应对此承担合同责任。故本案中，被告未在合同约定的期限内将原有户口迁出的行为确系违约，应承担相应的违约责任。

但双方合同约定的违约责任过重，现有证据表明，作为出卖人的宋某庭在经过丁某彦催告后应及时协调案外人已将户口迁出，丁某彦没有主观故意，且庭审中丁某彦表示被告未按约迁出合同的行为并未给其造成实际损失，故综合以上情况，法院酌情确定宋某彦应给付的违约金数额。房地产经纪公司作为居间方，促成了双方合同签订及履行，丁某彦未能举证证明该公司在合同履行中有隐瞒事实或怠于履行合同义务的行为，其在买卖合同中主张房地产经纪公司退还居间服务费缺乏依据，法院不予支持。

一般而言，对于违约金的数额，法院应综合考虑合同的履行情况、被告的过错程度、预期利益等因素，酌情确定被告应给付原告的违约金数额。若是至判决之日被告仍未将户口从案涉房屋内迁出，原告仍有权向原告继续主张违约金。

我国当前户籍管理中的落户政策有可能导致二手房连环交易中案涉房屋户口无法迁出。故二手房买卖案件中大多涉及户口迁出问题，关于户口迁出一定要落实在合同中。毕竟在二手房交易中，户口对于买房人落户、子女入学、享受社保待遇等方面皆有重要影响。在原户口未能按约迁出的情况下，必然会对买房人的利益造成侵害，故户口问题应得到房屋买卖双方的明确约定，包括但不限于原户口的迁出时间以及逾期迁出的违约责任等。若是在房屋买卖合同中予以书面条款的明确，将为后续督促合同履行抑或日后维权提供依据。虽然户口迁移问题的合同条款系存量房交易中住建委示范合同存在的条款，但是房屋买卖双方亦可在合同中专门约定户口保证金条款，即预留一定金额的房款，在原户口迁出后再支付给卖房人，既可推进卖房人履行户口迁出义务，亦可降低买房人权益受损的风险。

此外，合同中关于逾期迁出户口违约金的约定标准不宜过高。法院通常情况下会结合合同的履行情况、合同标的额、卖房人的过错程度以及买房人的预期利益损失等因素综合考量。在违约金较高时，法院亦可酌情进行调整。

值得注意的是，户口系公安机关管理范畴。房屋买卖合同中双方未就原户口迁出作出明确约定，若发生纠纷后买房人诉至法院要求卖房人迁出户口或承担违约责任，法院就此不予受理。但法院可以处理民事合同纠纷中的违约责任确认以及违约金的确定问题。

编写人：北京市朝阳区人民法院　高艺林

（五）其　他

40

业主缴交前期物业费用的起始时间不能认定为商品房的交付时间

——廖某美诉实业公司商品房销售合同案

【案件基本信息】

1. 裁判书字号

广东省茂名市电白区人民法院（2020）粤 0904 民初 3062 号民事判决书

2. 案由：商品房销售合同纠纷

3. 当事人

原告：廖某美

被告：实业公司

【基本案情】

2013年5月23日，原告廖某美与被告实业公司签订《商品房买卖合同》，约定原告向被告购买位于广东省茂名市电白区水东镇人民路某小区的商品房一套，总金额为444751元。其中《商品房买卖合同》第六条约定：案涉商品房的付款方式为银行按揭付款，两原告在签订《商品房买卖合同》时须交足首期房款（含定金）30%，余下70%房款办理银行按揭或住房公积金按揭。第十五条约定：被告应当在商品房交付使用后720日内，将办理权属登记需由被告提供的资料报产权登记机关备案。如因被告的责任，原告不能在规定期限内取得房地产权属证书的，双方同意按下列第3项处理：……3. 被告缴纳销售税，原告缴纳1.5%或3%契税，印花税和房产局办证及按揭所需要的费税，如因原告不能按时提供所需要证件和办证资料拖延办证期限的，被告则不承担任何责任。案涉《商品房买卖合同》签订后，于2013年8月31日登记备案。2017年4月10日，原告缴存住宅专项维修资金。2017年4月14日，原告签署《业户资料登记表》，确认收楼日期为2017年4月14日。同日，原告与物业管理公司签订《前期物业管理服务协议》。原告提供物业管理公司于2020年4月26日出具的《收据》一份，载明2014年7月至2017年6月物业管理费5065.6元。2017年7月4日，被告将办理涉案商品房权属登记的资料提交给房产交易所。

【案件焦点】

1. 业主向物业公司缴交前期物业费用的起始时间是否可以认定为商品房的交付时间；2. 被告是否存在致原告逾期取得房屋权属证书的违约行为。

【法院裁判要旨】

广东省茂名市电白区人民法院经审理认为：原、被告双方签订的《商品房买卖合同》系双方当事人的真实意思表示，内容没有违反法律、行政法规的强制性规定，合法有效，双方应当严格按照合同的约定全面履行自己的义务。本案双方争议的是被告是否存在致原告逾期取得房屋权属证书的违约行为，应否承担违约责任。

《最高人民法院关于审理商品房买卖合同纠纷案件适用法律若干问题的解释》第十八条第一款规定："由于出卖人的原因，买受人在下列期限届满未能取得房屋权属证书的，除当事人有特殊约定外，出卖人应当承担违约责任：（一）商品房买卖合同约定的办理房屋所有权登记的期限；（二）商品房买卖合同的标的物为尚未建成房屋的，自房屋交付使用之日起 90 日；（三）商品房买卖合同的标的物为已竣工房屋的，自合同订立之日起 90 日。"根据上述规定和案涉《商品房买卖合同》第十五条的约定，因被告的责任导致原告逾期取得房屋权属证书的，被告承担违约责任。由此可推定，如被告已尽了自身的责任，则无须承担违约责任。如何界定被告已尽了自身的责任，广东省茂名市电白区人民法院认为，商品房买卖合同的出卖人在买受人取得房屋权属证书的过程中，其应尽的义务是在合同约定或法律规定的期限内向产权登记机关提交办理权属登记需由其提供的资料进行备案，之后，买受人实际于何时取得房屋权属证书，由发证部门控制，不属出卖人的掌控范围。故应认定被告在约定期限内将办理权属登记需由被告提供的资料报产权登记机关备案，就完成了其自身的办证义务。案涉《商品房买卖合同》第十五条约定，被告应当在商品房交付使用后 720 日内，将办理权属登记需由被告提供的资料报产权登记机关备案，由此可见，双方对被告履行办证义务的期限进行了明确的约定，被告应依约履行。本案中，被告于 2017 年 7 月 4 日向产权登记机关提交办证资料的事实，双方无争议，予以认定。双方对案涉商品房的交楼时间有争议。根据本案原、被告双方提交的证据，原告向被告签署《业户资料登记表》已确认收楼时间为 2017 年 4 月 14 日，且原告于同日签订了《前期物业管理服务协议》，故应认定原告实际收楼时间为 2017 年 4 月 14 日。原告提交的物业管理费收据，系原告与物业管理公司之间的法律关系，不能推翻原告向被告确认的收楼时间，故原告主张被告于 2014 年 4 月 26 日向原告交付案涉商品房，依据不足，不予采纳。综上，被告于 2017 年 4 月 14 日交付涉案商品房给原告使用，被告应从 2017 年 4 月 15

日起720日内将办理权属登记需由被告提供的资料报产权登记机关备案，被告于2017年7月4日向产权登记机关提交资料，未超过720日，故被告不存在违约。原告主张被告违约，要求被告承担违约责任，理据不足，法院予以支持。

广东省茂名市电白区人民法院依照《中华人民共和国合同法》第六十条第一款、《最高人民法院关于适用〈中华人民共和国民事诉讼法〉的解释》第九十条之规定，作出如下判决：

驳回原告廖某美的诉讼请求。

一审宣判后，双方当事人未上诉，现判决已发生法律效力。

【法官后语】

随着城镇化进程的推进，城市商品房交易市场繁荣，人们购房意愿强烈，房屋成交量、平均房价大幅增长，因商品房买卖而产生的争议也不断增多，商品房买卖合同纠纷案件受理数量不断攀升。因商品房购买主体多，交付时间集中、违约情形相似，经常出现短时间内集中起诉等群体性诉讼现场。本案亦属该类纠纷，同一楼盘的部分业主以开发商逾期办证构成违约为由提起诉讼，要求开发商承担违约责任。

《最高人民法院关于审理商品房买卖合同纠纷案件适用法律若干问题的解释》第十八条第一款规定："由于出卖人的原因，买受人在下列期限届满未能取得房屋权属证书的，除当事人有特殊约定外，出卖人应当承担违约责任：（一）商品房买卖合同约定的办理房屋所有权登记的期限；（二）商品房买卖合同的标的物为尚未建成房屋的，自房屋交付使用之日起90日；（三）商品房买卖合同的标的物为已竣工房屋的，自合同订立之日起90日。"在实际的商品房交易中，开发商在合同条款的订立中处于绝对的优势地位，通常会在合同中以约定的方式确定一个较长的商品房办证期限，购房者在签订合同时需格外留意商品房买卖的格式合同中对相关期限的约定。本案合同约定的办证期限为房屋交付使用后的720天内，要判断开发商是否存在逾期办证的违约行为，需确定涉案房屋的交付时间。本案中，双方签署的《业户资料登记表》已明确确认收楼时间为2017年4月14日，被告于2017年7月4日向产权登记机关提交资料，未超过合同约定的期限，故被告不构成违约。商品房买卖合同的相对方为业主与开发商，商品房交付时间应以业主与开发商之间的交付行为来确定。《前期物业管理服务协议》属于业主与物业公司之间签订的合同，开发商并非该物业合同的相对方，对开发商不产生法律约束力，业主提交其向物业公司支付前期物业费用的收费凭证并不能证实物业费的起算时间就是涉案房屋的交付时间。对于商品房交付前的物业管理费是否应由业主承担属于另一法律关系，业主可在签订相关前期物业服务协议或支付前期物业管理费用之前作出充分的了解，以维护自身的合法权益。

编写人：广东省茂名市电白区人民法院　梁慧玲

41

购买商品房的小区配套设施被拆除应如何计赔

——陈某良诉物业公司、投资公司商品房销售合同案

【案件基本信息】

1. 裁判书字号

广东省广州市中级人民法院（2020）粤 01 民终 5069 号民事判决书

2. 案由：商品房销售合同纠纷

3. 当事人

原告（上诉人）：陈某良

被告（被上诉人）：物业公司、投资公司

【基本案情】

物业公司是广东省广州市南沙区某镇某小区商品房的开发商，原名为房地产开发公司，于 2007 年更名为物业公司。

2004年3月2日，物业公司（为出卖人）和陈某良（为受买人）签订《商品房买卖合同》。该合同约定受买人向出卖人购买位于广州市南沙区某镇其开发的小区一套房屋。该商品房的用途为住宅，建筑面积为72.02平方米，套内建筑面积为63.90平方米。该商品房屋属预售，按套内建筑面积计算每平方米1733.07元，总金额110743元整。2005年1月10日前支付22743元，余款8.8万元于2004年2月28日前办理银行按揭。出卖人应当在2004年6月30日前将上述商品房交付给买受人使用。签订合同时，该小区南面有销售中心、游泳池、篮球场，并种植了绿化植物，但双方在《商品房买卖合同》中没有对案涉房屋基础设施、公共配套建筑作出任何约定。

签订合同后，陈某良向物业公司支付了购房款110743元，并办理收楼手续。2005年10月21日，不动产管理机构颁发了涉案房屋的房地产权证，登记的权属人为陈某良，房屋登记面积为71.4平方米。2018年，该小区西南面的销售中心、游泳池、篮球场被拆毁，绿化植物也被铲除。

【案件焦点】

1. 物业公司的宣传资料是否视为要约和合同内容；2. 物业公司是否需要承担违约责任；3. 投资公司是否需要承担连带责任。

【法院裁判要旨】

广东省广州市南沙区人民法院经审理认为：关于广告宣传的属性问题，物业公司在广告宣传资料中明确其开发的案涉小区具备游泳池、篮球场等配套设施。该配套设施可提高小区的居住环境和条件，对双方合同的订立和房屋价格的确定有重大的影响。根据《最高人民法院关于审理商品房买卖合同纠纷案件适用法律若干问题的解释》第三条的规定，以上广告宣传应视为要约，并纳入合同的内容。

关于违约责任的问题，由于游泳池、篮球场等设施已被拆除，物业公司无法履行以上合同义务，应承担违约责任。由于双方在合同中并未约定相应的违约金数额和损失赔偿计算方法，而案涉商品房是否具备上述配套设施必然影响房屋定价，故计算赔偿数额时应以双方合同约定的房屋价格为基础，不以房屋评估价格作为依据。鉴于涉案商品房实际上能满足居住需要，符合正常使用的要求，游泳池、篮球场等配套设施虽然可以改善住户的生活条件，但是对于该房屋的功能和使用的舒适程度并无直接影响，缺少上述设施对房屋价值变化影响有限。因此，综合考虑上述情节，酌情确定物业公司应按总房屋价款的2%向陈某良支付赔偿款。

关于承担连带责任的问题，物业公司和投资公司是独立的法人，应独立对外承担民事责任。在没有证据证明投资公司和物业公司存在人员和资产混同的情况下，故法院对相应的请求不予支持。

广东省广州市南沙区人民法院依照《中华人民共和国合同法》第六十条、第一百零七条，《最高人民法院关于审理商品房买卖合同纠纷案件适用法律若干问题的解释》第三条的规定，作出如下判决：

一、被告物业公司应于本判决发生法律效力之日起五日内一次性支付2214.86元给原告陈某良；

二、驳回原告陈某良的其他诉讼请求。

陈某良不服一审判决，提出上诉。

广东省广州市中级人民法院经审理认为：同意广州市南沙区人民法院的裁判意见，依照《中华人民共和国民事诉讼法》第一百七十条第一款第一项之规定，作出如下判决：

驳回上诉，维持原判。

【法官后语】

本案系案涉小区的业主与开发商因小区销售时宣传的配套设施被拆除所引发的众多纠纷之一，陈某良等人作为业主代表向法院提起诉讼，众多业主持观望的态度。本案涉及众多当事人权益，社会影响较大。如何确定拆除约定配套设施所应承担的责任，是本案的主要焦点。合同中没有约定，法律也无明文规定，鉴定机构对此无法作出评估，也无既判先例可循，是本案的难点。本案的裁判，对同类案件的处理有很好的借鉴作用。

本案中，对物业公司的广告宣传，应从宣传的主体、宣传资料的来源、宣传的内容、规划情况的展示、对销售价格的影响，以及是否有违反诚实信用原则等方面进行判断，应作为合同约定的内容。物业公司虽然在销售案涉房屋时已经建好了上述设施，但是该设施是临时建设，且已经被拆除。因此，该公司交付的房屋不符合合同的约定，违反合同约定，应承担违约责任。案涉合同并未约定相应的违约金数额或损失赔偿计算方法。在无法鉴定的情况下，对如何确定赔偿数额有不同的观点。

第一种观点认为，小区的游泳池、篮球场被拆除，对涉案房屋市场价值造成较大的影响，应根据拆除行为发生时的市场价格，按比例计算赔偿。

第二种观点认为，房屋销售时的价格根据供求关系确定，配套设施完备时，房屋售价相对较高，故应根据上述配套设施对房屋售价的影响来确定赔偿的数额。

一审法院在审理上述案件中，采纳的是第二种观点。涉案商品房是否具备上述配套设施对涉案房屋的销售定价有一定的影响，陈某良以较高的价格购买没有配套游泳池、篮球场的房屋，多付了购房款。房屋现在的市场价值是市场供求关系变化所致，并非签订合同时能预见的利益，故赔偿数额应以双方约定的房屋价格为基础加以确定。现虽然无法对损失的价格进行评估，但仍可以借鉴房地产估价的规范和方法判定缺少配套设施对房屋销售价格的影响。《中华人民共和国国家标准房地产估价规范》（GB/T 50291—2015）对房地产估价常用的比较法作出了技术规范。比较法通过搜集、选取交易实例，建立比较基础，在此基础上进行修正、调整，从而计算比较价值。其中，进行修正、调整各个项目分别对比实例修正、调整的幅度不超过20%，共同对比实例修正、调整的幅度不超过30%。由于影响价格的因素有多方面，包括交易情况的修正，市场、区位、实物、权益状况的调整。所以，评估机构通常对配套设施较差一些的评估对象，在-1%至-3%调整价格。鉴于案涉商品房实际能满足居住的需要，符合正常居住的要求，游泳池、篮球场等配套设施虽然可以改善生活条件，但对陈某良居住使用该房屋的功能和舒适性并无直接影响，对房屋销售定价影响相对有限。法院结合房地产估价的规范和标准，酌情确定由物业公司按原合同总房屋价款的2%支付赔偿款。

本案酌情确定赔偿数额的审判论证思路，可为案情相似案件的处理提供参考。对案涉楼盘大部分业主与开发商协商解决同类纠纷起到引导和借鉴的作用，实现了法律效果和社会效果的统一。

编写人：广东省广州市中级人民法院　陈健

42

房屋差价损失赔偿数额的确定

——赵某明诉吕某军房屋买卖合同案

【案件基本信息】

1. 裁判书字号

北京市第二中级人民法院（2020）京02民终9383号民事判决书

2. 案由：房屋买卖合同纠纷

3. 当事人

原告（上诉人）：赵某明

被告（被上诉人）：吕某军

第三人（被上诉人）：吕某龙、房地产经纪公司

【基本案情】

案涉房屋为已购公有住房，登记在吕某军名下。张某彦系吕某军之妻，吕某龙系吕某军之子。

2016年12月17日，经房地产经纪公司居间，吕某军与赵某明签订《房屋买卖合同》，约定：吕某军将案涉房屋以72万元（净得价）出售给赵某明；定

金2万元，暂交吕某军1万元，交中介方1万元保存；待售房核验、购房资质申请通过后一周内支付全部房款并办理房屋权属转移登记；居间费用为15840元；吕某军在收到全款后一周内将房屋交付给赵某明。

《房屋买卖合同》约定：若出卖人违约行为导致交易不能进行，逾期在15天之内的，按总房价款日万分之五支付违约金，合同继续履行；若逾期超过15天，买受人有权解除合同，出卖人按总房价款的10%支付违约金，并承担居间服务费。

原产权单位规定房屋首次上市出售的，买方需要具有北京市正式城镇户口。因赵某明不符合条件，双方签订补充协议约定：吕某军将此房过户于吕某龙变为商品房，此过户支付的费用由赵某明支付。吕某龙过户后配合赵某明办理过户事宜，费用由赵某明来承担。吕某龙、张某彦、吕某军、赵某明均在补充协议上签字。房屋合同签订后，赵某明按约支付定金。

2017年3月30日，原产权单位出具《已购公有住房上市出售确认书》，同意涉案房屋赠与吕某龙。2017年5月17日，赵某明在京购房资格初步核验通过。

2017年3月10日、4月1日，张某彦与赵某明电话通话，张某彦表示不想再继续履行合同，赵某明表示要求继续履行。2017年4月11日，赵某明、吕某军协商未果。

赵某明诉至法院，要求解除合同；吕某军返还定金2万元、赔偿居间费损失15840元；吕某军、吕某龙支付违约金7.2万元、赔偿房屋差价损失50.27万元。

诉讼中，赵某明遂申请对涉案房屋的价值进行评估。评估公司出具报告，确定涉案房屋在2017年9月7日的房地产总价为107.79万元，在2017年3月10日的房地产总价为122.27万元。

【案件焦点】

1. 房屋差价损失的价值时点如何确定；2. 法院确定赔偿损失额时应如何考量房屋差价损失。

【法院裁判要旨】

北京市房山区人民法院经审理认为：吕某军作为合同义务人，未完成使涉案房屋具备向赵某明出售的条件，合同无法继续履行，构成违约。对赵某明要求解除合同、返还定金、支付违约金的请求，法院予以支持。对赵某明要求承担居间服务费的请求不予支持。2017 年 3 月 10 日双方尚处于磋商过程，合同仍在履行，赵某明主张按照此时的市场价值计算房屋差价损失，不予支持。综合考虑各种因素，参考 2017 年 10 月 16 日房屋评估价值，根据公平和诚实信用原则予以衡量，酌情确定赔偿损失的具体金额。因吕某龙拒绝履行补充协议，导致合同无法履行的违约责任，应由涉案合同当事人吕某军承担。

北京市房山区人民法院依照《中华人民共和国合同法》第八条、第六十五条、第九十四条、第九十七条、第一百零七条、第一百一十四条之规定，作出如下判决：

一、解除赵某明、吕某军与房地产经纪公司签订的房屋买卖合同；

二、吕某军返还赵某明定金 1 万元；房地产经纪公司返还赵某明定金 1 万元；

三、吕某军支付赵某明违约金 7.2 万元；

四、吕某军赔偿赵某明损失 10 万元；

五、驳回赵某明的其他诉讼请求。

赵某明不服一审判决，提起上诉。

北京市第二中级人民法院经审理认为：房屋差价损失属于合同履行后守约方的预期可得利益损失，属于违约损失赔偿范围，故赵某明请求赔偿房屋差价损失，应予支持。民事赔偿责任应遵循损失填平原则，按照 2017 年 9 月 7 日的房屋市场价计算的房屋差价损失，足以弥补赵某明因违约遭受的损失。依据 2017 年 9 月 7 日价值时点的房屋市场价确定房屋差价损失为 35.79 万元（107.79 万元与 72 万元之差额）。对于赵某明主张房屋差价损失的请求，法院在违约金不足以弥补房屋差价损失的范围内支持 28.59 万元赔偿请求。一审判决所酌定的损失赔偿额明显不足以填补守约方所遭受的实际损失，亦将使违约方因违约行为而获益，故法院依法予以纠正。

北京市第二中级人民法院依照《中华人民共和国合同法》第一百一十三条第一款，《中华人民共和国合同法》第一百一十四条第一款、第二款，《中华人民共和国合同法》第六十五条，《中华人民共和国民事诉讼法》第一百七十条第一款第二项之规定，作出如下判决：

一、维持北京市房山区人民法院（2019）京0111民初9617号民事判决第一项、第二项、第三项；

二、撤销北京市房山区人民法院（2019）京0111民初9617号民事判决第四项、第五项；

三、吕某军于本判决生效之日起七日内赔偿赵某明损失28.59万元；

四、驳回赵某明的其他诉讼请求。

【法官后语】

合同违约赔偿损失的范围，是司法实践中的热点和难点。从当事人主张赔偿损失的请求权基础来说，各类损失可以分为两类：一为履行损害，即一方未履行合同导致另一方遭受的履行利益受损，赔偿损失的效果是使受损害一方取得如同合同履行所能取得的收益；二为信赖损害，即一方信赖合同导致其原有利益受到的损害，赔偿损失的效果是使受损害一方利益恢复到合同订立前的状态。履行损害和信赖损害，当事人可以选择其请求权基础，来主张履行损害或信赖损害。[①] 房屋差价损失，本质上即为履行损害。当事人主张房屋差价损失，其目的即是取得合同正常履行的收益。

房屋差价损失属于违约损失赔偿范围。根据《中华人民共和国合同法》第一百一十三条第一款的规定，损失赔偿额应当相当于因违约所造成的损失，包括合同履行后可以获得的利益，但不得超过违反合同一方订立合同时预见到或者应当预见到的因违反合同可能造成的损失。房屋差价损失即属于合同履行后守约方的预期可得利益损失。赵某明请求赔偿房屋差价损失，应予支持。

---

① 参见韩世远：《合同法总论》，法律出版社2018年版，第784页。

房屋差价损失要根据损失填平的原则来确定。房屋差价的计算方式，为房屋合同成交价与损失确定基准时点的房屋市场价之间的价格涨跌差额。房屋差价损失数额是多少，关键在于基准时点如何选择。本案中鉴定机构评估了2017年3月10日和2017年9月7日两个时点的房屋价格，分别为122.27万元和107.79万元。房屋差价损失，数额上应当于守约方在公开市场购买与涉案房屋最类似的替代房屋所需额外支付的差价损失。本案赵某明的履行利益即取得涉案房屋，本案中房屋价格上涨后又下降，按照下降后2017年9月7日的价格计算房屋差价损失，也足以弥补赵某明的履行利益损失，即可以使得其另行购置替代房屋而利益不受损害。因此，可以2017年9月7日为基准点，确定赵某明遭受的房屋差价损失为35.79万元（评估价格107.79万元与合同约定价格72万元之差额）。

约定的违约金低于实际损失的，当事人就未获赔偿的损失差额部分仍有权主张赔偿。本案中双方约定违约金金额为7.2万元，而赵某明实际的损失为35.79万元，违约金不足以弥补赵某明的损失。赵某明就未获赔偿的损失差额部分28.59元仍有权主张赔偿，法院应当予以支持。法院行使自由裁量权，应当具有法律和事实依据，在相关数额经过鉴定确定后，不应再行酌减，否则可能造成赔偿损失数额不足以弥补守约方的实际损失，违约方获益的情形。

当事人主张的损失，还要受到因果关系、可预见性、减损等规则的规制，避免过分加重违约方责任。本案采用本案中按照后一时点为基准确定房屋差价损失，既足以弥补赵某明的损失，又不至于加重吕某军承担的违约责任，平衡双方利益。

编写人：北京市第二中级人民法院 陈妍 王德林

四、商品房委托代理销售合同纠纷

43

第三人只能选择受托人或委托人一方主张权利

——张某峰诉耿某夏、李某召商品房买卖合同案

【案件基本信息】

1. 裁判书字号

陕西省渭南市中级人民法院（2020）陕05民终91号民事判决书

2. 案由：房屋买卖合同纠纷

3. 当事人

原告（上诉人）：张某峰

被告（上诉人）：耿某夏

被告（被上诉人）：李某召

【基本案情】

2015年1月21日，陕西省富平县不动产登记局对涉案房屋备案登记信息显示：案涉房屋位于某小区3-1402号，合同面积为129.27平方米，开发商为房地产公司，购房户为案外人张某峰。2017年9月初，张某峰与耿某夏就案涉房屋达成口头房屋买卖协议。随后张某峰一次性向耿某夏付清全部房款30.5万元，耿某夏也将案涉房屋房门钥匙一把交与张某峰。2017年9月12日，张某

峰向房地产公司项目部交付天然气初装费 1980 元，有线电视初装费 360 元。张某峰后来发现耿某夏对案涉房屋不具有所有权属。其间，张某峰申请对涉案房屋现值进行司法评估，案涉房屋评估总值为 49.9 万元。因此，案涉房屋的增值数额应为 19.4 万元。另房地产公司于 2015 年 10 月 28 日函告另一房地产公司，要求给被告李某召办理包括案涉房屋在内的数套房购房手续；2017 年 3 月 2 日，李某召出具书面委托，委托上诉人耿某夏处理以上房屋。耿某夏处理房屋后，其扣除了自己部分货款，亦退给李某召部分售房款。

【案件焦点】

案涉口头买卖合同是否有效及原告是否可要求二被告承担连带责任。

【法院裁判要旨】

陕西省渭南市富平县人民法院经审理认为：耿某夏对案涉房屋不具有所有权，因此也就不具有处分权。被告耿某夏虽然辩称其系受被告李某召委托，代为出售涉案房屋，但因被告李某召对涉案房屋也不具有所有权，故其《委托书》因违法而应确认无效。至本案庭审期间，被告耿某夏的处分行为，未经涉案房屋所有权人追认，被告耿某夏也未取得处分权，故涉案房屋口头买卖合同，应依法确认无效。被告耿某夏因该无效合同取得的涉案房屋价款，依法应予返还。对于涉案合同的无效，双方均具有过错，故应当各自承担相应的责任。被告耿某夏明知其不具有所有权和处分权，而为处分行为，主观心理状态为故意，故应承担主要过错责任。原告对案涉房屋权属，应予审慎审查，却疏忽大意，主观心理状态为过失，故应承担次要过错责任。原告请求于法有据，应予支持。李某召不具有对涉案房屋的所有权和处分权，故被告李某召的委托出售涉案房屋行为应为无效。因此，对原告针对被告李某召的诉讼请求，依法应予驳回。

陕西省渭南市富平县人民法院依照《中华人民共和国合同法》第五十一条、第五十八条之规定，作出如下判决：

一、被告耿某夏于本判决书生效后 15 日内，返还原告张某峰全部购房款 30.5 万元，并向原告张某峰支付全部购房款 30.5 万元的利息的 70%（利息从

2017 年 9 月 17 日起，以中国人民银行同期同类贷款基准利率为标准，计算到实际清偿之日止）。下余利息损失，由原告张某峰自行承担；

二、被告耿某夏于本判决书生效后 15 日内，赔偿原告张某峰涉案房屋增值损失 19.4 万元的 70%，即为 13.58 万元。下余增值损失，由原告张某峰自行承担；

三、被告耿某夏于本判决书生效后 15 日内赔偿原告张某峰天然气初装费、有线电视初装费共计 2340 元的 70%，即为 1638 元。初装费损失，由原告张某峰自行承担；

四、驳回原告针对被告李某召的诉讼请求。

张某峰、耿某夏均不服，提起上诉。

陕西省渭南市中级人民法院经审理认为：耿某夏受李某召委托出售涉案房屋，其在与张某峰达成口头买卖协议时，并未说明其受托人身份，该口头协议是双方当事人真实意思表示，且已部分履行，耿某夏明知自己对涉案房屋无所有权，其该行为仅对合同履行中物权变动及处分行为产生影响，不影响买卖合同本身的法律效力，故原审以出卖人没有处分权，认定买卖合同无效不妥，应予纠正，双方买卖合同有效，均应依约履行。由于耿某夏和其委托人李某召对涉案房屋均无所有权，导致对买受人张某峰构成履行不能，《中华人民共和国合同法》第四百零三条二款规定："受托人因委托人的原因对第三人不能履行义务，受托人应当向第三人披露委托人，第三人因此可以选择受托人或者委托人作为相对人主张其权利，但第三人不得变更选定的相对人。"根据张某峰一审的诉讼请求，其要求耿某夏承担大部分违约责任，据此可以认定其向受托人主张权利，故耿某夏应承担的违约责任。耿某夏上诉认为其受李某召委托出售房屋事实成立，虽然其向买受人交付了房屋钥匙，但案涉房屋并未现实交付，且在双方达成口头买卖协议前，该房产已属案外第三人所有，客观上已履行不能，耿某夏作为合同出卖一方负有现实交付义务，房地产公司不是合同当事人，耿某夏上诉认为其已实际交房，张某峰应向房地产公司主张权利的上诉理由不能成立。关于本案房产的《房地产估价报告》（以下简称《报告》）已经当庭质证，耿某夏虽有异议，但没有提供充分事实、理由否定《报告》结论，《报告》应予认定；基于双方买卖合同有效，原审判决耿某夏赔偿房款利息，又判决其赔偿房屋增值损失，即双重损失不妥，应予纠正。本案房屋交易并非即时清结的简单交易，应采用书面形式，买受人张某峰疏于对房屋权属审查，主观上存在过失，但原审判决其承担30%责任，加重了买受人签订履行合同的注意义务和善意信赖，显属不妥，张某峰上诉理由部分成立。

陕西省渭南市富平县人民法院依照《中华人民共和国合同法》第六十条、第一百零七条、第一百一十三条、第四百零三条第二款，《中华人民共和国民事诉讼法》第一百七十条第一款二项规定，作出如下判决：

一、维持陕西省富平县人民法院（2019）陕0528民初2928号民事判决主文第四项（即驳回原告针对被告李某召的诉讼请求）；

二、撤销陕西省富平县人民法院（2019）陕0528民初2928号民事判决主文第一、二、三项；

三、上诉人耿某夏于本判决生效后十五日内返还上诉人张某峰购房款30.5万元，并赔偿涉案房屋增值损失17.46万元，赔偿张某峰天然气初装费、有线电视初装费2106元；

四、驳回上诉人张某峰其余诉讼请求。

【法官后语】

本案是第三人选择权的典型案例，可以对此进行探讨。

第三人的选择权，是指在受托人向第三人披露委托人后，第三人选择受托人或者委托人作为主张权利的相对人的权利。但第三人只能在委托人和受托人中选择一次，一旦选定就不得变更所选定的相对人。所谓选定，实际上就是由第三人最终决定合同的对方当事人。第三人行使选择权选择委托人作为相对人时，合同当事人就变成了委托人和第三人，则委托人和第三人得相互主张权利。

例如，甲委托乙向丙购买一批货物，丙在向乙交货以后，乙没有向丙支付货款，而乙未付货款的原因主要是甲没有向乙支付该笔货款，因此乙不履行的主要原因在于甲没有履行义务。根据《中华人民共和国民法典》第九百二十六条第二款的规定，第三人行使选择权除第三人在订立合同时，不知道受托人与委托人之间有代理关系外，还必须具备以下条件：

1. 受托人因委托人的原因对第三人不履行义务，或者说受托人不履行对第三人的义务的原因在于委托人

这就是说，一方面，是受托人对第三人未履行义务，而不是受托人对委托人未履行义务；另一方面，受托人不履行义务的原因在于委托人。如果是因为受托人自身的原因导致合同不能履行，则第三人只能直接向受托人提出请求，而不能向委托人提出请求。

2. 受托人已经向第三人披露了委托人。受托人一旦向第三人作出披露，则将使第三人享有选择权

当然，第三人作出的选择是否能够成立，还取决于委托人的抗辩是否能够成立。在受托人未向第三人披露委托人的情况下，第三人也只能向受托人提出请求，而不能向委托人提出请求。

3. 第三人已作出选择

第三人的选择权也属于形成权，其行使与否完全由自己决定，无须经受托人或委托人的同意。需要指出的是，第三人所作出的选择必须是明确作出选择，其必须明确表示究竟是选择受托人还是委托人履行债务。这具体包括两个方面，一是选择向哪一个当事人提出请求，如果第三人同时向受托人和委托人提出请求，则不能构成选择；二是已经向某一个具体的当事人提出了请求。如果第三人选择了某一个当事人，但并没有直接向该当事人提起诉讼或提出请求，而只是向他人表示了其选择的结果，则不能认为第三人已经作出了选择。只有在明确地向一方当事人提出请求后，才能表明其已经行使了选择权。

由于选择权属于形成权，所以在第三人选定之后，即不得变更选定的相对人。也就是说，第三人的选择权只能行使一次。即使由于被选择的相对人欠缺履行能力而不能承担责任，第三人也不能向未被选择的人主张权利。法律上作出此种限制的主要原因在于，一方面，允许相对人作出选择，实际上是要求第三人在因为委托人的原因造成违约的情况下再次明确其缔约的伙伴和承担合同

责任的当事人。第三人选择任何一方当事人承担责任，都表明该当事人是第三人所确定的缔约伙伴。但如果第三人可以重复作出选择，则其缔约伙伴就很难确定。另一方面，从效率上考虑，如果相对人在作出选择以后，已经针对该当事人提出请求或提起诉讼，如果允许其再次作出选择，则将会造成重复诉讼的现象。

编写人：陕西省渭南市中级人民法院　杨新龙

44

行为人没有代理权，仍然实施代理行为，经被代理人追认的，对被代理人发生效力

——刘某萍诉李某光、史某房屋买卖合同案

【案件基本信息】

1. 裁判书字号

天津市第三中级人民法院（2020）津03民终4775号民事判决书

2. 案由：房屋买卖合同纠纷

3. 当事人

原告（被上诉人）：刘某萍

被告（上诉人）：李某光、史某

【基本案情】

李某光为坐落于天津经济技术开发区第二大街一处房屋所有权人，房屋面积为109.72平方米，购买房屋价款为705499.6元。刘某萍与史某于2013年年初，达成了对于该诉争房屋的房屋买卖合意，双方最终商定价格为120万元，双方并未对房屋价款给付时间进行明确约定。刘某萍分别于2013年2月27日、

2014年1月10日、2015年1月23日、2016年2月13日，以现金方式存入史某账户各10万元，合计为40万元。刘某萍的女儿赵某于2015年8月3日向史某账户转账30万元、于2016年2月14日转账10万元、于2016年12月14日转账20万元、于2016年12月31日转账10万元、于2017年5月15日转账10万元，共计转账80万元；以上共计120万元。2013年，史某在收到第一笔10万元款项后，将涉诉房屋及房屋所有权证书原件交付刘某萍，刘某萍家人使用涉诉房屋至今。李某光、史某从未向刘某萍主张支付租金或使用费。刘某萍支付完毕房屋价款120万元后，要求李某光与其办理过户手续，李某光要求刘某萍额外支付房屋一定比例增值款才同意与刘某萍办理过户手续。之后，双方未能达成一致意见并呈讼。刘某萍请求：继续履行房屋买卖合同；李某光、史某协助刘某萍办理房屋产权过户手续。庭审中，刘某萍提交的其与史某的对话显示，史某与刘某萍协商将涉诉房屋出售给刘某萍，房屋价款为120万元，但是双方对于履行时间并未有明确约定。刘某萍提交的其与李某光的对话显示，李某光知晓史某出售房屋，但对其母出售房屋时商谈的付款方式存有异议。

【案件焦点】

口头买卖合同是否成立，合同效力是否及于李某光。

【法院裁判要旨】

天津市经济技术开发区人民法院经审理认为：关于房屋买卖合同成立与否问题，《中华人民共和国合同法》第十条规定，当事人订立合同，有书面形式、口头形式和其他形式。口头合同作为合同订立的一种形式，刘某萍可以与史某、李某光之间通过口头方式达成房屋买卖合同。《城市房地产转让管理规定》第七条规定的是房地产转让的办理程序，其关于房屋买卖签订书面转让合同作为房屋买卖交易的步骤，并非涉及合同效力的强制性规定。刘某萍与史某之间达成的口头房屋买卖合同并未违反法律强制性规定，史某抗辩合同无效缺乏事实及法律依据，不予采纳。关于房屋买卖合同效力问题，一方面，李某光为涉诉房屋登记的所有权人，史某作为李某光母亲，具有近亲属关系；另一方面，史某持有房屋钥匙及房屋产权证书等相关材料。无论是从身份关系还是从掌控房屋的情况，史某均可以作为出售房屋的代理人身份。李某光的谈话录音里表明其对于史某出卖房屋的事实是知晓的，虽然对于房款的付款方式存在异议，但也仅限于李某光与史某之间，李某光在知晓出售房屋情况后并未以任何方式向刘某萍主张不出售房屋或返还房屋的意思表示，因此，可以认定史某具有出售房屋的代理权。刘某萍与史某代表李某光达成的房屋买卖合同有效。刘某萍与史某于 2013 年达成了出卖房屋的合意，且达成合议后向刘某萍交付了房屋及房屋所有权证书原件，并于 2013 年至 2017 年收取了刘某萍及其女儿所支付的全部房屋价款 120 万元。房屋买卖合同的买受人义务是支付房屋价款，出卖人义务为交付房屋并配合办理所有权转移手续，刘某萍已经支付了全部房款 120 万元，房屋买卖合同的买受人义务已经履行完毕，出卖人也履行完毕房屋交付义务，李某光应当履行剩余的出卖人义务，协助刘某萍办理房屋所有权转移手续。综上，天津市经济技术开发区人民法院支持了刘某萍的诉讼请求。天津市经济技术开发区人民法院依照《中华人民共和国合同法》第六十条、第一百零七条，《中华人民共和国民事诉讼法》第六十四条之规定，作出如下判决：

一、原告刘某萍与被告李某光继续履行案涉房屋买卖合同；

二、被告李某光于判决生效之日起十日内协助原告刘某萍办理案涉房屋的过户手续。

李某光、史某持原审答辩意见提起上诉。

天津市第三中级人民法院同意一审法院裁决意见，依照《中华人民共和国民事诉讼法》第一百六十九条第一款、第一百七十条第一款第一项之规定，作出如下判决：

驳回上诉，维持原判。

【法官后语】

当事人订立合同，可以采用书面形式、口头形式或者其他形式。所以，史某与刘某萍达成的口头房屋买卖合同是法律规定所允许的合同形式。李某光、史某认为依照《城市房地产转让管理规定》第七条以及《中华人民共和国合同法》第十条第二款的规定，房屋买卖合同应当采用书面形式订立，故依照《中华人民共和国合同法》第五十二条第五项“有下列情形之一的，合同无效：……（五）违反法律、行政法规的强制性规定”之规定，史某与刘某萍之间的口头合同无效。但是《城市房地产转让管理规定》第七条以及《中华人民共和国合同法》第十条第二款均为管理性规定，而非强制性效力性规定，史某与刘某萍未采用书面形式订立合同，并不导致其二人之间的口头买卖合同必然无效。本案中，刘某萍与史某之间形成的口头房屋买卖合同并无合同无效之情形，故应认定该合同有效。

虽然李某光抗辩其从未委托史某对外出售房屋，但是从史某与李某光是母子关系、史某实际控制案涉房屋及证件、史某收取案涉房款等事实可知，史某具有代理的条件。李某光在知晓出售房屋情况后并未以任何方式向刘某萍主张拒绝出售房屋或返还房屋的意思表示，继而收取了约定的房屋全款，刘某萍一家实际居住多年。综上所述，即便在史某与刘某萍达成协议时未取得李某光授权，但是在刘某萍已经足额支付案涉房屋购房款并实际占用案涉房屋之时，其仅是对其母史某出售房屋时商谈的付款方式存有异议，应对认定李某光对史某向刘某萍出售房屋进行了追认，该房屋买卖合同的效力应及于刘某光。

诚信与爱国、敬业、友善一起确立为社会主义核心价值观中关于公民个人层面的价值准则，更加明确了诚信这一核心价值观在国家、社会的建设和个人的发展中处于一个根本和基础的地位。本案中，刘某萍与史某系多年姐妹，虽然双方未对案涉房屋买卖签订书面合同，但是综合刘某萍及其女儿赵某陆续支付购房款、史某向刘某萍交付房产证等证件、刘某萍家人实际占有案涉房屋、史某之子李某光出国等事实，可以认定双方对于房屋买卖达成一致，但基于双方当时友好关系，并未对合同细节予以书面确认。现时隔7年，房价大涨，出卖方觉得利益失衡，以致形成今日之诉。我们倡导诚信，希望构建言行一致、诚信有序的社会，激活宝贵的无形资产，营造“守信光荣、失信可耻”的风尚，增强社会的凝聚力和向心力。

综上，即便史某与刘某萍订立的是口头房屋买卖合同，其法律效果也应当由李某光承担，现刘某萍已经履行了主要合同义务，从保护财产交易的动态安全，维护安全的市场交易秩序的角度出发，其要求李某光继续履行合同的诉讼请求于法有据，应当予以支持。

编写人：天津市第三中级人民法院　姜玉姝

45

家事代理的房屋买卖合同效力认定

——汪某秀诉刘某高房屋买卖合同案

【案件基本信息】

1. 裁判书字号

湖北省恩施土家族苗族自治州中级人民法院（2021）鄂28民终19号民事判决书

2. 案由：房屋买卖合同纠纷

3. 当事人

原告（被上诉人）：汪某秀

被告（被上诉人）：刘某高

第三人（上诉人）：王某芳

【基本案情】

刘某高与第三人王某芳于1982年登记结婚，刘某高退休前系某银行职员。

2000年，银行机构改革处置有关房产时，刘某高作为内部员工优先购买房屋一套2层，一楼为门面，二楼为住宅。2002年6月28日，刘某高就购买房屋办理集体土地建设用地使用证，登记的土地使用者为刘某高。2005年5月27日，刘某高就购买房屋办理房屋所有权证，该证“附记”栏注明“此房系某银行出售”。

2017年6月2日，汪某秀之子王某颂代其与刘某高签订《房屋购买合同》，约定：刘某高将该房屋售予汪某秀，价款110万元，过户费用由汪某秀承担。当日，王某颂转账支付全部购房款，刘某高出具收到汪某秀购房款110万元收条一张并交付了案涉房屋的房屋所有权证及集体土地建设用地使用权证。此后两日内，刘某高和王某芳将涉案房屋一楼（王某芳开办的服装店门面）交付汪某秀，二楼房屋因故未交付。汪某秀接收上述一楼房屋后，王某颂将房屋装修开办药店至今。后汪某秀多次催促刘某高交付二楼住房、协助过户，因王某芳未能与汪某秀协商一致，双方发生纠纷，汪某秀遂诉至法院。

【案件焦点】

1. 案涉房屋买卖合同的效力问题；2. 配偶一方处分另一方房屋的行为性质认定以及是否构成表见代理。

【法院裁判要旨】

湖北省建始县人民法院经审理认为：本案的争议焦点为案涉房屋买卖合同的效力问题。

第一，庭审查明的情况看，原、被告签订的房屋买卖合同是双方当事人的真实意思表示，第三人主张确认合同无效的主要理由是原、被告规避第三人签订买卖合同，第三人不同意、未追认，这与签订合同后两日内被告与第三人共同将案涉房屋一楼正在经营的服装店门面交付原告的事实明显不符，第三人显然知晓并同意房屋买卖，故第三人的该项主张与查明的事实不符，不予采纳。

第二，从一般人的认知水平看，案涉房屋登记在被告名下，被告作为主要家庭成员与原告签订房屋买卖合同，与第三人共同交付第三人经营的一楼门面，原告有足够的理由相信并认可被告能够代表家庭出售房屋。因此，被告的行为构成法律上的家事代理，其行为后果应由被告与第三人共同承担。从合同履行情况来看，原告支付了合理的对价，被告与第三人履行了房屋权属证书及一楼房屋的交付义务，于原告而言，已构成法律上的善意取得，虽然未完成物权变更登记，但是不影响原告主张权利。

第三，关于原告购买房屋的资格问题，也是评判本案房屋买卖合同效力的主要问题。根据《中华人民共和国土地管理法》和最高人民法院发布的《第八次全国法院民事商事审判工作会议（民事部分）纪要》的规定和精神，农民将其宅基地上的房屋出售给本集体经济组织以外的个人，该房屋买卖合同无效。从前述规定可以看出，限制农村房屋买卖主要是依据农村村民一户一宅的法律规定，而且是农民的自建房。从本案查明的情况看，案涉房屋系原银行官店营业点办公用房，系国有资产，该房出售时，面向的是社会不特定对象，对购买人身份无特别限制。从被告购买案涉房屋的情况即可看出，当初被告户籍地不明确，即或当时登记在A社区居委会，其户口性质为非农业户口，并非A社区居委会集体经济组织成员，但其仍然购买到了案涉房屋，从办理房屋所有权和土地使用权变更登记的情况看，行政主管部门也认可了被告作为购买者的资格，充分说明案涉房屋购买者资格并没有限定在A社区居委会集体经济组织成员内，而是面向社会公开的。同理，案涉房屋为被告和第三人的夫妻共同财产，但第三人户籍非A社区居委会集体经济组织成员，如果以其身份来判定其是否享有案涉房屋权属的依据，第三人在本案中就无权对被告出售房屋提出异议，势必剥夺了作为配偶的财产权利，故本案涉诉纠纷不能依据一户一宅的法律规定。依上述理由，案涉房屋可自由出售，原告户口虽未在A社区居委会，但同样具有购买案涉房屋的资格，原、被告签订的房屋买卖合同并不违反法律和行政法规的强制性规定。

第四，案涉房屋购买人是原告还是其子王某颂的问题。从原、被告双方签订的合同主体看，原告是作为买受人身份签订的买卖合同，案涉购房款虽是王某颂实际出资，但被告出具收条是收到原告的购房款，充分说明被告认可原告的购买者身份。按照法律规定，民事法律行为可以委托他人代理，王某颂作为原告之子代理购买房屋并实际出资，不违反法律规定，相应权利义务应由原告承受。原告向法院主张合同有效并要求被告协助过户，亦能说明原告购买房屋之身份，法院对原告作为案涉房屋买卖合同的买受人身份予以确认。

综上，原、被告签订的《房屋购买合同》系双方当事人的真实意思表示，合同的内容不违反法律和行政法规的强制性规定，为有效合同。第三人作为案涉房屋的共有权人，应当与被告履行腾退房屋及协助过户义务。

湖北省建始县人民法院依照《中华人民共和国合同法》第六条、第八条、第六十条、第一百三十五条，《中华人民共和国民法总则》第一百七十二条，《最高人民法院关于贯彻执行〈中华人民共和国民法通则〉若干问题的意见（试行）》第八十九条，《最高人民法院关于适用〈中华人民共和国民事诉讼法〉的解释》第九十条之规定，作出如下判决：

一、原告汪某秀与被告刘某高于2017年6月2日签订的《房屋购买合同》有效；

二、被告刘某高与第三人王某芳于本判决生效后十日内将位于建始县官店镇的房屋第二层腾退并交付给原告汪某秀，协助原告汪某秀办理案涉房屋的所有权及土地使用权过户登记；

三、驳回第三人王某芳的诉讼请求。

王某芳持原审意见提起上诉。

湖北省恩施土家族苗族自治州中级人民法院同意一审法院裁判意见，依照《中华人民共和国民事诉讼法》第一百七十条第一款第一项之规定，作出如下判决：

驳回上诉，维持原判。

【法官后语】

本案对房屋买卖合同效力的认定主要基于对被告刘某高对涉案房屋的处分行为的效力及原告购房资格问题的认定，其中对被告的处分行为效力的认定顺应了我国法律对家事代理权的立法趋势。家事代理权制度源于古罗马时代的家事委任制度，之后又经过瑞士、日本、法国、德国以及英美法系部分国家的变迁和发展，成为现代社会一项解决家事交易法律问题的重要制度。关于该项制度，我国婚姻法等相关立法和司法解释几经变迁，最终在表见代理制度上予以体现。表见代理规范的是行为人虽无代理权，但由于本人的行为，造成了足以使善意第三人相信其有代理权的表象，而与善意第三人进行的、由本人承担法律后果的代理行为，但家事代理权又与表见代理不同，其适用的对象更具体，一般主要体现在夫妻等主要家庭成员之间。《中华人民共和国婚姻法》第十七条仅规定了夫妻对共有财产的平等处理权，而《中华人民共和国民法典》婚姻家庭编中将夫妻间日常家事代理制度予以完善，这无疑是立法上的一次进步。《中华人民共和国民法典》第一千零六十条规定，夫妻一方因家庭日常生活需要而实施的民事法律行为，对夫妻双方发生效力，但是夫妻一方与相对人另有约定的除外。夫妻之间对一方可以实施的民事法律行为范围的限制，不得对抗善意相对人。可见家事代理权制度的一个重要价值取向在于维护交易安全和稳定，保护善意第三人的合法权益。

夫妻间的家事代理权实际上在审判实践中的应用是比较普遍的。结合本案来看，被告刘某高处分行为的效力是认定案涉房屋买卖合同有效的主要组成部分。案涉房屋系被告作为银行内部员工优先购买所得，登记于被告名下。被告刘某高的处分行为能否代表其妻王某芳的处分行为。一审法院认定王某芳对被告刘某高的处分行为是知情并默许的，被告刘某高对案涉房屋的处分行为构成家事代理，该处理结果也符合家事代理权制度的价值取向和基本要求。依据家事代理权，夫妻双方互有代理权，与第三方所实施的一定民事法律行为，视为依夫妻双方的意思表示所为的民事法律行为，另一方也应承担因此而产生的法律后果。故刘某高的处分行为是有效的。

《中华人民共和国民法典》虽规定了家事代理权，但并未对“家庭日常生活需要”这一概念的外延作出界定，是将“家庭日常生活需要”仅界定为衣食住行等基本范畴，还是将为家庭日常生活所需而实施的，包括房屋等不动产或者特殊动产以及股权转让等交易都纳入该范围，这将是审判实践中遇到的难题。同样，学界对于如何界定“家庭日常生活需要”也存在争议。比如，有学者认为家事代理的范围应限定在诸如衣食住行等一般的家事活动；也是学者认为对于房产等价值大的财产，因属于家庭的最主要财产而不属于日常家事范围，还有的学者认为在必要时可将日常家事代理的范围扩张至特殊家事活动。基于此，对“家庭日常生活需要”的界定需要结合夫妻双方的共同生活的状态（社会地位、教育程度、财产状况、收入情况、家庭人口等）、夫妻共同生活地的社会习惯等进行综合考量。同时结合交易对象是否善意，即夫妻一方或者双方是否在主观上损害交易第三人的利益或是第三人与夫妻一方损害夫妻另一方的利益。

编写人：湖北省建始县人民法院　王雪芬

46

中介提供虚假情况应承担赔偿责任

——陈某华诉薛某琪等房屋买卖合同案

【案件基本信息】

1. 裁判书字号

江苏省无锡市中级人民法院（2020）苏 02 民终 4593 号民事判决书

2. 案由：房屋买卖合同纠纷

3. 当事人

原告（被上诉人）：陈某华

被告（上诉人）：范某生、不动产经纪公司

被告：薛某琪、吴某娟

【基本案情】

薛某琪与陈某华签订《购房定金收据》，确认收到陈某华购房定金 2 万元。2018 年 6 月 8 日，陈某华、薛某琪、不动产经纪公司签订《房屋买卖合同》，约定：薛某琪将案涉房屋以 38 万元卖给陈某华；陈某华于 2018 年 6 月 20 日前交付房款 36 万元；签订合同时，陈某华需交纳信息服务费 1.2 万元；不动产经纪公司为双方提供交易机会，如实传递薛某琪或陈某华提供的信息，就有关政策法规进行咨询，协助双方办理过户手续。

购房时，陈某华问：“这套房子在你这买卖，就是你所谓的已备过案，就不能再卖给别人，是不是?”不动产经纪公司答：“所有买卖都有标记。只要走我们中介，资料全都调到我们这里来。以前是调社区，但现在社区、整个惠山所有的房子都卖给我们和另一不动产经纪公司。资料也好、办证也好，包括房产证下来都不到原房东手上。”陈某华丈夫问：“这个房子已私下交易了，然后又通过你们交易，这个私下交易是不是无效?”不动产经纪公司答：“无效。一看合同。二看谁去拆迁办调材料。资料现在不管是在拆迁办或征收办都是干净的。一旦我们中介接手把他调出，就证明这套房子在买卖了。我们中介在签你这套房子时，已在拆迁办查过了。所以，我才能把资料调到我们这边。不然，就要去另一不动产经纪公司拿资料，要经过社区政府，这是很麻烦的。为什么虽说你们觉得安置房风险很大但其实很少听到这样的纠纷，因为按理说，办完证，房产证应给原房东，但是，不能。我们这边只要有买卖的房子，房产证全都放在我们中介发证，发证方是我们。过户是我们中介服务之一，帮你过户，帮你办证。这些分别是房屋原本的复印件，这是原房东薛某琪的复印件。这是特此声明。它们都有法律效应。这不是遗嘱，是执行书。安置房产权上的人完全拥有房子的主权性，和任何人都无关。只要房子有买卖，那就是买方的。”

同年6月20日，薛某琪、陈某华、范某生签订补充协议。约定：陈某华已知悉薛某琪之前将房屋卖于范某生；目前范某生通过不动产经纪公司和薛某琪将房屋卖给陈某华；薛某琪、不动产经纪公司承诺在该小区可办产权证的二周内相约办理；薛某琪、陈某华、不动产经纪公司承诺在拿到产权证的二周内配合陈某华变更产权。同日，吴某娟代范某生确认收到购房款36万元。不动产经纪公司确认收到中介费1.2万元（含过户等相关手续费）。

2019年8月23日，薛某琪将房屋过户至李某名下。陈某华诉至法院，要求解除合同，赔偿损失。

【案件焦点】

不动产经纪公司在本案中是否应承担赔偿责任。

【法院裁判要旨】

江苏省无锡市惠山区人民法院经审理认为：居间人故意隐瞒与订立合同有关的重要事实或者提供虚假情况，损害委托人利益的，不得要求支付报酬并应承担损害赔偿责任。不动产经纪公司在向陈某华陈述案涉房屋买卖风险时，明显作出了夸大和虚假陈述，以致陈某华对该风险有了错误的认识，故不得要求支付报酬并应承担损害赔偿责任，对陈某华提出的要求退还信息服务费1.2万元的诉讼请求予以支持。同时，陈某华有权主张解除其与不动产经纪公司签订的居间服务合同，且不动产经纪公司需对陈某华的损失即房屋溢价17.94万元承担20%的赔偿责任，即3.588万元。

江苏省无锡市惠山区人民法院依照《中华人民共和国合同法》第九十四条、第九十七条、第一百零七条、第一百一十三条、第一百一十四条、第一百二十一条、第四百二十五条，《中华人民共和国民事诉讼法》第一百四十四条之规定，作出如下判决：

一、解除陈某华、薛某琪、不动产经纪公司于2018年6月8日签订的《房屋买卖合同》以及2018年6月20日薛某琪、陈某华、范某生签订的《补充协议》；

二、范某生于本判决生效后10日内向陈某华退还购房款36万元并赔偿陈某华损失8.97万元；

三、不动产经纪公司于本判决生效后10日内向陈某华退还信息服务费1.2万元并赔偿陈某华损失3.588万元；

四、陈某华于本判决生效后10日内向范某生支付房屋占有使用费2.1万元；

五、驳回陈某华的其他诉讼请求。

范某生、不动产经纪公司不服一审判决，提出上诉。

江苏省无锡市中级人民法院经审理认为：不动产经纪公司作为房屋买卖居间人，从事房地产居间活动的专业机构，陈某华正是基于对不动产经纪公司的信任而委托进行居间活动，不动产经纪公司应就其居间的房屋买卖风险，向陈某华如实报告，但不动产经纪公司在陈述案涉房屋买卖风险时，明显作出了夸大和虚假陈述，以致陈某华对该风险有了错误的认识，损害了陈某华的利益，应当不得要求支付报酬并承担损害赔偿责任。法院根据本案的具体情况，酌定不动产经纪公司退还信息服务费 1.2 万元并赔偿陈某华损失 3.588 万元，符合法律规定。

江苏省无锡市中级人民法院依照《中华人民共和国民事诉讼法》第一百七十条第一款第一项之规定，作出如下判决：

驳回上诉，维持原判。

【法官后语】

1. 中介人的义务

《中华人民共和国合同法》第四百二十四条规定，居间合同是居间人向委托人报告订立合同的机会或者提供订立合同的媒介服务，委托人支付报酬的合同。基于通俗易懂的考虑，《中华人民共和国民法典》将“居间合同”修改为“中介合同”，“居间人”修改为“中介人”。《中华人民共和国民法典》第九百六十一条规定，中介合同是中介人向委托人报告订立合同的机会或者提供订立合同的媒介服务，委托人支付报酬的合同。不动产经纪公司就是典型的中介人。

《中华人民共和国合同法》第四百二十五条规定，居间人应当就有关订立合同的事项向委托人如实报告。居间人故意隐瞒与订立合同有关的重要事实或者提供虚假情况，损害委托人利益的，不得要求支付报酬并应当承担损害赔偿责任。《中华人民共和国民法典》第九百六十二条规定，中介人应当就有关订立合同的事项向委托人如实报告。中介人故意隐瞒与订立合同有关的重要事实或者提供虚假情况，损害委托人利益的，不得请求支付报酬并应当承担赔偿责任。无论是《中华人民共和国合同法》还是《中华人民共和国民法典》都规定了中介人的如实报告义务。这与诚实信用原则相符，也符合社会主义核心价值观。中介的作用就是报告订立合同的机会或者提供订立合同的媒介服务，如果提供虚假的情况，导致合同不能履行，损害合同双方的利益，则将失去其存在的意义。而“订立合同的事项”，是指中介人知悉的与订立合同有关的所有事项。本案中，安置房买卖的相关政策、过户的手续、购买未取得产权证的房产的风险，均属于“订立合同的事项”。故不动产经纪公司应将所知道的上述情况如实告知陈某华，不得故意隐瞒与订立合同有关的重要事实或提供虚假情况。本案中，不动产经纪公司在陈某华向其咨询时，明显作出了虚假的陈述，夸大了其在安置房过户过程中的作用，使陈某华对房屋过户的风险作出了错误的预判。

2. 中介人的赔偿责任

中介人如与如实报告义务相悖，损害委托人利益的，需要同时承担两个法律后果。一是不得要求支付报酬。中介人应在履行诚实信用原则的基础上付出劳动从而获得报酬，如投机取巧、提供虚假情况，还能获得报酬，与公平原则不符。二是应当承担赔偿责任。如果因为中介人的过错给委托人造成了较大的损失，那么仅仅丧失报酬显然不足以弥补委托人损失时，也与公平原则相悖。本案中，中介的报酬为1.2万元，而合同标的为38万元。显而易见，报酬相对较低。所以，丧失报酬这样低价的违约成本显然不足以制约中介。而对于赔偿责任的范围，存在两种观点。一种观点认为，赔偿责任应以实际损失为限；另一种观点认为，中介人非合同当事人，不能以合同的实际损失来要求其承担损害赔偿责任，中介人承担的赔偿范围仅限于缔约过失的损害范围。笔者认为，中介人的赔偿责任应以实际损失为限，但同时应根据案件情况综合考虑各方的过错来确定。本案中，陈某华作为委托人在明知出售人范某生未取得产权证，甚至是被安置人薛某琪也未取得产权证的情况下，仍旧购买案涉房屋，本身存在过错。范某生作为出售人，收取购房款后，未能按约完成过户手续，也存在较大过错。不动产经纪公司作为中介人夸大了其本身的职能，影响了委托人陈某华对于购房风险的判断，应承担一定的赔偿责任。最终，不动产经纪公司在退还1.2万元报酬后承担了陈某华实际损失即房屋溢价的20%的赔偿责任。

编写人：江苏省无锡市惠山区人民法院 张露

47

法人工作人员行为是否属于职务行为的认定

——李某诉房地产经纪公司居间合同案

【案件基本信息】

1. 裁判书字号

北京市第二中级人民法院（2020）京02民终657号民事判决书

2. 案由：居间合同纠纷

3. 当事人

原告（上诉人）：李某

被告（上诉人）：房地产经纪公司

【基本案情】

2017年2月14日，李某与蔡某妹签订了《北京市存量房屋买卖合同》，购买蔡某妹位于北京市丰台区一处房屋（以下简称案涉房屋）。同日，李某与房地产经纪公司签订《居间服务合同》，房地产经纪公司在居间方处盖章，钟某军在房地产经纪公司经办人处签字。后李某实际支付居间服务费68840元。

2017年7月11日李某报案，北京市公安局丰台分局受理钟某军合同诈骗案，报案后钟某军主动退还李某23.3万元。

2018年8月，北京市人民检察院第二分院以诈骗罪对钟某军提起公诉。北京市第二中级人民法院经审理查明，2017年2月至7月，钟某军在为李某办理二手房买卖经纪业务时，在房地产经纪公司蒲黄榆店等地，虚构办理购房资金监管等事实，骗取李某297.7万元，赃款已挥霍；此前钟某军曾因诈骗罪尚在缓刑期。北京市第二中级人民法院判决钟某军犯诈骗罪，并责令钟某军退赔

297.7 万元发还李某。同年，作出执行裁定书，因钟某军暂无财产可供执行，裁定终结本次执行程序。

李某起诉至法院，要求房地产经纪公司退还居间费 68840 元及利息，赔偿其房款损失 297.7 万元及利息，并承担律师费 6 万元。

【案件焦点】

1. 钟某军的行为是否构成职务行为；2. 房地产经纪公司是否应对其行为给李某造成的损失承担责任。

【法院裁判要旨】

北京市丰台区人民法院经审理认为：首先钟某军的行为不构成表见代理。李某受骗的原因，系基于对钟某军的过分信任，在办理付款过程中，未严格按照付款的期限履行，且在多次刷卡时均未核查应收款的账户及开户银行，存在明显过错；其次，钟某军利用了房地产经纪公司员工的身份，伪造了相关材料并在房地产经纪公司的门店进行诈骗，房地产经纪公司在监管方面确实存在一定过错，综合考虑本案实际情况及双方的过错程度，酌情确定房地产经纪公司应当承担李某房款损失的 35%。因李某与房地产经纪公司签订的居间合同已经履行完毕，故对李某主张退还居间服务费及利息的诉讼请求法院不予支持。李某主张赔偿律师费的诉讼请求，缺乏法律依据，法院对此不予支持。

北京市丰台区人民法院依照《中华人民共和国民法总则》第一百七十二条，《中华人民共和国合同法》第四十九条之规定，作出如下判决：

一、房地产经纪公司赔偿李某房款损失 1041950 元；

二、驳回李某的其他诉讼请求。如果未能按判决指定的期间履行给付金钱义务，应当依照《中华人民共和国民事诉讼法》第二百五十三条之规定，加倍支付迟延履行期间的债务利息。

判决后，李某与房地产经纪公司均不服上诉至北京市第二中级人民法院。

北京市第二中级人民法院经审理认为：执行法人或者非法人组织工作任务的人员，就其职权范围内的事项，以法人或者非法人组织的名义实施民事法律行为，对法人或者非法人组织发生效力。法人或者非法人组织对执行其工作任务的人员职权范围的限制，不得对抗善意相对人。根据查明的事实，李某、蔡某妹经过房地产经纪公司的居间就涉案房屋签订《北京市存量房屋买卖合同》，并与房地产经纪公司签订《居间服务合同》，上述《居间服务合同》系各方的真实意思表示，且未违反法律、行政法规的效力性强制性规定，应属合法有效，各方均应依约履行。根据交易习惯，在二手房交易过程中，居间方除促成买卖双方交易外，通常还协助双方拟定合同、办理网签、批贷、资金监管或托管、转移登记等房屋交易的相关手续。且根据合同约定，买卖双方授权居间方协助办理涉案房屋交易的相关手续，并配合提供相应材料及签署相应文件。钟某军系《居间服务合同》上签字的经办人，其以办理银行资金托管为由，在房地产经纪公司的门店内，通过伪造相关材料，并指示李某在 POS 机刷卡，对李某实施诈骗行为。房地产经纪公司主张钟某军的诈骗行为属个人行为，应当指出，不论钟某军的上述行为出于何种主观目的，对于李某来说，钟某军作为房地产经纪公司的工作人员，其所称资金托管事项及其指示付款的行为属于二手房交易过程中居间方的职权范围，符合职务行为的特征。

房地产经纪公司作为典型的商事居间主体，专业从事房地产经纪活动，具有专门的资质、人员和设备，专业化程度较高，故相对于一般购房人而言，对房地产经纪公司的相应义务应课以更高的要求。房地产经纪公司作为专业的经纪机构，协助买卖双方进行大宗财产交易，对其公司的经纪人员、经营场所、工作环节等均负有监管义务。钟某军在对李某实施诈骗行为时，其因在其他经纪公司工作时犯诈骗罪尚在缓刑考验期，其在房地产经纪公司的门店内数次实施诈骗行为，房地产经纪公司对此均表示毫不知情，显然未尽到应有的监管义务。且居间合同上签字的另外两位有资质的经纪人亦未参与合同履行，房地产经纪公司对于其工作人员的履职行为及工作流程未采取有效的监管措施。二手房买卖双方作为非专业人员，依赖经纪机构的协助完成烦琐的房产交易活动，经纪机构据此收取居间报酬，房地产经纪公司作为居间合同的主体，未尽到应有的注意义务及监管义务，未全面履行合同义务，存在过错，对李某的损失，应承担相应的责任。房地产经纪公司主张李某在未按照买卖合同约定的时间付款、未依照签约提示的内容通过POS机刷卡以及未在电商交易服务中心办理资金托管手续等方面存在过错。对此法院认为，李某在钟某军的指示下提前支付房款的行为系积极的履约行为，并非怠于履行，此履约行为不应视为李某的过错。关于办理资金托管的地点及刷卡方式的问题，房地产经纪公司虽在其提供的买卖合同中的签约提示、居间交易资金托管提示函中予以告知，但签约文本内容繁多，此非买卖合同的主要条款，李某作为不具备专业知识的普通购房人，因信赖钟某军房地产经纪公司经纪人的身份，按照其指示在房地产经纪公司门店内刷卡，虽未注意到POS机代理商名称及办理地点的区别，存在一定疏忽大意，但并未明显低于一般购房人应尽的注意义务。

基于以上论述，房地产经纪公司作为居间合同的主体，因其员工在履职过程中的不当行为给李某造成重大损失，对李某的实际损失，在房地产经纪公司与李某之间，应由房地产经纪公司承担主要责任。但李某在完成付款行为时，仍存在一定疏忽，故在确定房地产经纪公司应赔偿的损失数额时，法院将结合居间合同履行情况、双方过错程度予以综合考虑。李某主张的损失利息部分依据不足，法院不予支持。鉴于李某与蔡某妹之间的买卖合同已经继续履行完毕，房地产经纪公司亦继续协助双方履约，李某要求房地产经纪公司退还居间费用及利息，依据不足，法院不予支持。李某主张的律师费部分缺乏依据，法院对此亦不予支持。

综上所述，北京市第二中级人民法院依据《中华人民共和国民事诉讼法》第一百七十条第一款第二项之规定，作出如下判决：

一、撤销北京市丰台区人民法院（2019）京0106民初1891号民事判决；

二、房地产经纪公司于本判决生效之日起7日内在钟某军退赔李某款项范围外，赔偿李某损失267.93万元；

三、驳回李某的其他诉讼请求。

【法官后语】

认定是否属于职务行为，应当结合是否属于法人工作人员的身份、该行为是否属于履行职责的范围、是否符合交易习惯、是否取得合理的交易对价等因素作出认定。法人在承担合同责任时，可依据合同履行情况、双方各自注意义务、过错程度等因素综合予以考虑。

1. 职务行为的认定

执行法人或者非法人组织工作任务的人员，就其职权范围内的事项，以法人或者非法人组织的名义实施民事法律行为，对法人或者非法人组织发生效力。法人或者非法人组织对执行其工作任务的人员职权范围的限制，不得对抗善意相对人。由此可见，认定职务行为的前提条件，必须是执行法人或者非法人组织工作任务的人员，执行的必须是其职权范围内的事项，同时对于职权的范围，还应结合交易习惯进行认定。

本案中，从身份上看，钟某军系《居间服务合同》上双方约定并签字的经办人，属于代表房地产经纪公司履行居间合同的工作人员；从职权范围上看，依照一般二手房交易习惯，在交易过程中，居间方除促成买卖双方交易外，通常还协助双方拟定合同、办理网签、批贷、资金监管或托管、转移登记等房屋交易的相关手续。因此，不论钟某军的行为出于何种主观目的，对李某来说，钟某军所指示的资金托管事项及其指示付款的行为均应属于二手房交易过程中居间方的职权范围，钟某军的行为符合职务行为的特征。

2. 双方责任的分担

作为履行居间合同的双方，房地产经纪公司和李某对履约均负有各自的注意义务。首先，房地产经纪公司作为专业从事房地产经纪活动的商事居间主体，具有较高的专业化程度，具备相应的资质，故其对于公司的工作人员、经营场所、工作流程等均应负有相应的监管义务。而李某作为购房人，其对于自身的履行行为，亦应负有相应的注意义务。但是应当指出，房地产经纪公司作为专业的经纪机构，相较于李某这样的一般购房人，存在交易能力上的巨大差异，而购房人恰恰依赖经纪机构的专业性完成烦琐的房产交易活动；同时，考虑到房地产经纪公司按照房价款比例获取居间费用，故综合以上因素，相较于李某，应对房地产经纪公司的相应义务课以更高的要求。

本案中，李某未注意到POS机代理商名称及办理地点与买卖合同的签约提示、居间交易资金托管提示函中的表述存在区别及一定疏忽大意，但由于买卖合同的签约文本内容庞杂，而上述提示并非合同主要条款，且李某系基于合同约定的经纪人的指示进行付款操作，因此李某的履行行为并未明显低于一般购房人应尽的注意义务。而反观房地产经纪公司，钟某军作为其公司的工作人员，在房地产经纪公司的门店内数次实施诈骗行为，并使用自行申领的POS机给客户刷卡，房地产经纪公司对此均表示毫不知情，显然未尽到应有的监管义务；且钟某军因在其他经纪公司工作时犯诈骗罪尚在缓刑考验期，居间合同上签字的另外两位有资质的经纪人亦从未参与合同履行，可见，房地产经纪公司对于其工作人员的履职行为及工作流程均未采取有效的监管措施，对于一个协助完成大宗财产交易的经纪机构，房地产经纪公司未尽到合理的注意义务。因此，在钟某军的行为构成职务行为的前提下，对李某的实际损失，在双方当事人之间，应当由房地产经纪公司承担主要责任。

编写人：北京市第二中级人民法院　陈雨菡

五、农村房屋买卖合同纠纷

48

农村私有房屋买卖合同应认定无效

——刘某晓诉刘某法等确认合同无效案

【案件基本信息】

1. 裁判书字号

广西壮族自治区百色市田东县人民法院（2020）桂1022民初128号民事判决书

2. 案由：确认合同无效纠纷

3. 当事人

原告：刘某晓

被告：刘某法（又名：刘某发）、韦某娥、吴某菊

第三人：莫某玉、刘某新、刘某菊

【基本案情】

刘某晓、刘某法、韦某娥、莫某玉、刘某新（人户分离）系广西壮族自治区田东县某镇某村村民，5人属于同一家庭户，户主为刘某法。吴某菊系另村村民。1991年10月，田东县某镇刘某新等人所在村对位于该县湿地公园西侧、农机校北侧围墙外名为A的集体土地作为本组村民住宅新规划区进行分配，分

配时刘某法户名下人口共6人，分别为刘某法（户主）、韦某娥（妻子）、莫某玉（母亲）、刘某菊（姐姐，当时未迁出）、刘某新（妹妹）、刘某晓（儿子），6人共分配得到宅基地面积约402.11平方米（长50.9米×宽7.9米），该宅基地在分配时记载为刘某理（刘某法的父亲，刘某晓的祖父）的名字，该幅土地的四至为东至黄某平、南至水利、西至刘某果、北至通道。1992年1月，刘某法向有关部门申请住宅建设用地。1992年12月28日，有关部门通过申请并向其颁发集体土地建设用地使用证，证书载明：用地面积104平方米，用地类型住宅，土地使用者刘某发，四至范围为东至连线中接黄某平宅基地、南至连线中接刘某新宅基地、西至连线中接刘某果宅基地、北至连线中接通道。

2009年6月14日，为偿还家庭债务，刘某法、韦某娥（甲方）与吴某菊（乙方）签订一份《宅基地租赁协议书》，协议书主要约定：（1）甲方自愿把属于自己所有的集体土地宅基地出租给乙方作食品加工场地，出租年限为永久性，租金为人民币10万元（一次性支付），于合同签字生效当日以现金支付方式一次交清，甲方收钱后向乙方出具收款凭证；（2）甲方出租的土地位于田东县某镇该村（农机校后面地名为A），宅基地四至：东至连线中接黄某平宅基地、南接刘某新宅基地止、西至连线中接刘某果宅基地、北至连线中接通道，宽为8米，长为56米，总计：448平方米；（3）甲方必须保证所出租的宅基地使用权没有争议纠纷，如果甲方故意隐瞒，除全额退回租金外，还需另外向乙方支付违约金5万元整；（4）乙方在土地使用过程中，如有土地纠纷问题，由甲方出面解决。如有国家征用需要，各种补偿费用归乙方所有；（5）在使用过程中，如甲方违约，除全额退回乙方所交的租金10万元整外，还需赔偿乙方在租赁地上投资建厂所花的所有费用（此费用按物价局的有规定计算）。还应另外向乙方支付2万元的违约金；（6）在使用过程中，如乙方违约，甲方不退回租金，租赁地上的附着物，归甲方所有。刘某新在协议书上签字注明："本人宅基地全部归属刘某法（发）使用。"签订协议后，吴某菊向刘某法、韦某娥支付了"租金"10万元，刘某法、韦某娥将上述土地交付给吴某菊使用。吴某菊取得土地后于次日即组织人员在土地上进行施工建设，并于2010年8月建设完成一幢两开间二层楼房，同时修建围墙将整幅地块圈围起来。房屋落成后，吴某菊将房屋二楼作为居住使用，房屋一楼作为厂房进行各类糕点生产加工，同时注册成立一家饼业店铺的个体工商企业，注册地址为田东县某镇。2011年1月，原集体土地建设用地使用证换发，新证原件为吴某菊所持有，新证记载内容为：土地使用权人刘某发，土地所有权人某镇某村14队，地类（用途）农村宅基地，使用权面积104平方米（13米×8米），宗地图所示，四至范围为东至黄某平、南至刘某新、西至刘某果、北至通道。

刘某晓认为，刘某法、韦某娥、吴某菊买卖集体土地的行为违反了法律规定，损害了刘某晓的合法权益，为此刘某晓诉至法院。

【案件焦点】

刘某法、韦某娥与吴某菊于2009年6月14日签订的《宅基地租赁协议书》是否有效。

【法院裁判要旨】

广西壮族自治区百色市田东县人民法院经审理认为：刘某法、韦某娥与吴某菊签订的《宅基地租赁协议书》从约定的权利与义务内容，以及交易所指标的物分析，其民事法律关系本质上是双方关于刘某法名下位于某村某屯14组的宅基地使用权的买卖合同，并非双方所称租赁合同关系，吴某菊所支付的“租金”10万元实为宅基地使用权的转让价款。依照《中华人民共和国土地管理法》第二条第三款“任何单位和个人不得侵占、买卖或者以其他形式非法转让土地。土地使用权可以依法转让”之规定以及第六十二条第四款“农村村民住宅用地，经乡（镇）人民政府审核批准；其中，涉及占用农用地的，依照本法第四十四条的规定办理审批手续”的规定，本案所涉土地禁止买卖，非经法定程序，宅基地的使用权不得转让。《中华人民共和国土地管理法》第九条规定：“……宅基地和自留地、自留山，属于农民集体所有。”第六十二条第一款规定：“农村村民一户只能拥有一处宅基地，其宅基地的面积不得超过省、自治区、直辖市规定的标准。”上述法律规定了宅基地的使用权为该集体经济组织成员所专享，具有身份关联属性，用以保障农民的生活、耕作、居住权益的实现，非集体经济组织的成员无权取得该集体经济组织的宅基地使用权。吴某菊并非刘某法、韦某娥所在集体经济组织成员，因吴某菊身份属性致使前述协议书违反了法律的强制性和管理性规定，该协议无效。《中华人民共和国合同法》第五十六条规定："无效的合同或者被撤销的合同自始没有法律约束力……"因此案涉协议确认无效后，无须再进行撤销。《中华人民共和国合同法》第五十八条："合同无效或者被撤销后，因该合同取得的财产，应当予以返还；不能返还或者没有必要返还的，应当折价补偿。有过错的一方应当赔偿对方因此所受到的损失，双方都有过错的，应当各自承担相应的责任。"本案中，刘某法、韦某娥、吴某菊以买卖的形式将宅基地使用权进行非法转让，造成协议无效，双方主观上都存在缔约过错，均应承担相应的法律责任。因本案双方争议较大，且赔偿损失的范围双方尚难以确定，协议被依法确认无效后，损失方可依无效合同的法定权利另行主张。关于刘某晓主张吴某菊应拆除建造在宅基地上建筑物、返还土地的诉请，法院认为，根据公平原则，双方应当在妥善处理好损失赔偿问题后方才适合进行建筑物和土地返还问题的处理，故刘某晓的该项诉请法院不予支持。莫某玉经法院合法传唤未到庭参加诉讼，依法缺席判决。

综上，广西壮族自治区百色市田东县人民法院依照《中华人民共和国合同法》第五条、第五十二条第五项、第五十六条、第五十八条，《中华人民共和国土地管理法》第二条、第九条、第六十二条，《中华人民共和国民事诉讼法》第一百四十四条，《最高人民法院关于适用〈中华人民共和国民事诉讼法〉的解释》第九十条之规定，作出如下判决：

一、刘某法、韦某娥与吴某菊于 2009 年 6 月 14 日签订的《宅基地租赁协议书》无效；

二、驳回刘某晓的其他诉讼请求。

一审宣判后，双方当事人未上诉，现判决已发生法律效力。

【法官后语】

宅基地买卖是我国法律法规所禁止的，根据《中华人民共和国土地管理法》的规定，宅基地属于农民集体所有，由农村集体经济组织或者村民委员会经营管理。宅基地使用权是集体经济组织成员享有的权利与特定的身份关系相联系，不允许转让。

农村私有房屋买卖合同应认定无效，其理由有：首先，房屋买卖必然涉及宅基地买卖，而宅基地买卖是我国法律法规所禁止的，根据《中华人民共和国土地管理法》的规定，宅基地属于农民集体所有，由农村集体经济组织或者村民委员会经营管理。其次，宅基地使用权是集体经济组织成员享有的权利与特定的身份关系相联系，不允许转让。目前农村私有房屋买卖买房人名义上是买房，实际上是买地，在房地一体的格局下，处分房屋的同时也处分了宅基地，损害了集体经济组织的合法权益，况且本案中刘某法、韦某娥与吴某菊签订的《宅基地租赁协议书》名为“租赁合同”实为买卖合同。房屋买卖的实质是卖方将房屋所有权及土地使用权永久转让与买方，本案双方在永久租赁合同中明确约定，刘某法方将房屋永久租赁给吴某菊一方，全部租金付清后，不管过多少年，该房产的利益均与刘某法方无关。该合同与房屋转让合同中对于房屋位置、价款以及其他内容基本一致。从约定内容可以看出，当事人之间达成的真实合意是转移农村房屋所有权，而并非在租赁期限内单纯转移农村房屋占有、使用权。且上述永久租赁合同约定明显违反了《中华人民共和国合同法》第二百一十四条关于租赁合同期限的规定，属于买卖行为，应按照农村房屋买卖规则认定所谓的租赁合同是否有效。故法院认为，本案当事人是以“租赁之名”行“买卖之实”，本案名为房屋租赁合同纠纷，实为农村房屋买卖合同纠纷。房屋及土地买卖的行为未征得当地村委会的同意，也未到相关部门办理土地变更登记等手续，因此，该合同无效。

我国实行的是土地国有或者集体共有的土地所有权制度，在“房地一体”的情况下，购买宅基地上的民房就不可避免地要使用集体经济组织所有的宅基地。农村宅基地，一般是指农村村民合法使用或依法批准，用于建造住宅（包括附属用房和庭院等）的集体所有土地。可知，宅基地使用权是农村集体经济组织成员享有的权利，是本集体经济组织成员基于其身份而享有的特殊权利，非本集体经济组织成员无权取得或者变相取得。

在现实生活中，与农民签订宅基地房屋买卖合同或者非同一集体经济组织成员签订宅基地房屋买卖合同，该行为违反了《中华人民共和国土地管理法》的规定，扰乱了国家正常的土地管理秩序，因此所签订的农村房屋买卖合同属于无效合同。同样，由于宅基地是集体经济组织为了保障居者有其屋而无偿准予符合条件的村民使用的土地，村民对其宅基地只有使用权，土地的所有权依旧归属于集体所有，所以宅基地不能随意卖出，买卖宅基地的合同，也因违反《中华人民共和国土地管理法》等相关规定而属于无效合同。

认定农村房屋买卖合同有效不利于保护出卖人的利益，在现实中出卖人相对处于弱势地位，其要求返还私有房屋的要求关涉到其生存权利，而本案中，刘某法出卖土地的行为未经得刘某晓同意，擅自处分了其份额，认定此类合同无效，从客观上相对公平，有利于社会的和谐稳定。

编写人：广西壮族自治区百色市田东县人民法院　张海东

49

农村房屋买卖合同认定无效后应按责任比例分配信赖利益损失

——蔺某玉诉董某金等农村房屋买卖合同案

【案件基本信息】

1. 裁判书字号

北京市石景山区人民法院（2020）京0107民初1547号民事判决书

2. 案由：农村房屋买卖合同纠纷

3. 当事人

原告：蔺某玉

被告：董某金、董某宝、董某富

第三人：吕某

【基本案情】

蔺某玉非甲村的村民，1997 年 11 月 6 日借用吕某山之名与卖房人董某宝、董某金、董某富签订《买卖房屋协议书》。协议书下方有双方的签字，在证人处有“董某生、董某、蔺某玉、石某生、蔺某军”的签字。

协议签订后，蔺某玉交纳购房款并居住在涉案房屋内。1998 年，蔺某玉对案涉房屋进行了装修。2009 年，蔺某玉加盖北房 1 间，以及东房、西房、南房、天井。蔺某玉增盖房屋时，没有取得批建手续。

2017 年 12 月 5 日，门头沟法院作出（2017）京 0109 民初 6260 号民事判决书。该判决载明：蔺某玉借用吕某山的名义与董某宝、董某金、董某富就北京市门头沟区某镇甲村×号西院三间北房于 1997 年 11 月 6 日订立的《买卖房屋协议书》无效。该判决已经发生法律效力。

2018 年 12 月 3 日，董某均、刘某清、董某富（被腾退人）与某房地产公司（腾退人）签订《住宅房屋腾退补偿安置协议》。其中载明：房屋建筑面积为 250.51 平方米。甲方应当向乙方支付被腾退房屋的腾退补偿款为 4631858 元等。

蔺某玉、董某宝、董某金、董某富认可原出售的三间北房面积为 52.55 平方米。蔺某玉解释诉求中的信赖利益损失指的是三被告应向其支付 3 间北房的增值补偿款为 583313.5 元。计算方式为三间北房的房屋价值为 862305 元减去购房款 2.9 万元，增值为 833305 元。被告承担 70%责任，故应支付的补偿为 583313.5 元。

蔺某玉认可×号院房屋原三间北房的 45%补偿利益归被告所有，也认可其收到被告给付的 2520021.9 元补偿款。蔺某玉同意对于一次性搬家补助费 10021 元、危电改造费 200 元、周转补助费 3200 元由原告占有 70%的利益。

蔺某玉认为，三被告在出卖房屋后又以违法出卖房屋为由主张买卖合同无效，违反诚实信用原则，损害了其合法权益，除应返还 2.9 万元购房款外，对于原告信赖利益损失、添附 197.95 平方米房屋及装修价值损失以及其他损失都应当承担赔偿责任。

【案件焦点】

《买卖房屋协议书》无效，双方的责任如何认定以及蔺某玉主张的相关损失是否应予支持。

【法院裁判要旨】

北京市石景山区人民法院经审理认为：合同无效后，因该合同取得的财产，应当予以返还，不能返还或者没有必要返还的，应当折价补偿。有过错的一方应当赔偿对方因此所受到的损失，双方都有过错的，应当各自承担相应的责任。无论是蔺某玉还是董某宝、董某金、董某富，在缔约时均应明知农村房屋买卖必然涉及宅基地买卖，而宅基地买卖是我国法律、法规所禁止的。因此，双方对于合同无效均负有责任，同时结合农村房屋买卖合同纠纷案件处理的基本原则，应认定董某宝、董某金、董某富承担主要责任，蔺某玉承担次要责任。

案涉房屋及院落已经被腾退，本案中双方均不具备互相返还原有房屋及购房款的条件，仅能处理因双方买卖涉案宅院引发的损失赔偿问题。

对蔺某玉具体诉讼请求，作如下分析：

第一，蔺某玉指的信赖利益损失是三被告应向其支付原三间北房的增值补偿款。计算方式为三间北房的房屋现值为 862305 元减去购房款 2.9 万元，增值为 833305 元。被告承担 70%责任，故应向原告支付的补偿为 583313.5 元。蔺某玉认可案涉房屋原三间北房的 45%补偿利益归被告所有。故三被告应当给付原告的三间北房补偿款为 458295 元。第二，蔺某玉认为，三被告应当赔偿其添附的 197.95 平方米房屋价值 3191683 元、装修价值 13327 元。前述两项减去被告已经支付的 2520021.9 元后，被告还应支付 1268301.6 元的诉讼求。在综合考虑双方的过错程度、房屋历史及新建状况、购房时间、原告在涉案房屋的居住的时间、案涉宅院的被补偿情况、征收政策等因素，认定三被告应当向蔺某玉支付添附197.95平方米房屋价值、装修价值共2243536元。据此，减去已经支付的2520021.9元，三被告应当向原告支付的原三间北房的增值补偿款及添附197.95平方米房屋、装修损失共181809元。

根据原、被告的过错程度，法院认为原告应当享有一次性搬家补助费、危电改造费、周转补助费9395元。在综合考虑双方的过错程度、房屋历史及新建状况、购房时间、原告在涉案房屋的居住的时间、涉案宅院的被补偿情况、征收政策等因素，认定三被告应当向蔺某玉支付腾退应得奖励385785元。

北京市石景山区人民法院根据《中华人民共和国合同法》第五十二条、第五十八条及《中华人民共和国民事诉讼法》第一百四十四条之规定，作出如下判决：

一、董某宝、董某金、董某富于本判决生效后七日内给付蔺某玉原三间北房的增值补偿款及添附197.95平方米房屋、装修损失（除去已经支付的2520021.9元）共181809元；

二、董某宝、董某金、董某富于本判决生效后七日内给付蔺某玉一次性搬迁费、周转补助费、危电改造费及腾退应得奖励共395180元；

三、驳回蔺某玉的其他诉讼请求。

一审宣判后，双方当事人未上诉，现判决已发生法律效力。

【法官后语】

合同认定无效后，所取得的财产应当予以返还；不能返还的应当折价补偿，有过错的一方应当赔偿对方因此所受到的损失，双方都有过错的，应当各自承担相应损失，该损失应当包括因该合同产生信赖利益损失。

所谓信赖利益，是指一方基于对另一方将与其订约的合理信赖所产生的利益。在农村房屋买卖合同纠纷案件中，一方当事人主张因购买农村房屋后遇拆迁所产生的信赖利益损失的分配，结合本案，笔者认为应当综合考虑以下三个方面：

1. 农村房屋合同被确认无效后，买卖双方的责任认定

在征地拆迁的案件中，涉及标的额往往巨大，简单的划分此类案件的主次

责任，不利于案件的审理和平息当事人之间的矛盾，因此要权衡诸多因素，合理划分责任比例。笔者认为，法院在划分责任时，应当着重参考以下因素：(1) 购买人的资格。如果双方均是同村村民，在未取得有关部门同意的情况下，买卖本村土地上的房屋，通常认为双方责任相当；如果本村村民在明知对方非本集体经济组织成员，且不具备购买资格时，还出售其农村房屋的，出售方的责任占比相对较大。(2) 购买人的用途。用于自己居住使用的，责任相对较小，但用于投资的，购买人责任相对较大。(3) 购买的时间。如果是近年来明知房屋面临拆迁而购买的，具有明显投机性质的，买方责任较大；如果在很早之前购买的房屋，买方责任占比相对较小。事实上，农村房屋买卖情况非常复杂，仅就某个或某些因素支离破碎的解释，往往会出现偏差。因此，在认定买卖双方的责任时，要认真考察前述各个因素在合同无效中的影响力，并严格把握"农村住宅用地只能分配给本村村民，城镇居民不得到农村购买宅基地，农民住宅或小产权房"[①]，防止因农村房屋买卖后，农民居无定所，进而影响社会稳定的原则下，兼顾诚实信用原则，防止产生部分因不诚信的当事人过分获利的情况。

本案中，买方虽然不具备购买资格，但在1997年购买涉案房屋后便一直在此居住，直到拆迁。买房人也对原有房屋进行装修并新建房多间。因此，从购买时间、购买用途上可以看出其购买目的是居住，也未能预见到如今的征地拆迁。反倒是卖房人，本就是该村的村干部，在1997年出售的系父母宅基地上的房屋。后来，卖房人在明知涉案房屋会拆迁后，又起诉到法院确认买卖合同无效。鉴此，法院认定，出售方应当对合同无效承担70%的责任。

2. 农村房屋买卖合同被确认无效后，损失的认定范围

农村房屋的买卖合同被确认无效后，买房人应当退还已购的房屋。此时的损失，多存在于买方。对于买方而言，除对购房款的损失外，还有房屋添附、装修、建设费用等。但这类案件，往往会涉及较大的拆迁利益。有的学者认为

---

① 2007年12月30日，国务院办公厅发布《关于严格执行有关农村集体建设用地法律和政策通知》。

合同认定无效后，财产应当返还，返还后房屋的拆迁利益应当由原出卖人享有。这样简单地处理，会刺激部分当事人在面对利益诱惑时，违反诚实信用原则，在签订农村房屋买卖合同之后几年甚至十几年依然请求确认合同无效，对交易表示反悔。所以，这种思路会变相鼓励出卖人的不诚信。但这部分拆迁利益，又能当然归属买方吗？合同无效后，房屋及院落都应当返还卖方。拆迁利益全部归买房，也没有法律依据，反而会刺激农村房屋不正常的交易。笔者认为，买方在购买房屋后，长期居住使用房屋，并对房屋进行建设和装修。随着地价的上涨，其居住使用的房屋实际价值也在不断上涨，如果剥夺买方对拆迁补偿款的分割显然不符合公平原则，所以可以从信赖利益角度出发，对拆迁补偿款在买卖双方中，合理分割。

3. 农村房屋买卖合同被确认无效后，利益分割原则

因各地拆迁政策不同，拆迁补偿损失的构成也不尽相同，在认定分配时应结合补偿款的性质区别对待。(1) 对原有房屋价值，该部分损失属于购房人的直接损失。卖方应当赔偿购房款。但对原有房屋（包括装修）的增值部分，不能当然属于卖房。买方基于信赖，产生的信赖利益损失可参照买卖双方造成合同无效的责任比例来划分。(2) 有关房屋改扩建、新建的增值部分、危电改造费、腾退应得奖励等费用。如果买房人在新建、改扩建房屋时，取得相关部门同意，笔者认为可以遵照“谁出资，补偿谁”的原则分配利益。但如果买房人未取得相关部门的批建手续，即使房屋是由买方出资所为，但毕竟是无效合同，买方要完全取得该部分拆迁利益不符合前述法律精神，笔者主张可依据买卖双方造成合同无效的责任比例分配利益。(3) 有关一次性搬迁费、周转补助费、提前搬迁奖励费，这些费用其实是补偿给实际居住人的（通常为买房人）。因房屋被收回，必然发生搬迁、周转费，可考虑将该部分利益作为直接损失，分割给买房。本案是因买方同意按照 7：3 的比例分割，故法院不持异议。(4) 具有人身属性的赔偿费用，例如，按户口给付的奖励费用、残疾人的补助费用等，这些费用具有人身属性，不应纳入信赖利益损失的范畴里，应当为实际补偿对象的个人利益。

另外，本案中被告主张双方就拆迁补偿比例进行过约定，但未提供证据予以证实。如果该约定真实存在，其效力的认定问题也值得探讨。笔者认为，双方就农村房屋买卖协议无效后签订的补偿协议不能一概认定为无效，而应当充分考虑协议签署背景，特别是补偿协议是否存在无效的情形。如果双方在原房屋买卖协议认定无效后，就征收补偿问题达成分配协议，该协议也是双方真实意思表示，且不违反法律、法规的强制性规定，应当认定为有效协议。如果在认定房屋买卖协议无效前签署的补偿协议，有确切证据证实当事人是为了获得更大的拆迁利益而签订的补偿协议，且该协议侵犯了国家、集体或第三人利益的，应当认定无效。法院应在结合具体案情上，在充分考量当事人的过错程度上，仔细调整分配比例或数额。

编写人：北京市石景山区人民法院　沈霞　牛毅刚

50

明知存在法定无效事由又主张合同无效的法律后果

——裴某、陈某诉王某农村房屋买卖合同案

【案件基本信息】

1. 裁判书字号

北京市第三中级人民法院（2020）京03民终14304号民事判决书

2. 案由：农村房屋买卖合同纠纷

3. 当事人

原告（被上诉人）：裴某、陈某

被告（上诉人）：王某

【基本案情】

1988年，裴某经申请在北京市密云区某镇某村北正房七间，其中东侧三间系裴某义居住使用，西侧四间为裴某所有。1999年12月23日，裴某与王某经密云县房地产交易事务所订立房产卖契，主要内容为：立卖契人裴某今将北正瓦房四间卖与王某，议定卖价一万元整，此产如有一切纠葛，均由卖方负责，今经北京市密云县房地产交易事务所订立卖契为凭，房产坐落于密云区某镇某村。双方一致确认王某从裴某处购买的是位于北京市密云区某镇某院，当时院内有北正房四间及东西厢房各两间。

2018年7月26日，裴某以农村房屋买卖合同纠纷为由诉至法院，要求确认其与王某签订的农村房屋买卖合同无效。后法院作出（2018）京0118民初8022号民事判决，判决裴某与王某签订的关于案涉房屋的买卖合同无效。该民事判决书现已生效。

2018年10月11日，王某（乙方）与投资开发公司（甲方）签订《棚户区改造项目房屋拆迁补偿安置协议》，协议约定："第一条被拆迁房屋基本情况，被拆迁房屋坐落于北京市密云区某镇，被拆迁人王某，宅基地占地面积176.06平方米，认定宅基地面积163.2平方米，房屋建筑面积125.39平方米。第二条补偿内容及方式，一、住宅房屋采取以在集体土地上建设回迁安置房的模式进行安置补偿，具体位置以规划批准文件为准，安置房面积163.2平方米，根据安置房户型方案，乙方选择安置房为73平方米一套、90平方米一套。根据拆迁补偿安置方案和已选安置户型，安置房购房款共计230324元，其中应安置面积130.56平方米、成本价购房面积32.44平方米、成本价购房金额230324元。二、乙方被拆迁房屋的各项补偿、补助、奖励如下：经评估机构评估，被拆迁房屋重置成新价、装修及附属物补偿、机械设备补偿费或迁移费共计237453元，其中房屋重置成新价补偿163639元，装修及附属物补偿73814元。被拆迁房屋的各项补助费包括房屋搬迁费、各项移机移装费、周转费、杂物处置费补助、特殊困难补助费、安置房装修补助费共计196298元，其中：搬迁费4896元；各项移机、移装费4370元；周转费先行发放6个月，共计22032元；

杂物处置费补助2000元；安置房装修补助费16.3万元。奖励费共计20万元，其中：预签约奖10万元；提前搬迁奖10万元；水库移民拆迁团结互助奖另行签订补充协议。共计20万元，综上所述，拆迁补偿总款共计633751元。结算补偿款=拆迁补偿总款-安置房购房款，结算补偿款403427元。

2018年12月28日，王某（乙方）与投资开发公司（甲方）签订《棚户区改造项目房屋拆迁补偿安置协议——补充协议》，补充协议约定：水库移民拆迁团结互助奖10万元。付款期限自本协议签订之日起20日内，甲方将上述全部款项一次性支付给乙方。

《北京市集体土地房屋拆迁估价结果通知单》显示：被拆迁人王某，房屋坐落于北京市密云区某镇，建筑面积125.39平方米，房号1建筑面积67.52平方米；房号2建筑面积57.87平方米，其中，房号2包含了南倒座建筑面积26.63平方米。

【案件焦点】

农村房屋买卖合同确认无效后，农房拆迁利益如何分配问题。

【法院裁判要旨】

北京市密云区人民法院经审理认为：合同无效或者被撤销后，因该合同取得的财产，应当予以返还；不能返还或者没有必要返还的，应当折价补偿。有过错的一方应当赔偿对方因此所受到的损失，双方都有过错的，应当各自承担相应的责任。本案中，裴某与被告王某于1999年12月23日签订的卖房协议已经法院确认无效。关于合同无效的过错问题，裴某在交易过程中应当知道其所出卖的房屋及宅基地属禁止流转范围，后其又以违法出售房屋为由主张合同无效，违背了诚实信用原则，因此，裴某应当承担对合同无效的主要责任，王某承担次要责任。

具体到本案，涉案房屋已经列入棚改项目，王某已经与第三人投资开发公司签订了房屋拆迁补偿安置协议及补充协议，明确约定了回迁安置房屋面积及各项补偿款项，故双方争议的焦点为关于拆迁补偿利益的归属和分配。因涉案房屋已经被纳入拆迁安置范围，故裴某与王某因农村房屋买卖合同取得的财产，没有返还的必要。从房屋拆迁补偿安置协议及补充协议的约定来看，拆迁补偿利益主要包括回迁安置房及房屋重置成新价、装修、奖励等各项补偿费。首先，关于回迁安置房，目前尚未建设完成，无法确定安置房屋的具体位置、房号及房屋价值，经法院释明，二原告在审理过程中表示待该项权利确定后另行主张，故本案不予涉及。其次，关于房屋重置成新价、装修及附属物补偿、搬迁费、周转费、杂物处置费、提前搬迁奖，系针对房屋实际居住人的补偿或奖励，应当归王某享有。关于安置房装修补助费、预签约奖，是针对具体涉案房屋设置的补偿，因王某对合同无效承担次要责任，故其中70%应当归王某，30%应当归二原告，具体数额由法院依法确定。水库移民拆迁团结互助奖系拆迁单位根据水库移民身份设置的奖励，应当归二原告。现涉案房屋的各项补偿费、奖励费数额已经确定，故法院依据上述分析确定由王某给付二原告相应款项。

北京市密云区人民法院依据《中华人民共和国合同法》第五十八条之规定，作出如下判决：

一、被告王某于本判决生效之日起十日内给付原告裴某、陈某各项补偿款共计160848.72元；

二、驳回原告裴某、陈某的其他诉讼请求。

王某不服一审判决，提出上诉。

北京市第三中级人民法院经审理认为：合同无效或者被撤销后，因该合同取得的财产，应当予以返还；不能返还或者没有必要返还的，应当折价补偿。有过错的一方应当赔偿对方因此所受到的损失，双方都有过错的，应当各自承担相应的责任。一审法院根据本案的实际情况，认定裴某应当承担对合同无效的主要责任，王某承担次要责任，并酌定双方因合同无效各自应承担的责任比例并无不当。具体到本案，涉案房屋已经列入棚改项目，王某已经与第三人投资开发公司签订了房屋拆迁补偿安置协议及补充协议，明确约定了回迁安置房屋面积及各项补偿款项。因涉案房屋已经被拆迁完毕，故裴某与王某因农村房屋买卖合同取得的财产，已经无法返还。双方应根据拆迁合同内容结合责任比例确定各自的拆迁利益。关于安置房装修补助费、预签约奖，是针对具体涉案房屋设置的补偿，一审法院据此确定双方各自应获得的补偿金额并无不当。水库移民拆迁团结互助奖系拆迁单位根据水库移民身份设置的奖励，一审法院认定应由裴某、陈某享有并无不当。此外，关于安置房装修款，一审法院已经考虑了安置面积130.26平方米及王某自购面积情况，认定130260元为应获得的安置房装修款，据此确定的补偿金额并无不当。另南倒座房屋的装修补偿亦未计入对裴某、陈某的补偿中。综上所述，王某的上诉请求均不能成立，应予驳回；一审判决认定事实清楚，适用法律正确，应予维持。

北京市第三中级人民法院依照《中华人民共和国民事诉讼法》第一百七十条第一款第一项的规定，作出如下判决：

驳回上诉，维持原判。

【法官后语】

宅基地使用权是指公民个人在国家或集体所有的宅基地上所享有的建造房屋以使用居住的一种物权。宅基地使用权的取得、行使和转让，适用土地管理法等法律和国家有关规定。宅基地因自然灾害等原因灭失的，宅基地使用权消灭。对失去宅基地的村民，应当重新分配宅基地。已经登记的宅基地使用权转让或者消灭的，应当及时办理变更登记或者注销登记。

宅基地使用权具有如下特征：（1）主体只能是农村集体经济组织的成员。（2）用途仅限于村民建造个人住宅。个人住宅包括住房以及与村民居住生活有关的附属设施，如厨房、院墙等。（3）实行严格的“一户一宅”制。根据土地管理法的规定，农村村民一户只能拥有一处宅基地，其面积不得超过法定标准。农村村民建住宅，应符合乡（镇）土地利用总体规划，并尽量使用原有的宅基地和村内空闲地。农村村民出卖、出租住房后，再申请宅基地的，不予批准。（4）福利性，其初始取得是无偿的，宅基地使用权是不可继承的。

《中华人民共和国土地管理法》规定，农村村民一户只能拥有一处宅基地。农村村民出卖、出租住房后，再申请宅基地的，不予批准。担保法规定，宅基地使用权不得抵押。

农村居民建住宅要严格按照所在的省、自治区、直辖市规定的标准，依法取得宅基地。农村居民每户只能有一处不超过标准的宅基地，多出的宅基地，要依法收归集体所有。农村村民出卖、出租、赠与住宅后，再申请宅基地的，不予批准。同时禁止城镇居民在农村购置住宅。

如果违反相关法律规定买卖农村房屋，在合同无效或者被撤销的情形下，当事人应负如下几种民事责任：

①返还财产。返还财产是指合同当事人在合同被确认无效或者被撤销以后，对已交付给对方的财产享有返还请求权，而已接受该财产的当事人则有返还财产的义务。合同无效或者被撤销后，就意味着双方当事人之间没有任何合同关系存在，那么就应该让双方当事人的财产状况恢复到如同没有订立合同时的状态下的情形。而返还财产就是旨在使财产关系恢复到合同订立前的状况。所以不论接受财产的一方是否具有过错，都应当负有返还财产的义务。不过返还财产主要适用于已经作出履行的情况，如果当事人根本就没有开始履行，或者说财产尚未交付，就不应适用返还财产这一原则。

②折价补偿。返还财产为恢复原状的原则，但是在有的情况下，财产是不能返还或者没有必要返还的，在此种情况下，为了达到恢复原状的目的，就应当折价补偿对方当事人。不能返还可分为法律上的不能返还和事实上的不能返还。

法律上的不能返还，主要是受善意取得制度的限制。即当一方将受领的财产转让给第三人，而第三人取得该项财产时在主观上没有过错，不知道或者没有责任知道该当事人与另一方当事人的合同无效或者被撤销，善意第三人就可以不返还该原物，并且该原物也是不可替代的，此时，该当事人就不能返还财产，他就必须依该物在当时的市价折价补偿给另一方当事人。

事实上的不能，主要是指标的物灭失造成不能返还原物，并且原物又是不可替代的。在这种情况下，取得该财产的当事人应当依据该原物当时的市价进行折价补偿。

③赔偿损失。《中华人民共和国合同法》第五十八条规定，有过错的一方

应当赔偿对方因此所受到的损失，双方都有过错的，应当各自承担相应的责任。在合同被确认无效或者被撤销后，一般都会产生损害赔偿的责任。在合同被确认无效或者被撤销后，凡是因合同的无效或者被撤销而给对方当事人造成的损失，主观上有故意或者过失的当事人都应当赔偿对方的财产损失。

具体到本案，裴某、陈某在交易过程中应当知道其所出卖的房屋及宅基地属禁止流转范围，后其又以违法出售房屋为由主张合同无效，违背了诚实信用原则，因此，裴某、陈某应当承担对合同无效的主要责任，王某承担次要责任。涉案农村房屋已经列入棚户区改造项目，王某已经与拆迁公司签订了房屋拆迁补偿安置协议及补充协议，明确约定了回迁安置房屋面积及各项补偿款项，双方争议的焦点为关于拆迁补偿利益的归属和分配。故王某无返还房屋之必要，法院依照双方过错程度确定回迁安置房及补偿款的分割。

编写人：北京市密云区人民法院　陈玉霞

51

被拆除腾退人身份的认定思路

——侯某喜诉赵某林、刘某芸农村房屋买卖合同案

【案件基本信息】

1. 裁判书字号

北京市第二中级人民法院（2020）京02民终11799号民事判决书

2. 案由：农村房屋买卖合同纠纷

3. 当事人

原告（上诉人）：侯某喜

被告（被上诉人）：赵某林、刘某芸

【基本案情】

2018 年 3 月 14 日，赵某林、刘某芸以农村房屋买卖合同纠纷为由将侯某喜诉至北京市大兴区人民法院，后作出（2018）京 0115 民初 7095 号民事判决，前述判决记载，2003 年 2 月 18 日，赵某林、刘某芸（甲方）与侯某喜（乙方）签订《购房协议》，甲方自愿将坐落在北京市大兴区某镇中心位置自有住房及宅院一处卖予乙方，价格为 15.5 万元。2003 年 3 月 9 日，赵某林（卖方）与侯某喜（买方）签订《购房协议书》，内容为：经村党支部村委会研究决定允许村民赵某林出售自有住宅一所……公民侯某喜决定购买。协议签订后，赵某林和刘某芸收到侯某喜支付的房款 15.5 万元。在审理过程中，侯某喜表示购房后次年将院落内原有房屋全部拆除后在院落四周均翻建了房屋，赵某林、刘某芸对涉案院落房屋建设情况予以认可。

（2018）京 0115 民初 7095 号民事判决法院认为部分记载："另指出，因合同无效后买受人可就赔偿损失问题向出卖人主张权利，法院会根据实际情况综合考虑买卖双方的过错程度，房屋建设情况及贡献程度予以处理，但侯某喜未就赔偿损失问题在本案中提出反诉，双方当事人可就损失问题另行解决。"

侯某喜不服（2018）京 0115 民初 7095 号民事判决，向北京市第二中级人民法院提起上诉，后北京市第二中级人民法院于 2019 年 3 月 28 日作出（2019）京 02 民终 4290 号民事判决，判决驳回上诉，维持原判。后案涉房屋所在地被纳入棚户区改造土地开发项目范围之内。

2019 年 8 月 19 日，建设发展公司（拆除腾退人、甲方）与赵某林（被拆除腾退人、乙方）签订《集体土地住宅房屋拆除腾退补偿协议》……（四）房屋周转费及弃楼补贴双方另行签订补充协议。

2020 年 6 月 20 日，建设发展公司（拆除腾退人、甲方）与赵某林（被拆除腾退人、乙方）签订《集体土地住宅房屋拆除腾退补偿协议（补充协议）》（以下简称《补充协议》），《补充协议》记载，乙方选购安置房 4 套，所购安置房总设计建筑面积为 323.89 平方米，购房总价为 1862943 元。乙方同意甲方在其拆除腾退补偿款中直接扣除用于支付购买回迁安置房的购房款。双方同意按照甲方支付乙方剩余拆除腾退补偿1834547元的方式进行付款及结算。

另查明，侯某喜的户籍住址为北京市大兴区西红门镇××村××路××号。

【案件焦点】

1. 侯某喜能否被认定为被拆除腾退人；2. 安置房是否与侯某喜有关。

【法院裁判要旨】

北京市大兴区人民法院经审理认为：综合考虑到出卖人在出售农村房屋后又起诉要求确认《购房协议》无效，赵某林、刘某芸此举有违诚实信用原则，故应由赵某林、刘某芸对《购房协议》无效的后果负主要责任，由侯某喜负次要责任。在（2018）京0115民初7095号案件中，侯某喜未就《购房协议》无效后的相关损失提起反诉，而现在案涉房屋已经被拆除腾退，故本案中侯某喜的诉求实际为请求人民法院处理之前案件中遗留的损失问题。关于回迁安置房，依据《实施方案》第二条，结合侯某喜的户籍状况，可知侯某喜并非被拆除腾退人，不能被认定为被安置人，故侯某喜不应享有回迁安置房，故该项拆迁利益与侯某喜无关；关于房屋周转费，依据《实施方案》第二十四条，可知该项拆迁利益与回迁安置房挂钩，故该项拆迁利益与侯某喜无关。

据此，北京市大兴区人民法院依照《中华人民共和国合同法》第四十二条、第五十八条，《最高人民法院关于适用〈中华人民共和国民事诉讼法〉的解释》第九十条之规定，作出如下判决：

一、赵某林、刘某芸于本判决生效后十日内赔偿侯某喜拆除腾退补偿利益损失2186885元；

二、驳回侯某喜的其他诉讼请求。

侯某喜不服一审判决，提出上诉。

北京市第二中级人民法院经审理认为：首先，侯某喜与赵某林、刘某芸对《购房协议》无效后果均有过错，赵某林、刘某芸签订协议后又起诉确认协议无效，违反诚实信用原则，应承担主要过错。一审法院根据双方过错程度、拆除腾退补偿各项款项的补偿对象，综合判断后分配拆除腾退补偿款，结果并无不当，法院予以维持。其次，关于侯某喜是否有权享有弃楼款和周转费。根据《实施方案》，侯某喜不符合被拆迁腾退人的条件，而且回迁安置房系为保护被拆迁腾退人的居住权利所设置，故侯某喜不应享有回迁安置房的相关权益。故侯某喜上诉主张的弃楼款和周转费的诉讼请求，法院不予支持。

综上所述，侯某喜的上诉请求不能成立，应予驳回；一审判决认定事实清楚，适用法律正确，应予维持。北京市第二中级人民法院依照《中华人民共和国民事诉讼法》第一百七十条第一款第一项之规定，作出如下判决：

驳回上诉，维持原判。

【法官后语】

因为涉拆迁纠纷政策性较强、区域差别大，适用法律涉及国家土地制度、拆迁政策等的协调统一，故案件呈现出地域性、阶段性等特点；又加之土地升值引发的利益驱动、当事人对于买卖房屋的朴素认识与法律规定相左、部分人希望从中获利的投机心理、各个裁判文书说理程度不一等因素，导致各方当事人对自己能否被认定为被拆除腾退人的心理预期不同，对裁判结果的接受程度亦不相同。

在此类案件中，人民法院在判断各方当事人是否系被拆除腾退人时主要考虑以下三个因素：

第一，户籍住址。居民户口簿是公安机关为履行其行政职责而制作的证件，其作为民事诉讼中的证据时证明力较高，其记载的姓名、户别、户籍住址等信息与能否认定该人为被拆除腾退人意义重大。根据通行的观点，当某个当事人的户别为农业家庭户、户籍住址为被拆除腾退房屋所在地址时，该当事人就可以被认定为该房屋中的被拆除腾退人，不需要考虑其对房屋建造是否存在贡献；反之，则不能被认定为被拆除腾退人。

第二，拆迁政策。拆迁政策是法院处理涉拆迁类案件时参考的重要依据，它对如何分配拆迁利益提供了重要指引。依据该镇《棚户区改造土地开发项目集体土地住宅房屋拆除腾退补偿实施方案》第二条的规定，被拆除腾退人为本项目拆除腾退范围内被拆除腾退房屋及其附属物的所有权人。在农村地区建造房屋时，一般而言，新建房屋前需要先获得集体土地宅基地使用权，翻建房屋时要通过属地政府的房屋翻建审批，而无论是新建还是翻建，所建造的房屋都必须符合北京市人民政府制定的合法建筑面积标准，然后再结合建造人的户籍情况，最终才能认定某个当事人是不是某处房屋的所有权人。

第三，政府认定。无论是宅基地的审批还是房屋翻建审批，都属于行政机关的行政职权，法院作为司法机关并不能进行干涉，故即使某个人本身并不符合宅基地使用权标准，但是行政机关依然向其颁发了房屋准建证等公文证书予以确认其所有权人身份时，法院也会遵循该认定而作出判断。考虑到历史原因等因素，并不是所有的农村地区房屋都有集体土地宅基地使用权、房屋准建证等予以佐证，所以在拆除腾退过程中，如果村民委员会、乡镇政府在《宅基地确权单》等文件上签字、盖章，认定某人符合宅基地使用权人身份时，法院一般也不会作出相反的认定，而是据此推定其为宅基地上对应房屋的被拆除腾退人。

编写人：北京市大兴区人民法院　李利冉

六、定金纠纷

52

定金罚则及居间合同服务费的收取

——李某诉郭甲公等房屋买卖合同案

【案件基本信息】

1. 裁判书字号

湖南省湘潭市中级人民法院（2021）湘03民终94号民事判决书

2. 案由：房屋买卖合同纠纷

3. 当事人

原告（被上诉人）：李某

被告（上诉人）：郭甲公

被告（被上诉人）：房地产经纪公司、房屋咨询公司

被告：郭乙公

【基本案情】

2019年12月9日，郭乙公作为代理人代表郭甲公作为甲方（出售方）与乙方（买受方）李某、丙方（居间方）房屋咨询公司、丁方（管理方）房地产经纪公司签订了《房屋买卖合同》，被告郭乙公当日向原告出具了《收条》一张，写明：今收到李某购买位于湘潭市雨湖区一处二手房定金人民币2万元，

情况属实。收款人：郭乙公，郭甲公。2019年12月9日。郭乙公在签名处捺了手印。但原告李某支付的该2万元实际由房地产经纪公司收取并管理。2019年12月10日，房屋咨询公司向李某出具《居间服务费收据》，写明：今收到李某交来购买案涉房屋的居间服务费人民币9576元。房屋咨询公司在该收据上加盖了财务专用章。合同签订后，郭甲公、郭乙公未按合同约定交付房屋给李某，而是于2019年12月下旬将房屋另外出售给了案外人。

【案件焦点】

1. 郭乙公代理郭甲公签订的《房屋买卖合同》是否有效，郭甲公是否应当双倍返还定金；2. 房地产经纪公司是否应当退还居间服务费。

【法院裁判要旨】

湖南省湘潭市雨湖区人民法院经审理认为：李某与郭甲公、郭乙公、房地产经纪公司、房屋咨询公司于2019年12月9日签订的《房屋买卖合同》系各方真实意思表示且不违反法律规定，合法、有效，各方均应严格履行合同约定义务。郭乙公以郭甲公代理人的身份与李某签订《房屋买卖合同》，合同权利义务应当由郭甲公承担。被告在与原告签订合同后，又将本案房屋另售给他人，构成违约，应当承担双倍返还定金的违约责任。鉴于李某支付的2万元定金系由房地产经纪公司收取并管理，房地产经纪公司应向原告返还2万元，郭甲公此外还应支付原告2万元。本案居间方已促成本案合同订立，只是由于出卖方违约没有完成交易，故房地产经纪公司无须退还居间服务费。郭甲公已双倍返还定金，不再另外赔偿原告的中介费损失。

湖南省湘潭市雨湖区人民法院依照《中华人民共和国民法总则》第三条，《中华人民共和国合同法》第八条、第六十条、第九十四条第二项、第九十七条、第一百零七条、第一百一十五条、第一百一十六条，《中华人民共和国民事诉讼法》第六十四条第一款之规定，作出如下判决：

一、解除原、被告于2019年12月9日签订的《房屋买卖合同》；

二、被告房地产经纪公司在本判决生效之日起五日内返还原告李某2万元；

三、被告郭甲公在本判决生效之日起五日内支付原告李某2万元；

四、驳回原告李某的其他诉讼请求。

郭甲公不服一审判决，提出上诉。

湖南省湘潭市中级人民法院经审理认为：《房屋买卖合同》签订后，李某并未违反合同约定，郭甲公并不享有单方解除合同的权利，故郭甲公提出案涉《房屋买卖合同》属以郭甲公能快速拿到购房定金及购房款为条件的附条件的合同，在所附条件不能实现的情况下，郭甲公通知李某解除合同，后再将涉案房屋出卖给案外人合理合法的上诉理由不能成立。

湖南省湘潭市中级人民法院依照《中华人民共和国民事诉讼法》第一百七十条第一款第一项之规定，作出如下判决：

驳回上诉，维持原判。

【法官后语】

通过房屋中介与他人订立房屋买卖合同已是现代社会的普遍行为，本案纠纷就是一房二卖后房屋买受人起诉房屋出卖人及房屋中介的典型案例。民事主体从事民事活动时应当遵从诚实信用原则，郭甲公为出卖房屋委托郭乙公通过房屋中介——房地产经纪公司与买受人李某签订了房屋买卖合同，房屋咨询公司参与合同，四方均应依照合同履行。

本案焦点集中在于郭乙公代理郭甲公签订的《房屋买卖合同》是否有效，郭甲公是否应当双倍返还定金；房地产经纪公司是否应当退还居间服务费。关于焦点一，案件审理过程中郭乙公提出郭甲公授权其出售房屋的委托手续有瑕疵，其签订的房屋买卖合同不成立的抗辩理由。根据郭甲公的辩称，郭甲公具有委托郭乙公出售房屋的真实意思表示，即使如郭乙公所述授权手续为签订房屋买卖合同后补签，也视为郭甲公对郭乙公签订合同的追认，授权有效，郭乙公与李某、房地产经纪公司、房屋咨询公司签订的《房屋买卖合同》及在该次房屋买卖交易中作出的其他行为所产生的权利义务应当由被代理人即郭甲公承担。现郭甲公未按合同约定办理房屋产权变更手续并在《房屋买卖合同》存续期间内将房屋出卖给案外人，也未提供足够证据证明《房屋买卖合同》系附条件的合同，郭甲公应当承担相应的违约责任。李某已按约交付了2万元定金交由房地产经纪公司保管，郭乙公也出具了相应的《收条》，故郭甲公应当依照《房屋买卖合同》的约定承担双倍返还定金的违约责任，鉴于李某支付的2万元定金系由房地产经纪公司收取、管理，房地产经纪公司应向原告返还2万元，郭甲公此外还应支付原告2万元。关于焦点二，居间合同是居间人向委托人报告订立合同的机会或者提供订立合同的媒介服务，委托人支付报酬的合同。居间人促成合同成立后，委托人应当按照约定支付报酬。房地产经纪公司作为本案买卖合同的实际居间方，促成郭甲公（出卖方）与李某（买受方）签订《房屋买卖合同》后其居间服务届已完成，房屋买卖合同成立后合同是否实际依约履行不属于其提供居间服务的范畴。故无论是郭甲公违约将房屋出卖给案外人，抑或李某诉至法院要求解除《房屋买卖合同》均不影响房地产经纪公司已完成居间服务的事实，房地产经纪公司有权收取居间服务费。《中华人民共和国民法典》已于2021年1月1日起生效，本案中的居间合同实为《中华人民共和国民法典》中的中介合同。不论是依据当时《中华人民共和国合同法》有关居间合同的规定抑或《中华人民共和国民法典》有关中介合同的规定，李某要求房地产经纪公司退还相关服务费的诉讼请求，无事实和法律依据，依法不予支持。

编写人：湖南省湘潭市雨湖区人民法院　尹婧

七、房屋借贷与担保纠纷

53

抵押人未经抵押权人同意可以转让抵押房产

——郑某可诉金某房屋买卖合同案

【案件基本信息】

1. 裁判书字号

江苏省江阴市人民法院（2020）苏0281民初8981号民事判决书

2. 案由：房屋买卖合同纠纷

3. 当事人

原告：郑某可

被告：金某

【基本案情】

2017年11月8日，原告郑某可与被告金某签订《房地产买卖合同》，约定金某将某处房屋作价人民币65万元出卖给郑某可。因该房屋系金某的拆迁安置房，在签订合同时金某尚未取得房屋产权证，故双方在合同中约定，金某在获得房屋产权证书后过户至郑某可名下，过户费用由郑某可负担。合同签订后郑某可支付了全部购房款。金某随后向郑某可交付了房屋的钥匙，郑某可取得房屋后进行了装修，并一直居住。2020年1月8日，金某取得了房屋产权证书，同年1月21日，4月15日，金某两次将房屋抵押给了赵某某，并办理了抵押登记，抵押债权金额共计50万元。因抵押登记存在，金某至今未履行房屋过户义务。

【案件焦点】

1. 未经抵押权人同意抵押人能否转让抵押房产；2. 抵押人转让抵押财产，抵押权是否受影响。

【法院裁判要旨】

江苏省江阴市人民法院经审理认为：原告郑某可与被告金某于2017年11月8日签订的房地产买卖合同合法有效，郑某可与金某结清购房款，金某也向郑某可交付了房屋。金某在取得房屋产权证后，依合同约定应当在1个月内履行房屋产权的过户变更登记。但金某未能履行约定的义务，故郑某可有权要求金某办理产权变更登记。

金某在取得房屋产权证后，隐瞒房屋已实际出售的事实，将房屋抵押给他人，金某应当及时清偿债务消灭抵押权，以便履行其与郑某可之间的房屋买卖合同。郑某可在知道房屋存在抵押权，金某有可能无法消灭抵押权的情况下，坚持要求金某办理房产的过户登记，并没有违反法律禁止性规定，且即使该房屋存在抵押权，该房屋产权变更并不能对抵押权人的抵押权产生实际性损害。因郑某可有权在法律规定的范围内处分自己的民事权利与诉讼权利。故对郑某可的诉讼请求，依法予以支持。

据此，江苏省江阴市人民法院依照《中华人民共和国合同法》第四十四条、第六十条，《中华人民共和国民事诉讼法》第十三条第二款之规定，作出如下判决：

一、原告郑某可与被告金某2017年11月8日签订的房地产买卖合同有效。

二、被告金某应于本判决发生法律效力之日起3个月内将其名下的案涉房屋的产权变更至原告郑某可名下。

一审宣判后，当事人未上诉，现判决已发生法律效力。

【法官后语】

本案涉及的问题为房屋已经依法办理抵押登记的情况下，能否判决办理产权变更手续，如办理产权变更手续，抵押权是否受到影响。

本案中抵押物虽为“先转后押”，但我国实行不动产物权变动的登记生效原则，金某在签订房屋转让合同后，并未丧失房屋所有权，其仍是该房屋有权处分人，故赵某某依法取得房屋抵押权。

郑某可与金某签订的房屋买卖合同，该合同旨在转移房屋所有权，郑某可基于合同取得的债权权利中，最为核心的是请求金某按照合同交付转让房屋以及办理相应产权变更手续。在房屋上存有合法抵押权的情况下，行政机关会限制办理产权转移登记手续，即使在《中华人民共和国民法典》施行以后，自然资源部关于做好不动产抵押登记工作的通知，明确了《中华人民共和国民法典》施行前已经办理抵押登记的不动产，抵押期间转让的，未经抵押权人同意，不予办理转移登记，故在《中华人民共和国民法典》施行之前的审判实践中，在抵押物未经抵押权人同意而转让但又不具有其他合同无效的情形时，法院一般认定该抵押物转让合同有效，当受让人要求转让人按照合同约定履行不动产物权变更登记义务时，因行政机关不予办理转移登记手续，一般确认当事人诉请情形属于《中华人民共和国合同法》第一百一十条第一项规定的“法律上或者事实上不能履行”，受让人只能转而要求转让人承担其他形式的违约责任。本案判决前即使《中华人民共和国民法典》已经颁布，立法观点已经明确未经抵押权人同意可以转让抵押财产，内部讨论时仍旧出现有观点认为因无法办理转移登记手续，转让合同履行不能，驳回郑某可的诉讼请求。

从民法理论上看，物权相对于债权具有支配性、排他性的特点，因而在同一标的物上既有物权存在，又有债权存在时，物权无论成立先后，通常都应具有优先于债权的效力，即当抵押权合法设立时，无论该抵押权的设立在转让合同订立之前还是之后，抵押权人均应具有优先于受让人实现抵押权之权利，在二者发生冲突时，应当优先保护和实现抵押权人的权利，因此，《中华人民共和国民法典》第四百零六条从法律上明确抵押权的追及效力，并确立第三人代为清偿制度来实现抵押权人、抵押人和抵押物受让人之间的利益平衡，抵押物的转让合同不但是有效的，抵押物的所有权变更也不受限制，只是抵押权在依法消灭前始终存在于抵押物之上，即使案涉房产过户至郑某可名下，因抵押权的物上追及效力的存在并不会损害赵某某的权利。即使行政机关对房屋的权利转移作出限制，但物权未灭失，不能就此认定买卖合同法律上或事实上履行不能。出卖人应依诚实信用原则全面履行合同义务，对于涉讼房屋存在的违法状态，应自行采取相应措施予消除行政限制后协助完成过户手续，故本案中判决金某将房屋产权变更至郑某可名下。

编写人：江苏省江阴市人民法院　邓云　相娟

54

以物抵债性质下房屋买卖合同及当事人意思表示性质认定

——王某肯诉龚某红等房屋买卖合同案

【案件基本信息】

1. 裁判书字号

浙江省玉环市人民法院（2020）浙1021民初2077号民事判决书

2. 案由：房屋买卖合同纠纷

3. 当事人

原告：王某肯

被告：龚某红、王某瑶、孙某辉

第三人：王某国

【基本案情】

被告龚某红系被告孙某辉之母，被告孙某辉、王某瑶系夫妻关系。原告为孙某贵（被告孙某辉之父）在甲银行、乙银行共60万元贷款提供保证担保。孙某贵死亡后，原告履行担保义务。2020年4月22日，三被告与原告及第三人达成《房屋买卖合同书》，约定乙方（即原告王某肯及第三人王某国）向甲方（即三被告）购买位于浙江省玉环市某镇某村一间四层半房屋；售价为110万元，付款方式：由乙方王某肯直接支付归还孙某贵生前向甲银行借款30万元、乙银行借款30万元，乙方王某国归还丙银行借款50万元，直接在房价款中扣减，并约定本合同任何一方在履行过程中反悔违约的，均应承担交易额的20%违约金，或者赔偿额也参照本条履行。后第三人王某国认为签订房屋买卖合同欠妥便向孙某辉表示不再接收上述房屋，被告孙某辉认为第三人不愿接收房屋，便不向原告交付房屋。

【案件焦点】

以物抵债形式下，房屋买卖合同性质认定。

【法院裁判要旨】

浙江省玉环市人民法院经审理认为：首先，关于各方当事人的合同性质与效力。根据查明的事实，原、被告及第三人于2020年4月22日达成的《房屋买卖合同书》系通过房屋价款与孙某贵欠原告王某肯、第三人王某国的债务进行抵销，其形式上是房屋买卖合同，实质上是以物抵债合同。因以物抵债的标的物系违章建筑，该合同自始无法履行，故本案当事人订立的以物抵债合同无效。本案诉讼过程中，法院根据《最高人民法院关于民事诉讼证据的若干规定》第五十三条之规定，将此合同的性质、效力问题作为争议焦点交由各方当事人进行了充分的辩论，但原告仍基于房屋买卖合同且有效提出解除合同以及其他诉讼请求。法院认为，本案各方当事人订立的以物抵债合同无效，原告据此要求解除，法院不予支持。

其次，三被告与原告、第三人订立的以物抵债合同是否表明愿意承受孙某贵的债务。法院认为，法案不构成债务转移或债务加入等债务承担。其理由如下：一是原告没有证据证明三被告愿意主动承担孙某贵生前贷款债务，同意接受孙某贵生前债务义务。《房屋买卖合同书》仅约定三被告方将孙某贵的遗产房屋转让给原告及第三人，房屋价款与孙某贵生前债务抵销，根本没有约定原告主张的上述事实，为此原告应当承担举证不能的法律后果；二是三被告均非债务人，被告龚某红、王某瑶非孙某贵遗产的法定继承人，在孙某贵负有其他巨额债务的情况下，三被告之所以同意与原告、第三人订立《房屋买卖合同书》，将孙某贵的主要遗产用来偏颇清偿债务，系三被告基于与原告、第三人的特殊关系的一种债务清理行为，而非债务承担行为。这种特殊关系可从孙某贵死亡后，原告、第三人远赴国外将孙某贵遗体运回可以看出；三是债务承担是承担人以其全部责任财产用来清偿债权人的债务。本案三被告与原告、第三人订立《房屋买卖合同书》是将孙某贵的特定财产（房屋）用来清偿债务，而不是将自己的其他责任财产用来清偿债务，即使被告孙某辉作为法定继承人愿意继承遗产，也只是将此房屋这一特定财产用来清偿债务，与债务承担的法律规则明显不同。故原告方基于债务承担，要求三被告承担相应责任的诉讼请求不成立，法院予以驳回。庭审中，原告明确表明本案是基于债务承担要求三被告承担责任，有关共同保证、债务限定继承等请求权基础，原告方应另行主张权利，故本案驳回原告方诉讼请求后，可依法基于共同保证、债务限定继承等请求权基础行使权利。

据此，浙江省玉环市人民法院依照《中华人民共和国合同法》第五十二条第五项，《中华人民共和国民事诉讼法》第六十四条之规定，作出如下判决：

驳回原告王某肯的诉讼请求。

一审宣判后，双方当事人未上诉，现判决已发生法律效力。

【法官后语】

1. 以物抵债形式下，房屋买卖合同性质认定

本案中，标的物系违章建筑，故无论如何认定房屋买卖合同性质，根据《中华人民共和国民法典》第一百五十三条（裁判时《中华人民共和国合同法》第五十二条）之规定，因违反法律、行政法规，该合同自始无效。

但进一步考虑下，若该标的物建造合法，并非违章建筑，此情形下该如何

认定房屋买卖合同性质。当前，司法实践中虽认可实质为以物抵债的房屋买卖合同的效力，但对于其性质属于要物合同还是诺成合同仍有争议，这也将影响协议能否成立以及如何履行。

本案中，以物抵债协议自原被告签订《房屋买卖合同》时成立生效（暂不考虑合同无效情形），被告不给予房屋实质是构成违约，根据合同承担相应的违约金也是合理的。在这种情况下，根据案件实际情况，若以新债清偿解释该协议，则被告不交付房产情形下，可以要求被告偿还旧债60万元；若以债务更新解释，则应要求被告交付房产。

本案标的物系不动产，因当地房屋价格上涨或是涉及拆迁对房屋价值影响较大，以房产折抵债务不仅影响的是债权人和债务人的利益，还涉及债务人的其他债权人利益。若房产增值，债务人可清偿债务增加，受偿债权人利益也相应增加；若房产贬值，则债务人可清偿债务减少，受偿债权人利益也相应减少。但在以物抵债形式下，房产的价值波动影响范围限缩至以物抵债协议双方，尤其是在房产增值情形下，实质上缩减了债务人的清偿能力，对其他债权人而言也是不公平的。本案中，孙某贵生前负有巨额债务，且涉案房产系孙某贵主要遗产，以主要遗产清偿部分债权对于其他债权人而言显然是显失公平的。根据（2010）最高人民法院民抗字第25号案例体现的裁判要旨，当事人之间直接以物抵债，损害其他债权人利益的，该以物抵债协议应当认定为无效。且《中华人民共和国民法典》第四百一十条第一款规定，协议损害其他债权人利益的，其他债权人可以请求人民法院撤销该协议。可见，司法实践中对侵害其他债权人利益的协议效力认定是不一样的。《中华人民共和国民法典》实施以前，以物抵债协议若侵害其他债权人利益则自始无效；实施以后，以物抵债协议侵害其他债权人利益的，其他债权人经申请后方可撤销，且受撤销权相关期限限制。因该案件发生、审理时间均在《中华人民共和国民法典》颁布以前，故在本案中，即使涉案房产合法，以物抵债协议也应侵害其他债权人利益而自始无效。

2. 当事人意思表示性质认定

（1）不属于债务加入。债务加入即并存的债务承担，其构成要件为：①原债权债务关系有效存在；②第三人与债务人约定第三人作为新债务人加入该债的关系来承担债务；③原债务人债务并不减免；④将此债务加入的情形通知债权人，或者第三人向债权人表示愿意加入债务，债权人未在合理期限内明确拒绝。本案中，因孙某贵死亡，且被告表示不继承孙某贵财产，也相应的不继承任何债务。在此情形下，原债权债务关系实际已灭失，且原债务人的债务也无法实现，因此该协议订立不符合债务加入的构成要件，不能将当事人签订房屋买卖合同的行为认定为债务加入。

（2）不属于债务转移。本案属于债权人与第三人之间订立协议的情形，债务转移系免责的债务承担，需要第三人对承担债务表示明确同意，但本案中原被告签订的房屋买卖合同，仅表示被告愿以特定的该房屋代孙某贵折抵110万元债务，但未明确表示自己愿意帮助孙某贵承担该110万元的债务，无法将其以物抵债的意思表示认定为统一承担债务的意思表示。因此，原、被告订立合同的行为不属于债务转移。

另外，即使属于债务承担，也因以物抵债协议的无效，而失去承担清偿债务义务的基础，恢复至原债权债务关系，即由原债务人向债权人履行债务。

（3）属于基于特殊身份关系的债务清理行为。三被告中，被告龚某红已于2008年与孙某贵登记离婚，且案涉房产属于孙某贵个人财产，被告龚某红与该房产及相关债务均无关联；被告王某瑶与案涉房产无关，且不属于孙某贵法定继承人，其与孙某贵债务亦无关联；被告孙某辉虽属于孙某贵继承人，但其已明确表示其不同意继承孙某贵遗产，因此，三被告对于孙某贵的所有债务均无承担义务，且三被告对于孙某贵的其他债务并未表示偿还意愿，其愿意以房产偿还该债务的主要原因还是在于原、被告之间的身份关系较为亲密，第三人系被告王某瑶的舅舅，且原告、第三人在孙某贵于老挝突发疾病死亡后远赴国外将其遗体送回的行为可看出，原告、第三人与孙某贵一家的身份关系较为紧密，不仅限于普通的债权债务关系，因此，可以将此以物抵债行为认定为基于特殊身份关系的债务清理行为。

编写人：浙江省玉环市人民法院　连晓艳　项延永

55

行为人没有明确的保证的意思表示时，在没有其他证据证明的情况下，保证不能成立

——房地产公司诉潘某鑫等房屋买卖合同案

【案件基本信息】

1. 裁判书字号

广东省信宜市人民法院（2020）粤 0983 民初 2721 号民事判决书

2. 案由：房屋买卖合同纠纷

3. 当事人

原告：房地产公司

被告：潘某鑫、肖某、肖某良

【基本案情】

2015 年 2 月 11 日，原告房地产公司作为出卖人与被告潘某鑫、肖某作为买受人签订了《车库买卖合同》，双方约定：潘某鑫、肖某向房地产公司购买某大厦第 5 号车位，车库款为 150 万元，买受人在收到房管部门办理产权预告登记通知时 7 日内付清余款给出卖人。买卖车库应缴的各项税费等由买受人负责。

2015 年 2 月 1 日至 2015 年 8 月 7 日，被告潘某鑫、肖某向原告房地产公司交付了 126 万元车库款，又于 2016 年 12 月 13 日交税费 5 万元给房地产公司。原告房地产公司代被告潘某鑫、肖某缴纳税费合计 33801.6 元。

案涉车库交付给被告潘某鑫、肖某使用后，被告潘某鑫、肖某没有再支付过款项给原告房地产公司，并且也没有另外支付税费给原告房地产公司。2020

年1月，房地产公司的工作人员与肖某联系，双方协商沟通尚欠的车库款及委托办证事宜，微信上肖某确认了不动产权证委托书的内容并发至房地产公司的工作人员手机。2020年1月16日，肖某的弟弟肖某海递交了《不动产权证办理委托书》给房地产公司，内容为“委托方：肖某、潘某鑫，受托方：肖某良。由于本人工作繁忙不能亲自办理某大厦5号车库房产证，特委托肖某良作为我的合法代理人到贵公司办理不动产权证手续并领取本人上述车库的房屋不动产权证。产权证办好后三天内肖某、潘某鑫应支付该房车库款223801.6元给房地产公司。委托人：潘某鑫、肖某，受托方：肖某良（担保人）。”该委托书的内容与被告肖某在微信上确认的内容一致，原告接收到该委托书时，委托书的落款处被告三人的名字已经手写签好。

此后房地产公司为潘某鑫、肖某办理好案涉车库的产权登记手续。2020年1月19日，被告潘某鑫、肖某取得不动产权证，但被告没有按约定向原告房地产公司支付车库尾款。原告房地产公司于2020年8月5日向法院提起诉讼，要求三被告承担连带支付责任。

【案件焦点】

被告肖某良是否应作为保证人对被告潘某鑫、肖某的尚欠车库款承担连带清偿责任。

【法院裁判要旨】

广东省信宜市人民法院经审理认为：案涉《车库买卖合同》是房地产公司与潘某鑫、肖某之间的买卖合同，尚欠的车库款也是因该合同产生。根据买卖合同的相对性，尚欠的车库款应由潘某鑫、肖某支付。虽然在《不动产权证办理委托书》中有肖某良的签名并附有括号“担保人”三个字，但是肖某良不是《车库买卖合同》的合同当事人，本身不负有承担支付车库款的义务。且《不动产权证办理委托书》的性质为委托合同，肖某良作为委托代理人，其在代理权限内以被代理人潘某鑫、肖某名义实施民事法律行为，该民事法律行为对被代理人潘某鑫、肖某发生效力，而不是对代理人肖某良发生效力。从委托书内容来看，其仅是通过书面的形式记载被代理人潘某鑫、肖某委托代理人肖某良办理及领取不动产权证的事务，约定条件为“产权证办好后三天内潘某鑫、肖某应支付该车库尾款223801.6元给房地产公司”，该句话的意思明确是由潘某鑫、肖某按时支付尾款，并没有要求肖某良担保潘某鑫、肖某支付尾款。因此，在委托书中没有约定保证内容，也没有其他证据证实保证的内容，不能认定肖某良具有保证的意思表示。

广东省信宜市人民法院依照《中华人民共和国合同法》第六十条、第一百五十九条，《中华人民共和国民事诉讼法》第六十四条，《最高人民法院关于适用〈中华人民共和国民事诉讼法〉的解释》第九十条之规定，作出如下判决：

一、限被告潘某鑫、肖某在本判决发生法律效力后十日内支付223801.6元车库款及利息（从2020年1月23日起以223801.6元为基数按全国银行间同业拆借中心公布的贷款市场报价利率计至还清借款之日止）给原告房地产公司；

二、驳回原告房地产公司的其他诉讼请求。

一审宣判后，双方当事人未上诉，现判决已发生法律效力。

【法官后语】

本案是一起涉及保证意思表示的案例，案涉的《不动产权证办理委托书》中约定了支付尾款的金额及时间，肖某良在该委托书落款处签名并附上“担保人”三个字。本案争议焦点在于被告肖某良是否具有明确的保证意思表示，是否应作为保证人对本案尚欠尾款承担连带清偿的责任。

保证是指保证人和债权人约定，当债务人不履行债务时，保证人按照约定履行债务或者承担责任的行为。保证具有从属性、相对独立性、单务性、无偿性和补充性的特征。

1. 保证合同须具备法定条件

保证合同的当事人为债权人与保证人。保证合同是主债权债务合同的从合同。保证合同可以是单独订立的书面合同，也可以是主债权债务合同中的保证条款。在司法实践中，保证人多由债务人提供给债权人。本案中，肖某良没有在约定车库款的买卖合同即主合同上用保证人的身份签名或盖章，在该主合同中没有包含保证条款。同时被告肖某良也没有单独签订有保证合同由债务人提供给债权人。案涉《不动产权证办理委托书》从合同内容、形式上来看，仅就委托被告肖某良办理及领取不动产权证的事务作出了约定，并没有约定保证事项条款。因此，肖某良签订的《不动产权证办理委托书》的合同性质是委托合同，不属于保证合同。

2. 保证人要有担任保证人的明确意思表示

保证人的意思表示真实是其承担保证责任的前提条件，只有保证人具有明确的承担保证责任的意思表示，且该意思表示必须真实，保证才能成立。如果行为人仅向债权人表示履行其他事项，并无担保债务人履行主合同债务的意思表示，则不能认定行为人有保证的意思表示。例如，本案中，肖某良仅向债权人表示受委托办理及领取不动产权证的事务，其在受托人处签名并书写上“担保人”，在该委托合同中是向债权人表示接受委托的一种说明或证明，并没有作出其他的对债务承担担保的说明，所以不能认定被告肖某良对主合同的债务有保证的意思表示。因此，行为人没有明确的保证的意思表示时，在没有其他证据证明的情况下，保证不能成立。

编写人：广东省信宜市人民法院　肖燕　蔡蕤虹

56

“断供”引发的商品房买卖合同和担保贷款合同解除问题

——房地产公司诉吴某龙商品房预售合同案

【案件基本信息】

1. 裁判书字号

浙江省台州市天台县人民法院（2020）浙1023民初903号民事判决书

2. 案由：商品房预售合同纠纷

3. 当事人

原告：房地产公司

被告：吴某龙

第三人：某银行天台县支行

【基本案情】

吴某龙向房地产公司购买商品房，2018 年 1 月 25 日，双方签订了《商品房买卖合同》，约定房屋价款计 781471 元，买受人向出卖人支付房款首付款 161471 元，并到出卖人指定的银行办理余款按揭手续。《商品房买卖合同》附件八约定，房地产公司提供阶段性按揭贷款担保事宜，吴某龙没有按期偿还银行贷款本息，经银行出具证明，房地产公司有权向吴某龙催告，催告 15 天后仍未还款的，房地产公司有权解除合同，撤销预售登记，吴某龙所欠银行的贷款由房地产公司直接给付银行，在办理撤销抵押手续后，房地产公司可以重新出售房屋，售出后 30 天内将原收取的首期房款及吴某龙已还银行的贷款本金在扣除定金、银行罚息、利息、赔偿金、代偿款项所产生的损失、撤销抵押等费用后返还吴某龙。双方还约定吴某龙逾期偿还银行到期贷款本息累计二次以上（含二次）或者银行终止借款合同或者银行通知房地产公司承担保证责任的，房地产公司有权解除《商品房买卖合同》并要求吴某龙承担违约责任。2018 年 7 月 26 日，吴某龙、某银行天台县支行，房地产公司三方签订了《个人购房担保借款合同》一份，吴某龙向某银行天台县支行借款用于购房，房地产公司提供阶段性保证和抵押，保证期间为自借款发放之日至借款人取得房地产权属证书，并办妥以贷款人为抵押权人的抵押登记手续完成之日止。2018 年 6 月 12 日，案涉房屋办理了预售商品房买卖预告登记，同年 8 月 3 日，案涉房屋办理了预售商品房抵押权预告登记。2019 年 10 月、11 月、12 月，2020 年 1 月、2 月，吴某龙均未能按约还本付息，截至 2020 年 3 月 27 日，未结清期数为 5 期，尚欠本金 609501.81 元，利息 14837.65 元。

【案件焦点】

1. 房地产公司与吴某龙签订的《商品房买卖合同》是否应当解除；2. 解除《商品房买卖合同》和《个人购房担保借款合同》的诉讼请求是否应当合并审理；3. 如《商品房买卖合同》和《个人购房担保借款合同》均解除，开发商房地产公司是否可以直接承担买受人吴某龙对银行的还款责任。

【法院裁判要旨】

浙江省台州市天台县人民法院经审理认为：当事人可以约定一方解除合同的条件，解除合同的条件成就时，解除权人可以解除合同。房地产公司与吴某龙在合同中约定逾期偿还银行到期贷款本息累计二次以上（含二次）或者银行终止借款合同或者银行通知房地产公司承担保证责任的，房地产公司有权解除《商品房买卖合同》。现吴某龙已逾期向某银行天台县支行还款累计 5 期，解除合同的条件已成就，故对房地产公司要求解除《商品房买卖合同》的诉讼请求予以支持。合同解除后，尚未履行的，终止履行；已经履行的，根据履行情况和合同性质，当事人可以要求恢复原状、采取其他补救措施，并有权要求赔偿损失。吴某龙、某银行天台县支行应当协助房地产公司办理注销《商品房买卖合同》项下房地产的备案登记手续以及预购商品房预告登记手续。《商品房买卖合同》解除后，《个人购房担保借款合同》的合同目的已无法实现，某银行天台县支行作为担保权人主张同时解除《个人购房担保借款合同》，而房地产公司亦请求法院判决由其直接向某银行天台县支行支付贷款本息，双方实际达成了解除合同的合意，对某银行天台县支行解除《个人购房担保借款合同》诉讼请求，法院予以支持。对于某银行天台县支行因《个人购房担保借款合同》解除而遭受的利息损失，因上述合同解除系买受人吴某龙违约导致，某银行天台县支行最终可向吴某龙主张，为减少当事人之间不必要的诉累，利息损失可由房地产公司直接对某银行天台县支行进行赔偿，房地产公司已赔偿的款项，在应当返还吴某龙的购房款中予以抵销。利息损失参照《个人购房担保借款合同》中的约定计算至本息还清日止。

浙江省天台县人民法院依照《中华人民共和国合同法》第九十三条第二

款、第九十七条、第一百一十五条，《中华人民共和国物权法》第二十条第二款，《最高人民法院关于审理商品房买卖合同纠纷案件适用法律若干问题的解释》第二十五条，《中华人民共和国民事诉讼法》第一百四十四条之规定，作出如下判决：

一、解除房地产公司与吴某龙签订的《商品房买卖合同》；

二、解除房地产公司、吴某龙、某银行天台县支行签订的《个人购房担保借款合同》；

三、房地产公司应于判决生效之日起十日内返还吴某龙购房款；

四、限房地产公司于本判决生效之日起十日内返还某银行天台县支行贷款本金并赔偿利息损失；

五、吴某龙应赔偿房地产公司律师代理费损失并赔偿第四项中房地产公司已向某银行天台县支行支付的利息，律师代理费及利息损失在第三项中予以抵扣。

一审宣判后，当事人未上诉，现判决已发生法律效力。

【法官后语】

在贷款购房情形下，买受人、开发商与银行之间实际形成了“三角法律关系”，即买受人与开发商之间的房屋买卖关系，买受人与银行之间的借款及抵押关系，开发商与银行之间的担保关系。开发商行使解除权，人民法院应当重点审查商品房买卖合同中的具体约定。如双方未约定买受人“断供”可以解除合同的，该种情形下能否解除商品房买卖合同在司法实践中分歧较大。一种观点认为，开发商不享有法定解除权。买受人的主要义务是支付购房款，至于购房款的来源是买受人自有资金还是借款与开发商无关，买受人“断供”实际是未按约定向银行履行还款责任，该违约行为基于买受人、开发商、银行三方订立的商品房担保贷款合同而非买受人与开发商订立的商品房买卖合同。另一种观点认为，商品房买卖合同与担保贷款合同是有紧密联系并且能相互影响的特殊合同关系，买受人“断供”导致开发商承担担保责任，之前获得的房屋价款又被银行从保证金账户中扣回，房款“得而复失”显然使开发商售房营利的合同目的不能实现，应当赋予开发商解除权。笔者认为，如果买受人“断供”较少，之后又能及时补足，开发商承担并不沉重的担保责任后亦可向买受人追偿以弥补损失，此时仍以开发商“合同目的不能实现”之由苛责买受人有失公平；反之，开发商承担了较重甚至与银行贷款金额相当的担保责任后，实践中买受人往往并无可供执行的财产，房屋因诉讼被长期搁置，增加了开发商资金断裂的风险，故此时赋予开发商解除权较为合理。

根据《最高人民法院关于审理商品房买卖合同纠纷案件适用法律若干问题的解释》第二十一条的规定，担保权人即银行作为有独立请求权第三人提出诉讼请求或者就担保贷款合同纠纷另行起诉的，应当与商品房买卖合同纠纷合并审当无争议。从合同的产生看，商品房担保贷款合同的成立依赖于商品房买卖合同的成立；从合同的履行目的看，商品房担保贷款合同的履行服务于商品房买卖合同的履行，二者纠纷相伴而生，无论是银行作为担保权人，还是开发商作为阶段性担保的保证人，主张解除商品房担保贷款合同均应当与商品房买卖合同合并审理。商品房买卖合同和担保贷款合同解除后，款项的返还原则上仍应遵循合同的相对性，即开发商将房款返还买受人，买受人返还房屋；与此同时，买受人将全部贷款返还银行，银行则返还买受人已经偿还的本金及利息；对于因担保贷款合同解除而受到的损失，银行可以要求“断供”的买受人予以赔偿。《最高人民法院关于审理商品房买卖合同纠纷案件适用法律若干问题的解释》第二十一条第二款规定：“商品房买卖合同被确认无效或者被撤销、解除后，商品房担保贷款合同也被解除的，出卖人应当将收受的购房贷款和购房款的本金及利息分别返还担保权人和买受人。”为了减少不必要的重复、烦琐和当事人的诉累，在合并审理的情况下，可以由开发商直接向银行返还贷款，并直接向银行承担买受人应当承担的责任，这是上述司法解释规定的应有之义。

编写人：浙江省台州市天台县人民法院　钱鑫

八、其　他

57

夫妻财产约定不属于债权人可撤销的标的

——朱某尧诉周某军、王某债权人撤销权案

【案件基本信息】

1. 裁判书字号

浙江省绍兴市中级人民法院（2020）浙06民终2827号民事判决书

2. 案由：债权人撤销权纠纷

3. 当事人

原告（被上诉人）：朱某尧

被告（上诉人）：周某军、王某

【基本案情】

2009年4月，周某军向朱某尧借款35万元，后未予归还。截至本案起诉之日，上述借款尚未清偿。

2017年8月16日，周某军与妻子王某向案外人购买了位于浙江省绍兴市上虞区百官街道一处房屋。2017年9月1日，周某军与王某签订了夫妻财产约定协议书，协议第一条约定上述房产归王某单独所有，并对该协议书进行了公证。2017年9月6日，该房产登记于王某名下。

朱某尧起诉请求撤销周某军与王某将位于百官街道的案涉房地产至王某个人名下的行为。

【案件焦点】

夫妻财产约定是否属于债权人可撤销的标的。

【法院裁判要旨】

浙江省绍兴市上虞区人民法院经审理认为：案涉房产系周某军与王某在婚姻关系存续期间共同购买，本应属于夫妻共同财产。现周某军与王某约定了案涉房产归王某单独所有，但在周某军对朱某尧负有债务的情况下，该约定降低了其债务清偿能力，对朱某尧造成损害，应予撤销。依照《中华人民共和国合同法》第七十四条之规定，作出如下判决：

撤销 2017 年 9 月 1 日周某军与王某签订的夫妻财产约定协议书关于浙江省绍兴市上虞区百官街道案涉不动产一处归王某单独所有的约定。

周某军、王某不服一审判决，提出上诉。

浙江省绍兴市中级人民法院经审理认为：朱某尧的一审诉请略有不明，但结合其起诉理由等来看，基本可以明确是要求撤销周某军、王某将两人共有房产变更为王某个人所有的行为，因此，本案首先应当审查案涉房产是否存在权属发生变动的情况。

案涉房产自始登记在王某名下，根据《中华人民共和国物权法》第九条第一款的规定，不动产物权的设立、变更、转让和消灭，经依法登记，发生效力，未经登记，不发生效力，但法律另有规定的除外，因此，从登记情况来看该房产的权属从未发生变化；王某与周某军虽然在 2017 年 9 月 1 日签订夫妻财产约定协议书约定案涉房产约定归王某单独所有，但《中华人民共和国婚姻法》第十九条第二款、第三款规定，夫妻对婚姻关系存续期间所得的财产以及婚前财产的约定，对双方具有约束力。夫妻对婚姻关系存续期间所得的财产约定归各自所有的，夫或妻一方对外所负的债务，第三人知道该约定的，以夫或妻一方所有的财产清偿。因此，在第三人不知道夫妻财产约定的情况下，财产约定仅对夫妻双方有约束力，对第三人不具有约束力。据此可知，周某军、王某之间的财产约定及所谓的登记行为等对朱某尧而言，没有且不会发生财产变动的效果。

债权人撤销权所针对的是债务人不当减少责任财产的行为，财产没有变动也就不存在减少债务人责任财产的问题，自然也不存在撤销的基础，故朱某尧的诉请，于法无据，不应支持。至于该房产究竟是王某的个人财产还是王某与周某军的夫妻共有财产、王某与周某军有关房产归属的约定能否排除执行等问题不属于本案的审查范围，应当在执行及相关程序中判断。

浙江省绍兴市中级人民法院依照《中华人民共和国民事诉讼法》第一百七十条第一款第二项之规定，作出如下判决：

一、撤销浙江省绍兴市上虞区人民法院（2020）浙0604民初3898号民事判决；

二、驳回朱某尧的诉讼请求。

【法官后语】

《中华人民共和国合同法》第七十四条规定了债权人撤销权制度，其规范意旨在制止债务人不当减少自己责任财产、损害债权人的行为；如果债务人的财产没有变动，也就不存在减少其责任财产的问题，自然也不存在撤销的基础，本案就属于该种情况。

两被告在夫妻关系存续期间购买了案涉房屋，自始登记在妻子名下，双方同时约定房屋属于妻子单独所有。根据《中华人民共和国婚姻法》第十九条第二款、第三款的规定，夫妻对婚姻关系存续期间所得的财产以及婚前财产的约定，对双方具有约束力。夫妻对婚姻关系存续期间所得的财产约定归各自所有的，夫或妻一方对外所负的债务，第三人知道该约定的，以夫或妻一方所有的财产清偿。因此，在第三人不知道夫妻财产约定的情况下，财产约定仅对夫妻双方有约束力，对第三人不具有约束力。正如二审裁判理由所言，两被告的上述行为对债权人而言，不会发生债务人财产权属变动的效果，显然也就不属于债权人可以撤销的标的。

本案症结实际上在于案涉房产是属于两被告夫妻共有，还是属于妻子单独所有的问题，也就是两被告的行为是否会导致案涉房产排除执行的问题。原告提起本案诉讼，显然是因为执行部门认为案涉房产属于妻子单独所有，拒绝执行，因此，寄希望于通过债权人撤销权之诉来明确房产作为夫妻共同共有的属性。本质问题在于债权人对执行行为有异议，即其认为案涉房产属于夫妻共有财产，应当予以执行，而执行部门认为案涉房产不属于夫妻共有财产，不应当执行。经过这样的分析，正确的救济途径也就呼之欲出了，即应当通过执行异议程序来解决，债权人可以对执行部门的不作为提出异议，通过执行异议来最终确定房产的权属以及能否执行的问题。

有一种意见认为，执行异议是针对积极执行行为，对消极执行行为不能提异议，这显然是不正确的。《中华人民共和国民事诉讼法》第二百二十五条规定，当事人、利害关系人认为执行行为违反法律规定的，可以向负责执行的人民法院提出书面异议。该法条规定的“执行行为”并未限定为执行法院在执行程序中的积极作为。《最高人民法院关于人民法院办理执行异议和复议案件若干问题的规定》第七条进一步规定，当事人、利害关系人对人民法院作出的侵害当事人、利害关系人合法权益的其他行为提出异议的，人民法院应当依照《中华人民共和国民事诉讼法》第二百二十五条之规定进行审查。即不作为完全在民事诉讼法及司法解释关于执行行为定义的涵盖范围内，可以适用执行异议程序。

综上所述，婚姻关系存续期间的夫妻财产约定，不属于债权人可以撤销的标的，对于财产是否属于夫妻共有、其约定能否排除执行的问题，应当通过执行异议程序解决。

编写人：浙江省绍兴市中级人民法院　王刚斌

58

未披露房屋主体结构外的非正常死亡事件信息并不当然构成当事人行使撤销权的依据

——沈某琦诉晏某芳、房屋信息咨询服务部房屋买卖合同案

【案件基本信息】

1. 裁判书字号

浙江省绍兴市中级人民法院（2020）浙06民终3143民事裁定书

2. 案由：房屋买卖合同纠纷

3. 当事人

原告（上诉人）：沈某琦

被告（被上诉人）：晏某芳、房屋信息咨询服务部

【基本案情】

2019年10月28日，沈某琦与晏某芳经房屋信息咨询服务部居间介绍签订《房产转让合同》1份，晏某芳将坐落于浙江省绍兴市某小区的案涉房屋转让给沈某琦所有，总价款为241.9万元，沈某琦于合同签订日支付定金30万元，约定于2019年11月9日支付余款11.9万元，于2020年1月20日支付200万元，晏某芳应于沈某琦款项付清之日，将房屋腾空交付沈某琦。合同还对中介服务、违约责任及争议处理作了约定。2020年4月24日，在沈某琦并未完全支付余款的情况下，晏某芳将房屋登记过户至沈某琦名下。

后沈某琦得知曾有人跳楼坠亡于房屋所在小区其中一楼层外露台处，且可从房屋厨房及朝北部分窗户望见该坠亡点，遂以该房屋系“凶宅”，晏某芳在出售案时，未披露该信息，构成欺诈，导致其产生重大误解为由，诉至绍兴市

越城区人民法院，要求解除房屋买卖合同，由晏某芳返还购房款及赔偿相应损失，并由房屋信息咨询服务部承担连带责任。

【案件焦点】

1. 房屋主体结构外曾发生的非正常死亡事件是否当然导致该房屋成为“凶宅”；2. 房屋交易过程中出卖人未主动披露该类信息，是否构成欺诈。

【法院裁判要旨】

浙江省绍兴市越城区人民法院经审理认为：“凶宅”判断应有明确具体的标准，不宜作出扩大解释。传统习俗中将某房屋定义为“凶宅”，是由日常生活中人们追求喜庆吉祥、忌讳死亡和趋利避害的心理演化而来，对于房屋买卖交易为重大信息，此类信息应属公序良俗范畴，受法律规制。其判断应符合以下三要件：一是死亡形式，需是非正常死亡事件，自然的生老病死则不在此列；二是死亡地点，需发生在房屋主体结构内，其应是一相对独立、封闭、专有的空间场所，至于电梯、楼梯间及车位等公共区域则不应在此范畴内；三是当事人对情形的特殊约定，若交易双方对“凶宅”范围、情形有特别约定，则应在不违反善良风俗的情况下，尊重其约定。本案坠亡事件虽系非正常死亡事件，但其发生地点并非在案涉房屋主体结构内，且双方在交易过程中并未对“凶宅”有过超越一般认识的特别约定，故涉案房屋的情形未能达到“凶宅”认定标准。同时，基于平等、公平原则，在买受人未就房屋主体结构外的非正常死亡事件询问出卖人及中介服务者的情况下，无论其是否明知此类信息，其未予披露，并不构成欺诈。且本案原告对案涉交易性质、对方当事人及交易标的物均无错误认识，双方对交易事项均有充分明确约定，现原告以其个人感官、心理感受和认知，认为案涉房产因此坠亡事件导致案涉房屋成为“凶宅”，影响其正常使用和房屋价值，导致其重大误解要求撤销合同，已超出社会公众对“重大误解”的一般认识，亦不予支持。

浙江省绍兴市越城区人民法院依照《中华人民共和国合同法》第五十四条，《中华人民共和国民事诉讼法》第六十四条之规定，作出如下判决：

驳回原告沈某琦的诉讼请求。

沈某琦不服一审判决，提出上诉。在上诉审理期间，沈某琦提出撤诉申请，浙江省绍兴市中级人民法院经审理，依照《中华人民共和国民事诉讼法》第一百七十三条之规定，作出裁定如下：

准许上诉人沈某琦撤回上诉，一审判决自本裁定送达之日起发生法律效力。

【法官后语】

近年来，我国社会经济快速发展，房产交易日趋活跃，在繁荣市场经济的同时，因房产使用价值和居住功能涉及购买者切身利益，购房价值大、成本高，买卖双方易因合同履行发生各种争议，影响交易安全和市场秩序。其中，因"凶宅"买卖引发的争议屡有发生，但根据《中华人民共和国民法典》的规定，目前对"凶宅"尚无法律定义，而实践中，"凶宅"不但影响房产价值，且社会大众出于趋利避害的心理，对"凶宅"往往敬而远之，交易房产是否系"凶宅"，对一般购房者的购买意向起着决定影响。同时根据《中华人民共和国民法典》第八条"民事主体从事民事活动，不得违反法律，不得违背公序良俗"之规定，在法律尚无明确规定的情况下，承办人认为将此类信息纳入公序良俗范畴，接受法律规制，显属必要。

本案结案实际情况，探索提出"凶宅"界定三要件，希冀在法律尚无明确规定的情况下，建立"凶宅"界定一般参考标准。而在房产买卖过程中，出卖人和买受人处于信息不对等地位，据《中华人民共和国民法典》第一百四十七条"基于重大误解实施的民事法律行为，行为人有权请求人民法院或者仲裁机构予以撤销"，及第一百四十八条"一方以欺诈手段，使对方在违背真实意思的情况下实施的民事法律行为，受欺诈方有权请求人民法院或者仲裁机构予以撤销"的规定，故该案承办人认为若部分不诚信的出卖人在房产交易过程中，故意规避房屋曾发生的问题，对买受人实行"欺诈"，导致买受人在不知情的情况下产生重大误解购进符合上述三要件的"凶宅"，进而起诉要求行使撤销权的，理应支持。

但同时为防止权利滥用，在权利行使和权利保护之间寻求一种衡平，承办人亦认为“凶宅”判断亦不宜作出扩大解释，在维护交易效益的同时，亦应维护交易安全，保证交易秩序稳定。因此，对于不符合三要件的交易房屋，不应认定为“凶宅”，如无特别约定，买受人不得行使撤销权。

在此基础上，为预防纠纷，承办人特别指出对房屋主体结构外的非正常死亡事件，出卖人及中介服务者未主动披露，虽不构成欺诈，但仍有违最大化诚实信用原则，而诚实信用原则乃现代社会的一项重要原则，也是民事领域的“帝王条款”，故其行为，虽不被撤销，但仍应予以做否定性评价。

为此，承办法官亦希望借此警示房屋买卖双方，购房不易，各方均应秉持最大谨慎、诚信履行合同义务，包括附随义务，对于处于信息不对等地位的买房者，在买房过程中要谨慎行之，就房屋情况结合自身喜好、忌讳事项，进行详细询问、了解；而卖房者则应本着诚信原则，就房屋情况做详细介绍、披露，诚信交易；房产中介服务者更应基于其专业知识，对买卖双方尽到相应的提醒、说明注意义务，尽可能提供完整的房产信息，并载入合同条款，在促成交易的同时，共同维护交易安全。

编写人：浙江省绍兴市越城区人民法院　孙锡芳　蒋维良

59

无产权的一楼附赠院落，业主是否享有拆改权

——刘某杰诉房地产公司房屋买卖合同案

【案件基本信息】

1. 裁判书字号

天津市第三中级人民法院（2020）津03民终4586号民事判决书

2. 案由：房屋买卖合同纠纷

3. 当事人

原告（上诉人）：刘某杰

被告（被上诉人）：房地产公司

【基本案情】

刘某杰与房地产公司于2013年10月26日签订商品房买卖合同及若干附件，约定购买房地产公司开发建设的某小区房屋。合同附件六为补充合同，系房地产公司拟制的格式条款，其中第十五条约定："由于维护公共利益原因，出卖人或物业管理公司工作人员有权进入买受人所购商品房及附属院落，但应事先通知买受人，买受人有义务配合。因买受人原因包括作为及不作为，给出卖人或第三人造成损失，由买受人承担。"合同中并无小院面积折算为房款内容，房屋价款也未超出备案价格。房地产公司在竣工验收完毕后、交房前，对房屋南侧外墙以外规划的公共绿地搭建铁艺围栏圈占成院落，即小区数十栋1楼房屋南面均建大约1.2米高度不等的铁艺栏杆围成长与宽固定的U形区域，分隔一楼各户的使用范围，与公共区域相对隔离，房屋有门直通小院。刘某杰入住后，拆毁小院围栏，自行搭建1.2米石材围墙院落并构建房屋使用至一审诉讼期间。2017年9月12日，天津市东丽区人民政府新立街道办事处针对刘某杰自建院落作出"津丽新立街行拆字（2017）310号"《责令限期拆除决定书》。2018年3月12日，该处发出履行行政决定催告书，要求刘某杰履行拆除决定。2019年11月11日，该房屋南向小院里的违章房屋被强制拆除。

另，双方对该房屋院落没有取得房产行政部门的合法登记、无规划无产权均知情、均无异议。

【案件焦点】

1. 房地产公司是否违约；2. 是否应当赔偿一楼小院被拆除的损失及占用资金的相应利息。

【法院裁判要旨】

天津市东丽区人民法院经审理认为：刘某杰与房地产公司签订的商品房买

卖合同及补充合同系双方当事人真实意思表示，合法有效。房地产公司针对刘某杰的诉讼请求提出时效抗辩问题，本案刘某杰“知道或者应当知道”应自刘某杰收到政府拆除决定起算，故房地产公司抗辩不成立。从查明事实分析，刘某杰所称房地产公司承诺赠送、附带小院体现在补充合同载有“买受人所购商品房及附属院落”的字眼，小院随房屋一并交付，刘某杰占有小院后，自行对小院拆改搭建使用至今，因此能够确认房地产公司向刘某杰出售房屋时赠送了小院。刘某杰诉讼起因是收到政府要求拆除小院的通知，刘某杰所诉款项是比照其他楼层房价核算的房屋价款差额，实为主张返还房屋的部分价款，现小院中刘某杰自行搭建房屋已被相关部门拆除，小院能否恢复原状，恢复到什么程度，相关部门并未答复，刘某杰损失是否发生并无依据，故刘某杰诉请无事实依据，不予支持。

综上，天津市东丽区人民法院依照《中华人民共和国民法总则》第一百八十八条，《最高人民法院关于适用〈中华人民共和国民事诉讼法〉的解释》第九十条之规定，作出如下判决：

驳回刘某杰的全部诉讼请求。

刘某杰不服一审判决，提出上诉。

天津市第三中级人民法院经审理认为：关于是否存在赠送小院的事实以及是否应当赔偿的问题。首先，审查双方合同是当事人双方真实意思的表示，是确定双方权利义务的基础。应遵从契约自由、意思自治的原则，寻找当事人主张的法律依据，从而确定双方权利义务。本案争执的院落或者小院，在商品房买卖合同中并没有书面约定，是在合同附件六第十五条中载有“买受人所购商品房及附属院落”的表述，由此得出当年购买诉争房屋时，确实存在开发商赠送院落给住户使用的事实，且实际上小院已随房屋一并交付刘某杰。只是交付后，刘某杰擅自改变小院构造，自行对原小院拆改搭建房屋使用至今，致后期引发违建拆除，成讼。

其次，院落或小院，顾名思义是房屋前后用墙或栅栏围起来的空地，即依靠一楼房屋南或北一面围成的U型物理空间，与公共空间相对隔离，能够独立使用的露天区域。因此，不能建造顶盖、屋顶、搭棚等遮盖上空的掩体、物体等实体意义上的房屋、房间等，否则即失去院落或小院的意义，且会造成擅自扩大房屋使用面积的违规做法，留下被拆除隐患。本案刘某杰拆毁原有透绿围栏，擅自构造实体违建房屋，严重违反了附属院落定义和合同约定，因此，被天津市东丽区新立街道办事处下达《履行行政决定催告书》后，拒不履行被强拆。从实际勘察情况看，拆除的只是违建房屋，诉争的一楼房屋南门依然存在直通室外 U 型区域的院落空间。

最后，拆除违建不等同于剥夺房屋附属院落的使用。拆除违建是行政机关依法行政的职责，是关乎城市建设的美丽工程。违建应当拆除，这是公民应当遵守的基本义务。本案中由于刘某杰院落中构建了实体房屋，使得行政执法机关下达拆迁决定书，并在期满后不履行情况下实施了强拆。但是对于该房屋的附属院落空间并没有剥夺、限制其正常使用，且其他一楼业主仍然在正常使用小院，因此小院依旧存在，刘某杰能够正常进出使用，没有剥夺小院使用，拆除的仅为违建，那就不存在赔偿基础。因此，驳回刘某杰的诉讼请求，一审判决处理并无不妥，法院应予维持。

天津市第三中级人民法院依照《中华人民共和国民事诉讼法》第一百七十条第一款第一项之规定，作出如下判决：

驳回上诉，维持原判。

【法官后语】

随着城镇化建设加快推进，越来越多的高楼平地而起，开发商为了促销和回笼资金，一楼赠小院、顶层赠阁楼成为卖点。但随着建设的逐步规范，小院是否计入房款总价、小院规划是否合法合规、是否应予拆除、拆除范围和程度等由此产生的纠纷不断上升。

根据《中华人民共和国民法典》第二百七十四条（《中华人民共和国物权法》第七十三条）规定，建筑区划内的绿地，属于业主共有，但是属于城镇公共绿地或者明示属于个人的除外。那么，绿地是否位于建筑区划内还是属于业主个人所有是导致开发商承担违约责任的前提。业主要取得专属自身的绿地使用权，不仅要有商品房买卖合同约定，还要取得物权登记，二者必须同时具备。本案中，双方均认可小院未取得规划审批，也没有权属登记，因此属于公共绿地，开发商不能销售营利，业主不能取得使用权。

房地产公司为促销附赠一楼小院，该小院原状是透绿铁栅栏围成，刘某杰入住后，改变了房地产公司提供的原状，进行拆改、扩大小院面积、构筑房屋，违反了购买房屋的初衷及合同附件约定，构成违建房屋，同时违反城市房地产管理有关规定。本案中拆除的是违法建筑，并没有拆除小院围栏位置，也没有恢复成公共绿地，业主仍可正常使用该U型院落，但不能搭建有顶的构筑物、建筑物等，因此没有构成对业主权利的侵犯，房地产公司不承担违约赔偿责任。但是一旦完全拆除U型区域的围栏恢复成公共绿地，则房地产公司应承担相应违约责任，毕竟当初存在附赠事实并交付小院使用多年。依据《最高人民法院关于审理买卖合同纠纷案件适用法律问题的解释》第三条规定，当事人一方以出卖人在缔约时对标的物没有所有权或者处分权为由主张合同无效的人民法院不予支持。出卖人因未取得所有权或者处分权致使标的物所有权不能转移，买受人要求出卖人承担违约责任或者要求解除合同并主张损害赔偿的，人民法院应予支持。

本案引发的思考是城镇住宅一楼小院的规划是否应纳入房屋勘察设计范围，相应国家法律法规是否应对一楼院落作出符合国情的规定以及与公共绿地的范围界限等事宜，从而规范管理、有序使用。

编写人：天津市第三中级人民法院　丁津翠

60

恶意登记的按份共有人不享有优先购买权

——崔某诉马某、王某萍房屋买卖合同案

【案件基本信息】

1. 裁判书字号

北京市第二中级人民法院（2020）京02民终438号民事判决书

2. 案由：房屋买卖合同纠纷

3. 当事人

原告（上诉人）：崔某

被告（上诉人）：马某

被告：王某萍

【基本案情】

2006年1月7日，崔某购买王某萍房屋，并与王某萍、中介公司房地产经纪公司签订《房屋买卖经纪合同》，房屋原系王某萍拆迁安置所得，出卖时王某萍未取得权属证书。房屋成交价为79万元。合同签订后，崔某于2006年1月27日入住涉案房屋，崔某及其夫王志忠共支付王某萍购房款79万元，支付中介公司代理费1.58万元。2006年1月27日，王某萍办理公证委托，委托崔某作为代理人，全权代表办理诉争房屋的更名、买卖、到房地产管理部门过户、交纳各种税费、代理领取产权证、领取售房款等一切有关事宜。如诉争房屋因家庭内部产权产生争议由王某萍承担责任。受托人在委托权限内签署的有关文件，委托人均予以承认。委托期限至委托事项办完为止，此委托书不予撤销。

2013年11月，王某萍取得诉争房屋的产权。

2014年5月9日，马某（王某萍前夫）将王某萍诉至北京市西城区人民法院，要求确认诉争房屋归双方共同共有（各占50%份额）。诉讼中，双方达成调解协议：诉争房屋归王某萍、马某共有（马某占共有份额的40%，王某萍占共有份额的60%）。法院依据双方调解协议出具了民事调解书。2014年7月10日，诉争房屋按上述调解协议约定完成产权登记。马某占共有份额的40%，王某萍占共有份额的60%。

崔某认为王某萍、马某之间恶意串通，并针对（2014）西民初字第12328号民事调解提起第三人撤销之诉，法院一审、二审裁定驳回了崔某的起诉。2017年6月，崔某将王某萍、马某诉至法院，要求确认其与王某萍于2006年1月7日签订的房屋买卖经纪合同有效；王某萍将案涉房屋过户至崔某名下，马某协助履行上述过户义务。法院作出（2017）京0102民初17112号民事判决，判决合同有效，驳回崔某的诉讼请求，该判决已经生效。马某曾以返还原物纠纷起诉王某萍、崔某，马某要求崔某将案涉房屋腾退并交付马某，被法院驳回。

王某萍与马某原系夫妻关系，1995年7月26日协议离婚，离婚时约定，离婚后马某暂住北京市西城区一间平房，女方租借北京广渠门内大街一间平房。

2003年6月3日，王某萍（原承租人马某）作为被拆迁人（乙方），建设开发公司作为拆迁人（甲方），双方就马某暂住的西城区平房签订《北京市西城区危旧房改造拆迁就地安置协议》。

马某向法院提交其与2003年6月3日与王某萍签订的协议书，主要载明：拆迁人安置的房产归甲方（马某）与乙方（王某萍）共同所有，各占百分之五十份额。待该房具备办理产权证的条件后，乙方应配合将该房产登记在甲、乙双方名下，二人各占50%份额。该房入住后，由乙方及女儿继续居住，双方去世后该房产归女儿所有。

【案件焦点】

“一房二卖”关系中，房屋买卖合同中的房屋买受人与按份共有人的权利保护顺位如何确定。

【法院裁判要旨】

北京市西城区人民法院经审理认为：崔某与王某萍签订的《房屋买卖经纪合同》合法有效，当事人应当按照约定全面履行各自的合同义务。

王某萍取得案涉房屋的产权后，应协助崔某办理涉案房屋的产权变更手续，现涉案房屋王某萍占共有份额的60%，马某占共有份额的40%，王某萍应将其共有份额的60%过户至崔某名下。马某主张对王某萍的份额有优先购买权的抗辩，崔某与王某萍签订《房屋买卖经纪合同》、占有案涉房屋时，马某亦非涉案房屋的共有权人，马某在后取得权利下不能否定崔某在先的合法性，法院不予支持。崔某要求马某协助将其共有份额的40%产权过户至崔某名下的主张，马某并非《房屋买卖经纪合同》的相对方，且马某不同意崔某的诉讼请求，崔某的该项主张，缺乏法律依据，法院不予支持。

北京市西城区人民法院依照《中华人民共和国合同法》第八条、第四十四条、第六十条，《中华人民共和国民事诉讼法》第六十四条、第一百四十四条之规定，作出如下判决：

一、自判决生效之日起7日内，王某萍协助崔某将北京市西城区的房屋60%的产权变更登记至崔某名下；

二、驳回崔某的其他诉讼请求。

崔某、马某均不服一审判决，提出上诉。

北京市第二中级人民法院经审理认为：本案争议焦点为涉案房屋的权利归属，而当事人亦为此进行过多次诉讼。马某起诉王某萍要求确认房屋共有关系，在达成调解协议后转移涉案房屋产权份额，是系列诉讼中之关键环节，由此引发第三人撤销之诉、房屋买卖合同纠纷、返还原物纠纷等案件。因此，确认案涉房屋的权利归属，对当事人之间定分止争减少诉累具有重要意义。

依据双方当事人的诉讼意见，确认上述问题需厘清以下问题：崔某是否属于重复起诉；马某对涉案房屋是否享有优先购买权；马某是否有义务协助崔某办理涉案房屋剩余40%产权份额转移登记。

第一，本案不属于一事不再理。《最高人民法院关于适用〈中华人民共和国民事诉讼法〉的解释》第二百四十七条规定，当事人就已经提起诉讼的事项在诉讼过程中或者裁判生效后再次起诉，同时符合下列条件的，构成重复起诉：（1）后诉与前诉的当事人相同；（2）后诉与前诉的诉讼标的相同；（3）后诉与前诉的诉讼请求相同，或者后诉的诉讼请求实质上否定前诉裁判结果。当事人重复起诉的，裁定不予受理；已经受理的，裁定驳回起诉，但法律、司法解释另有规定的除外。本案中，崔某要求王某萍、马某各自按照所有的份额分别协助办理产权转移登记手续，前诉中，崔某要求王某萍办理房屋产权转移登记手续，马某作为第三人予以协助。前后两案当事人诉讼地位不尽相同，诉讼请求亦不相同。因此，本案不属于重复起诉或一事不再理范畴。

第二，马某在本案中主张的是按份共有人的优先购买权。《中华人民共和国物权法》第一百零一条规定，按份共有人可以转让其享有的共有的不动产或者动产份额。其他共有人在同等条件下享有优先购买的权利。法律规定在出卖人转让其份额时，其他按份共有人享有优先购买权，旨在保护已经存在的共有关系，从而最大限度发挥经济效益以及实现物尽其用。因此，结合本案，考虑按份共有人马某是否享有优先购买权，有两个关键问题，一是按份共有关系是否先于买卖关系建立，二是“同等条件”是否达到。

本案中，马某主张对涉案房屋享有优先购买权，法院对此持否定态度。理由如下：

其一，马某虽称与王某萍于2003年6月3日订立房屋产权共有的协议，该协议从时间上看早于崔某与王某萍签订《房屋买卖经纪合同》的时间，但法院对该协议的真实性存疑。理由如下：

（1）马某称在拆迁时与王某萍订立房屋产权共有的协议，但该协议未在拆迁档案或其他途径留存备查，真实性无法证明；（2）马某与王某萍系离婚夫妻关系，且育有共同子女，加之房价上涨因素，在对外关系上，其二人利益相对一致；（3）王某萍在出售涉案房屋时，并未将该协议内容向对方披露，反而承诺“如诉争房屋因家庭内部产权产生争议由王某萍承担责任”。综上，法院对二人之共有协议真实性存疑。此外，退一步说，即使协议真实，马某仅取得合同债权，在与善意第三人合法占有房屋之权利对抗中，其权利并不能优先予以保护。

其二，马某在2014年通过与王某萍诉讼调解的方式取得涉案房屋40%产权份额，并办理产权转移登记，成为涉案房屋的按份共有人。但相对于马某来说，崔某于2006年签订房屋买卖合同、支付对价并长期合法占有使用房屋，在生活上产生依赖。法律权衡二者之利益，应优先考虑保护崔某权利。

通过以上分析，马某在取得房屋共有份额时间条件不成立的情况下，“同等条件”问题亦毋庸赘述。因此，马某不享有优先购买权。

其三，王某萍与马某之间按份转移登记房屋对崔某不构成权利障碍，马某应当协助崔某办理其名下40%产权份额。理由如下：

首先，涉案房屋系拆迁所得，拆迁时王某萍为被拆迁人，拆迁房屋最初登记在王某萍名下，王某萍为拆迁安置房屋的权利人。王某萍在案涉房屋出售给崔某多年的情况下，与马某在诉讼中订立协议，转让产权份额并进行转移登记，属于恶意转移登记。参考一房数卖情况下当事人的权利保护顺位，一般应按照已经办理房屋所有权变更登记、合法占有房屋以及合同履行情况、买卖合同成立先后等顺序确定权利保护顺位。但恶意办理登记的买受人，其权利不能优先于已经合法占有该房屋的买受人。因此，对于合法占有房屋的崔某之权利保护不能因产权已转移登记而受限。其次，马某与王某萍之间关于涉案房屋的共有权确认的调解，系离婚夫妻对已经出售房屋份额的分割，亦不能对抗崔某之权利。最后，对于马某来说，如其与王某萍在拆迁时已约定共有关系，在崔某合法占有房屋八年之久，对房屋现状完全放任，不合常理。加之，马某与王某萍之间的特殊关系以及利益的相对一致性，法院对其不知情的意见不予采信。其明知案涉房屋已出售仍与王某萍达成共有权确认的调解，转移产权份额，形成共有关系。因共有的不动产或者动产产生的债权债务，在对外关系上，共有人承担连带债权承担连带债务。因此，崔某要求马某协助办理其所占份额的所有权转移登记，于法有据，法院予以支持。

综上所述，崔某的上诉请求成立，应予支持。马某上诉请求不成立，法院予以驳回。北京市第二中级人民法院依照《中华人民共和国合同法》第八条、第六十条,《中华人民共和国物权法》第一百零二条,《中华人民共和国民事诉讼法》第一百七十条第一款第二项之规定,作出如下判决:

一、维持北京市西城区人民法院(2018)京0102民初39019号民事判决第一项;

二、撤销北京市西城区人民法院(2018)京0102民初39019号民事判决第二项;

三、自本判决生效之日起7日内,马某协助崔某将北京市西城区新街口的房屋40%的产权变更登记至崔某名下;

四、驳回马某的上诉请求。

【法官后语】

本案中,房屋买卖合同中的买受人与按份共有人优先购买权之间产生对抗情况下,权利保护顺位如何确定。

1. 关于按份共有人优先购买权

优先购买权又称先买权是指特定的民事主体根据法律的直接规定,在同等条件下,优先于他人购买出卖人财产的权利。《中华人民共和国物权法》第一百零一条规定,按份共有人可以转让其享有的共有的不动产或者动产份额。其他共有人在同等条件下享有优先购买的权利。《中华人民共和国民法通则》第七十八条也有相应规定。优先购买权设立之目的旨在保护既已存在的法律关系,避免通过自由交易而破坏之,从而最大化实现效益、经济价值及物尽其用。优先购买权性质上并不属于物权,并非都具有对抗第三人的效力。具体到本案,概括地说,按份共有人优先购买权的行使的条件,一是否先于买卖关系建立,二是否为同等条件。

本案中,首先,马某主张享有优先购买权,但其实际取得按份共有物权是在2014年,晚于崔某签订房屋买卖合同、支付对价并长期合法占有使用房屋时间。马某虽然主张与王某萍存在财产共有协议,但法院基于其离婚夫妻关系以及相对利益一致性,对马某提交协议的真实性持否定态度,从而认定马某不享有优先购买权。其次，王某萍与马某之间按份转移登记房屋，属于无对价转移，不产生同等条件对抗。因此，本案中，房屋买卖合同关系先于共有关系产生，且买受人长期占有房屋生活上形成依赖状态。马某后取得的共有人身份与之并不产生同等条件，根据法律规定无优先权。

2. 关于恶意转移登记的认定

最高人民法院发布的《第八次全国法院民事商事审判工作会议（民事部分）纪要》明确以下指导原则，审理一房数卖案件时，如果数份合同均有效且买受人均要求履行合同的，一般应按照已经办理房屋所有权变更登记、合法占有房屋以及合同履行情况、买卖合同成立先后等顺序确定权利保护顺位。但恶意办理登记的买受人，其权利不能优先于已经合法占有该房屋的买受人。但实践中判断并认定恶意转移登记，并无统一标准。但在一房二卖的情况下，后手买受人恶意登记，可以从以下几个因素考量：一是时间因素，从第一手出卖时间长短判断，后买受人是否尽到了必要的注意义务，是否达到后买受人应当知晓的地步；二是人物关系，出卖人与后手买受人是否存在特殊关系；三是从利益关系上判断，房屋出卖人与后买受人之间是否为利益共同体，二者利益是否趋于一致，有可能以恶意转移登记的方式损害善意买受人利益。

一般情况下，出卖人在将房屋出售后又转让他人的行为本身就具有恶意。本案中，王某萍将房屋出售之后，又将产权份额转让前夫马某，本身属于一房二卖，存在恶意。马某办理转让份额登记亦属于恶意登记。从时间因素考量，王某萍于2006年向崔某出售房屋，至2014年王某萍与马某之间转移产权份额，长达八年时间，马某对崔某买受及占有房屋应当知情；从特殊关系以及利益的相对一致性考量，王某萍与马某之间为离婚夫妻并育有子女，相对于崔某，二人利益攸关相对一致，存在恶意登记损害崔某利益的高度可能性。因此，参照《第八次全国法院民事商事审判工作会议（民事部分）纪要》的有关精神，合议庭认为娜萍与马某之间按份转移登记房屋对崔某不构成权利障碍，马某应当协助崔某办理其名下40%产权份额。

编写人：北京市第二中级人民法院 霍翠玲

61

共同共有人请求分割商业用房维修资金需要符合法定事由

——唐某明、季某诉置业公司房屋买卖合同案

【案件基本信息】

1. 裁判书字号

江苏省无锡市中级人民法院（2020）苏 02 民终 3877 号民事判决书

2. 案由：房屋买卖合同纠纷

3. 当事人

原告（被上诉人）：唐某明、季某

被告（上诉人）：置业公司

【基本案情】

2018 年 9 月，唐某明、季某与建设单位置业公司签订商品房买卖合同一份，约定唐某明、季某购买商业用房性质的小公寓一套。同期，唐某明、季某出具《承诺书》一份，内容为：本人已详细阅读并理解建设单位置业公司制定的《业主临时规约》，同意遵守规约内的一切条款。如有违，愿承担相应违约责任。该《业主临时规约》第四条（维修资金的筹建和使用）规定："业主应当按照下列规定筹建和使用维修资金，（一）按照规定和本规约约定缴纳专项维修资金；（二）专项维修资金的财务由物业管理行业主管部门代管，使用和管理按照政府有关规定执行。"第五条（物业维修和更新的实施）规定："各业主同意，物业维修及更新由物业管理企业按规定组织实施，费用按维修资金规定列支。后唐某明、季某依约缴纳维修资金 5996.7 元，置业公司向其出具收

据。”唐某明、季某缴纳的维修资金一直存放于置业公司的账户上。

【案件焦点】

唐某明、季某是否可以以维修资金未交存至专用账户为由分割专项维修资金及利息。

【法院裁判要旨】

江苏省无锡市梁溪区人民法院经审理认为：即使置业公司有约定可代收专项维修资金，也应按约定将该资金交由物业管理行业主管部门代管。现置业公司收取的该项资金仍存放在其账户上，未完成合同约定，亦未实现合同目的。

江苏省无锡市梁溪区人民法院依照《中华人民共和国合同法》第六十条、第一百一十三条之规定，作出如下判决：

置业公司返还唐某明、季某住房专项维修资金 5996.7 元及利息。

置业公司不服一审判决，提出上诉。

江苏省无锡市中级人民法院经审理认为：根据《中华人民共和国物权法》的规定，建筑物及其附属设施的维修资金属于业主共有；共同共有人在共有的基础丧失或者有重大理由需要分割的时候可以请求分割。本案中，唐某明、季某依约缴纳的专项维修资金属于全体业主共有。因共有基础并未丧失，故因审查是否有重大理由需要分割。主要考虑以下两个方面的因素：

首先，关于不能实现合同目的。第一，案涉小区业主按规约缴纳维修资金的行为系共同合同行为，一方未遵守的，其他方有权要求其承担交付义务，从而实现全部缴纳的目的；第二，即便没有全部缴纳，业主也可以通过共同协商成立业主委员会，把维修资金的账户开设在业委会名下，实现共有财产共同管理的目的。故业主可以通过以上途径实现约定目的。

其次，关于多数人不愿意为实现合同目的而采取相应行为。根据《中华人民共和国物权法》的规定，筹集和使用建筑物及其附属设施的维修资金属于业主共同决定的重大事项，需由业主按相关比例行使表决权。目前未有证据证明案涉小区具有符合法律规定的业主表决，故本案尚不足以认定为多数人不愿意为实现合同目的而采取相应行为。

综上，唐某明、季某主张返还专项维修资金及利息不具有重大理由。置业公司的上诉请求，应予支持。

江苏省无锡市中级人民法院依照《民法总则》第一百三十四条，《中华人民共和国合同法》第七条、第八条，《中华人民共和国物权法》第七十六条、第七十九条、第九十九条，《中华人民共和国民事诉讼法》第一百七十条第一款第二项之规定，作出如下判决：

一、撤销无锡市梁溪区人民法院（2020）苏 0213 民初 2957 号民事判决；

二、驳回唐某明、季某的诉讼请求。

【法官后语】

商业用房交存维修资金虽非法定强制义务，但可以通过当事人的约定形成约定义务。当事人基于约定交存的维修资金，属于全体业主共有，只有在共有基础丧失或者有重大理由情况下才能分割。业主以维修资金未交存至专用账户为理由请求分割的，不属于重大理由，不予支持。具体分析如下：

第一，2008 年 2 月 1 日，由国务院建设部、财政部联合签署的条令《住宅专项维修资金管理办法》正式施行，明确了住宅交存专项维修资金属于法定强制义务，该管理办法并未涵盖商业用房。但商业用房同样属于日常使用的建筑物，存在建筑物及其附属设施需要维修的现实需求。商业用房交存专项维修资金虽不属于法定强制义务，但可以通过当事人的约定形成约定义务。《中华人民共和国民法典》第二百八十一条规定，建筑物及其附属设施的维修资金，属于业主共有。该规定并未区分住房和商业用房，亦未区别强制交存与约定交存。故商业用房维修资金的所有权同样依法属于全体业主共有。

第二，《中华人民共和国民法典》第三百零三条规定：共有人约定不得分割共有的不动产或者动产，以维持共有关系的，应当按照约定，但是共有人有重大理由需要分割的，可以请求分割；没有约定或者约定不明确的，按份共有人可以随时请求分割，共同共有人在共有的基础丧失或者有重大理由需要分割时可以请求分割。因分割造成其他共有人损害的，应当给予赔偿。本案中，当事人的诉请为返还已经交存的维修资金及利息，该争议焦点的本质为共同共有人请求分割共有财产，故此行为必须依据法律规定行使。现已失效的《中华人民共和国物权法》及新颁布的《中华人民共和国民法典》都规定了共有基础丧失或者有重大理由需要分割两类情况，因本案并不存在房屋灭失而导致的共有基础丧失情形，故审查重点在于是否出现重大理由需要分割。本案审理中发现，建设单位收取的商业用房维修资金受限于行政管理措施的要求，客观上难以通过在行政部门开设专项账户进行存放、管理、使用，资金只能暂时留存在建设单位账户上。案涉商业用房业主正是基于以上事实原因提出了要求返还维修资金的诉请。

第三，当事人通过约定交存和管理商业用房专项维修资金，构成业主自治性规范，其约定目的的实现仍可通过设立业委会进行业主自治或针对业主共同决定事项由业主参与表决共同决定。关于筹集和使用建筑物及其附属设施的维修资金这一事项，无论是《中华人民共和国物权法》第七十六条还是《中华人民共和国民法典》第二百七十八条，都作出了明确的规定，即该事项属于业主共同决定事项，应当由专有部分面积占比的业主且人数占比的业主参与表决，应当经参与表决专有部分面积占比的业主且参与表决人数占比的业主同意。虽《中华人民共和国民法典》规定的参与表决及同意的占比数与原《中华人民共和国物权法》的规定略有不同，但皆需基于业主的真实意愿行使表决权，并根据表决结果确定该维修资金的相应管理事宜。本案涉及共有财产即建筑物及其附属设施的维修资金的分割，可以适用以上法律规定。除非有证据证明，案涉小区有符合法律规定占比的多数业主不愿意为实现约定目的而行为，才能构成需要分割的重大理由，并基于该重大理由实施分割维修资金的行为，从而返还业主已经交存的维修资金。但本案诉请并未有以上证据支持，故唐某明、季某返还专项维修资金及利息的主张，法院不予支持。

编写人：江苏省无锡市中级人民法院 诸佳英 谢 伟

62

借名人支付房屋首付款及部分房贷的借名买房的审查与认定

——建筑公司诉刘某借名买房合同案

【案件基本信息】

1. 裁判书字号

北京市第一中级人民法院（2021）京01民终984号民事判决书

2. 案由：借名买房合同纠纷

3. 当事人

原告（上诉人）：建筑公司

被告（被上诉人）：刘某

【基本案情】

2003年12月18日，房地产公司（出卖人）与刘某（买受人）签订《商品房买卖合同》及《补充协议》，约定刘某以130万元的价格购买案涉房屋，其中：首付款26万元；余款104万元。后建筑公司通过银行转账支付首付款。

2004年1月13日，借款人、甲方：刘某，贷款人、乙方：某银行北京市分行，保证人、丙方：房地产公司签订《楼宇按揭担保借款合同》。2004年3月2日，《特种转账贷方传票》，载明已完成放贷。但涉案房屋始终未按借款合同协助银行办理房屋抵押手续，将房地产交与银行收押。

2015年7月30日，某银行北京市分行某中心支行出具《结清证明》，载明："我行借款人刘某，在我行办理住房贷款业务，房屋坐落：某小区，贷款金额：人民币壹佰零肆万元整，2015年7月30日此笔贷款结清。"

2017年12月18日，房地产公司（甲方）与刘某（乙方）签订《商品房买卖合同补充协议》，约定按原合同的规定，乙方应向甲方支付上述房款 130 万元，并且应向甲方支付违约金及延期缴纳房款的利息等，合计应缴纳款项为 4603074.86 元。考虑到乙方已自行结清 56.16 万元贷款，乙方向甲方申请减免部分违约金及利息，经甲乙双方协商一致，甲方同意参照结清贷款金额 56.16 万元减免，最终双方确定的应缴纳款项为 4040247.77 元。刘某依约前述款项。

2018 年 11 月 13 日，京（2018）海不动产权第号《不动产权证书》载明：权利人：刘某（房屋单独所有），房屋坐落于某小区×号楼××号。《税收完税证明》载明：纳税人刘某，契税及印花税金额共计 37147.86 元。

另外，建筑公司称其具备购买资格，但由于公司资金问题且贷款手续比较烦琐，故借用其关联公司员工的名义购房，并支付相应的银行按揭款。房地产公司、建筑公司的实际控制人曾为同一人。

【案件焦点】

刘某与建筑公司之间是否存在借名买房关系。

【法院裁判要旨】

北京市海淀区人民法院经审理认为：首先，建筑公司应就与刘某达成借名买房合意，负有举证责任。一则建筑公司未提供书面协议或其他直接证据证明借名买房关系存在。二则结合涉案房屋的出资、房产证的持有及相关税费票据、收据的持有、案涉房屋实际占有使用的情况来看，建筑建设公司对其主张的举证未能形成完整的证据链，不足以形成该法律关系存在的明显证据优势。

其次，借名买房的缘由是证明借名买房关系存在与否的另一因素，故建筑公司应当对借名买房的缘由作出合理解释，负有举证责任。第一，本案中建筑公司称购房之时尚未有限购政策，完全可以以公司名义购买涉案房屋，而建筑公司仅以公司资金问题、贷款手续烦琐为由进行解释，依据不足。第二，案涉房屋交易之时，建筑公司、房地产公司的实际控制人均为张某，建筑公司与房地产公司进行案涉房屋的买卖行为并无实际意义。结合案涉房屋的钱款往来可以看出，刘某与房地产公司签订房屋买卖合同，最终目的在于通过房屋买卖的交易取得银行的贷款，而并非借名买房。故主张借名买房者应当对借名买房的法律关系存在承担更多的举证责任，以达到确认借名买房关系存在的高度盖然性证明标准。

北京市海淀区人民法院依据《中华人民共和国民事诉讼法》第六十四条之规定，作出如下判决：

驳回建筑公司的全部诉讼请求。

建筑公司不服，提起上诉。

北京市第一中级人民法院经审理认为：本案争议焦点系刘某与建筑公司之间是否存在借名买房关系。因双方之间并未形成书面的借名买房协议，故其是否存在口头约定或事实上的借名买房关系，应当综合房屋的出资情况、房屋的占有使用情况、购房票据及产权证书等票证原件的持有情况以及对于借名购房有无合理解释四个方面进行综合判断。一审法院依据以上四点，结合各方所提交的证据以及举证责任的承担情况综合判断，认定双方之间借名买房关系成立依据不足，理由充分，法院予以确认。建筑公司未就其上诉请求提交证据予以证明，故法院对其上诉请求不予支持。综上所述，建筑公司的上诉请求不能成立，应予驳回；一审判决结果正确，应予维持。

北京市中级人民法院依照《中华人民共和国民事诉讼法》第一百七十条第一款第一项之规定，作出如下判决：

驳回上诉，维持原判。

【法官后语】

购买住房，安居乐业是中国百姓一种深入血脉的执念，故而也常常被视为一件大事。随着房价的不断升高、各地购房政策的出台或者其他不为人知的目的，“借名买房”便出现在百姓生活中。此类纠纷发生的原因形式多样、错综复杂，又因多数介于亲友、隶属或者其他关系紧密者之间而缺乏存证意识，导致司法实务中对事实的认定存在难度。本案不属于亲友之间的“借名买房”，而是发生在公司与企业员工之间的纠纷，双方之间并没有签订书面的协议，在公司支付了部分房款的情况下，“借名买房”是否成立，系本案的争议焦点。

1. 关于当事人对“借名买房”举证责任的问题

根据“谁主张，谁举证”的规则，借名人应就存在借名买房法律关系的基本事实承担举证证明责任。我国不动产物权的变动以登记生效为原则，借名人需通过证据推翻不动产登记簿记载的房屋所有权人难度很大。特别是双方在无书面协议的情况下，对借名人的举证责任证明标准也较为严格，故借名人因证据不足而承担不利法律后果的风险较高。可见，借名买房在购买时兴许能够给借名人带来一定的便捷或者利益，但该行为背后隐藏的风险远大于获益。

2. 关于法院对“借名买房”事实认定的问题

一是查明涉案房屋的出资情况，即购房款的来源情况。购房款的给付是认定借名人与被借名人之间是否存在借名买房法律关系的基本依据和前提条件，但并不是唯一条件。本案中，借名人以其支付房屋首付款及部分银行分期贷款为依据主张借名关系的成立，并未得到法院的支持。法院仍需结合其他因素予以综合考量。

二是查明房屋产权证及相关税费票据、收据的持有情况。房屋产权证是证明房屋权属中最有力的证据，同时购房发票和税费发票是除房产证外的其他重要凭证，为了维护自身的利益，一般情况下购房者均会妥善保存，不会将原件随意交付他人。因而，前述原件的持有情况，必然会影响法官自由心证时的内心确定。

三是查明涉案房屋实际占有使用的情况。在无书面协议的情况下，双方当事人对案涉房屋的占有、使用情况也能从侧面反映出双方对涉案房屋权属归属上的意图。本案中，房屋的装修费、物业费、水电费、供暖费、停车费等基本生活消费的支付均由被告承担，在一定程度上体现出被告对涉案房屋的实际控制力。

四是借名买房的缘由是证明借名买房关系存在与否的重要因素，也可以说是借名买房之目的所在。借名人应当对借名买房的缘由作出合理解释，才可以达到认定借名买房关系存在的高度盖然性之标准。本案中，原告的主张最终未获得法院的支持，其最重要的因素即其未就借名买房的缘由进行合理解释。相反，在借名人具备购房资格的情况下向其员工借名与其关联公司进行房屋买卖，无法体现出其借名购房的真实性和必要性，而经法院查明和判定双方真实目的在于通过关联公司进行房屋买卖的交易取得银行的贷款，故此行为无法得到法院的支持。

编写人：北京市海淀区人民法院　王多

ISBN 978-7-5216-2455-7

图书在版编目（CIP）数据

中国法院2022年度案例．房屋买卖合同纠纷/国家法官学院，最高人民法院司法案例研究院编．—北京：中国法制出版社，2022.2

ISBN 978-7-5216-2455-7

Ⅰ.①中… Ⅱ.①国…②最… Ⅲ.①房地产-买卖合同-经济纠纷-案例-汇编-中国 Ⅳ.①D920.5

中国版本图书馆CIP数据核字（2022）第005643号

策划编辑：李小草　韩璐玮（hanluwei666@163.com）

责任编辑：孙静　　封面设计：李宁

中国法院2022年度案例．房屋买卖合同纠纷

ZHONGGUO FAYUAN 2022 NIANDU ANLI. FANGWU MAIMAI HETONG JIUFEN

编者/国家法官学院，最高人民法院司法案例研究院

经销/新华书店

印刷/三河市紫恒印装有限公司

开本/730毫米×1030毫米　16开　　印张/18　字数/212千

版次/2022年2月第1版　　2022年2月第1次印刷

中国法制出版社出版

书号 ISBN 978-7-5216-2455-7　　定价：78.00元

北京市西城区西便门西里甲16号西便门办公区

邮政编码：100053　　传真：010-63141600

网址：http：//www.zgfzs.com　　**编辑部电话：010-63141787**

市场营销部电话：010-63141612　　**印务部电话：010-63141606**

（如有印装质量问题，请与本社印务部联系。）

新规则案例适用系列

民法典新规则案例适用	108 元
刑法修正案（十一）新规则案例适用	78 元
知识产权新规则案例适用	即出
民法典担保制度新规则案例适用	即出

民法典时代

中华人民共和国民法典释义与案例评注：总则编	125 元
中华人民共和国民法典释义与案例评注：物权编	156 元
中华人民共和国民法典释义与案例评注：人格权编	65 元
中华人民共和国民法典释义与案例评注：婚姻家庭编	68 元
中华人民共和国民法典释义与案例评注：继承编	65 元
中华人民共和国民法典释义与案例评注：侵权责任编	108 元
中华人民共和国民法典释义与案例评注：合同编	246 元
中华人民共和国民法典总则编释义	158 元
中华人民共和国民法典合同编释义	228 元
中华人民共和国民法典人格权与侵权责任编释义	158 元
中华人民共和国民法典婚姻家庭编与继承释义	98 元
中华人民共和国民法典物权编释义	148 元

新法释义系列

中华人民共和国个人信息保护法释义	78 元
中华人民共和国数据安全法释义	58 元